La Guerre des parrains

Du même auteur

Landes et Pays basque. Le guide idéal, Atlantica, 2021.

Pays basque sud. Passez la frontière ! Atlantica, 2017.

Bordeaux, le guide idéal. À l'usage des Bordelais, des étrangers et même des Chinois ! Atlantica, 2016.

Pays basque, le guide idéal. À l'usage des estivants et même des autochtones, Atlantica, 2015.

Christophe Berliocchi

La Guerre des parrains

50 ans de règlements de compte corso-marseillais

éditions du
ROCHER

Éditions du Rocher
28, rue Comte-Félix-Gastaldi
BP 521 – 98015 Monaco

editionsdurocher.fr

ISBN : 978-2-268-10668-7
EAN epub : 9782268106878

Ces dernières années, ces derniers mois, peu de jours se passent sans que les quartiers marseillais fassent dramatiquement la une de l'actualité. Règlements de compte, séquestrations, meurtres se succèdent telle une fatalité sur fond de trafic de drogue et de lutte pour le pouvoir criminel. Rien de nouveau, malheureusement, sous le ciel de la cité phocéenne. À Marseille comme en Corse, dans ce Sud-Est où mafia et banditisme ne sont jamais loin, les bandes (ou gangs) d'aujourd'hui sont les clans d'hier. Qu'ils s'appellent Guérini ou Zampa, qu'ils soient connus sous les sobriquets de Francis le Belge ou Jacky le Mat, qu'ils tiennent la Brise de mer (Bastia) ou le Petit Bar (Ajaccio), jusqu'aux nouveaux caïds – à l'espérance de vie souvent éphémère – qui font régner la terreur à coups de kalashnikov et de barbecues, tous semblent avoir repris à leur compte les mots de la marquise de Merteuil, dans *Les Liaisons dangereuses* de Choderlos de Laclos, en réponse à Valmont : « Eh bien ! La guerre ! » Une guerre perpétuellement recommencée, sans fin. Une guerre à mort. Une guerre des parrains afin qu'il n'en reste qu'un. Voici donc cinquante ans de guerre racontés dans un livre à la fois récit et enquête au plus près du terrain et de ses protagonistes.

Sur les pas de Zampa

Vendredi 28 juillet 2017, Marseille, midi passé. Le soleil cogne, le mistral est tombé sur la deuxième ville de France. Émile Diaz, dit Milou, 73 ans, sirote une mauresque – une dose de Casa, un peu d'eau et de l'orgeat – à la terrasse de *La Coupole*, restaurant honorable de la rue Haxo, situé à deux pas de l'Opéra, ex-QG de Gaétan Zampa, dit Tany, le Napolitain qui dominait le milieu marseillais dans les années 1970, mort à la prison des Baumettes le 16 août 1984 à l'issue d'un « vrai-faux » suicide.

« C'est ici, dans une salle au fond de l'ancien bar de Tany, *Le Chenonceau*, que se termine le *Marseille Gangster tour*, raconte Milou, ex-membre de la French Connection. Les touristes me posent des questions, pendant une bonne heure. Et je réponds à tout, dans la mesure du possible, hein, je ne suis pas fou non plus. J'emporterai quelques secrets inavouables dans ma tombe… »

Le *Marseille Gangster tour* a été lancé en octobre 2015 par Mathieu Faureau, un Auvergnat tombé amoureux de la cité phocéenne, incollable sur la French Connection, les Guérini ou le « parrain » Zampa. Il emmène durant deux heures les touristes sur les traces des truands marseillais, à travers deux époques : 1850-1950 ou 1950-2000. Une balade dans les quartiers malfamés historiques de la ville portuaire et bouillonnante autour du Vieux-Port, dans son dédale de rues, multiples, métissées, solaires, du peu fréquentable Panier au début du siècle dernier aux anciens bars interlopes et aux nombreux lieux de règlements de compte restés dans la mémoire collective des Marseillais.

Dans ce *Gangster tour*, au milieu de la ville la plus américaine d'Europe, où survient toujours son lot de mystères et de rebondissements, on parle surtout d'une époque révolue : *Le Méditerranée* des Guérini, sur le Vieux-Port, devenu *Maisons du Monde Hôtel & Suites* à côté d'un McDo, la rue de la Tour et ses hôtels de passe, la place de la Bourse, devenue place du Général-de-Gaulle, où Italiens et pieds-noirs se partageaient « bars et gonzesses », « une mine d'or, il y avait des macs de partout ! » C'est à l'issue de ce tour d'un nouveau genre que Milou intervient, face aux clients, pour évoquer ses cinquante ans d'expérience dans le milieu corso-marseillais. Émile Diaz, fiché au grand banditisme dès 1962, s'est longtemps tu. Aujourd'hui, il remet surtout les pendules à l'heure « concernant les conneries qui se racontent encore sur la voyoucratie ».

Milou Diaz a toujours choisi son camp : « Je n'étais pas avec Zampa, pas avec les Napos, j'étais l'archétype du gangster corso-marseillais, j'étais en face. » Il n'a jamais trahi non plus, d'où sa longévité inédite pour un truand marseillais : « Pourquoi je n'ai pas été flingué ? D'abord, j'ai eu la chance, dans ces "charclages", de ne pas être une priorité (sourire). Je n'ai jamais fait d'"enculeries". Et puis j'ai toujours respecté les règles du milieu, j'ai jamais balancé, jamais escroqué, jamais eu la faiblesse de prendre une gagneuse qui ne m'appartenait pas, etc. Des règles, il y en avait 150 – c'est ce que l'on appelait la "mentalité" – je peux toutes les réciter. C'est fini tout ça, depuis belle lurette ! Ce milieu structuré, organisé, d'environ 2 000 personnes, dont 200 cadres, qui se partageaient drogue, braquos, les quais, la prostitution, etc., n'existe plus. Aujourd'hui, c'est le *cafoutch* (le bazar). »

Au marché des Capucins, au cœur du « quartier arabe » de Marseille, le natif de la Belle-de-Mai, qui garde un œil autour de lui, est abordé par de jeunes Maghrébins, portant des vêtements griffés de la tête aux pieds. « Ils revendent des cigarettes de contrebande, des clopes de seconde zone, du shit aussi. Avant, ici, il y a trente ans, c'était le quartier des Ritals. À l'époque, on faisait des coups énormes, le flouze tombait à flots et on régalait tout le monde à Marseille : le taxi, le coiffeur, le tailleur et le livreur pour les costumes, le serveur, etc. L'argent rentrait cent fois plus et restait ici. On faisait tourner le business. Aujourd'hui, regarde, les Arabes sont tellement nombreux, pour gagner des clopinettes, que les flics les laissent tranquilles. C'est ça qui a changé : le fric ! Pourquoi ils se flinguent entre eux dans les quartiers ? Ils sont très nombreux pour une petite part du gâteau à se partager autour du trafic de drogue. Rien à voir avec notre époque. Leur vie de truand est courte, ce sont de vraies étoiles filantes. »

La guerre des jeux

Le 23 juin 1967, le ciel est admirablement bleu au-dessus de Marseille. Mais il va vite s'assombrir. Antoine Guérini est charclé[1] en milieu d'après-midi dans sa rutilante Mercedes Benz 250 SE, quartier Saint-Julien, au moment où le truand fait le plein dans une station-service Shell où il a ses habitudes. Le chef du puissant clan corso-marseillais est tué, à quelques encablures de sa somptueuse villa, La Calenzana, sous les yeux de son fils de 18 ans, Félix, par deux hommes sur une moto rouge : un pilote et un tireur. Une première. « Du travail propre et soigné », soulignent même les enquêteurs. Antoine est éliminé le jour de la Sainte-Alice, le prénom de sa femme. Le message est clair et net. Guérini, c'est fini, *basta*. De qui vient le coup ?

La mort d'Antoine Guérini

« Monter sur Antoine Guérini et le flinguer en plein jour, devant son fils en plus, fallait les avoir bien accrochées ! »

1. Charcler : tuer volontairement un individu par balle.

lâche Gaspard[2], vieux voyou marseillais, depuis son quartier général du petit port de l'Estaque : « Les mecs d'en face n'ont pas buté Mémé, François ou Pascal, ses frères, mais Antoine, le chef de clan, la tête de pont d'une famille corse qui a la mainmise sur le milieu corso-marseillais depuis la fin de la Seconde Guerre mondiale. Antoine était seul, avec son fils, au volant, sans protection, sans Poli, Mariani, Sarrola, Santarelli ou Rossi, ses gardes du corps, c'est très rare. Les tueurs étaient bien renseignés… »

Le choc est réel dans le milieu des affranchis comme dans celui des caves. La mort d'Antoine Guérini, un authentique « Bandit corse », un homme d'honneur, fait la une de tous les journaux, pas seulement provençaux. Le grand public découvre avec stupeur la photo du caïd allongé et recouvert d'un manteau au pied de sa Mercedes bleu nuit immatriculée dans les Alpes-Maritimes, 222 QX 06. L'aîné du clan corse a été tué de onze balles de calibre 11.43, dans la tête et la poitrine. Marseille n'en est pas à sa première, ni dernière, guerre de clans entre voyous. La vendetta du *Combinatie*[3] a laissé des dizaines de truands sur le carreau. « Mais là, ce n'est pas pareil », comme on dit à Marseille, c'est Antoine, « le maire *bis* de la ville », selon Gaspard.

Les deux exécuteurs du contrat n'ont jamais été inquiétés. Ni dévoilés. Dans le mitan, on sait qui c'est, en tout cas on

2. Gaspard, nom d'emprunt. Tous les propos rapportés dans le livre, sauf indication contraire, ont été recueillis par l'auteur entre 2013 et 2021.

3. La guerre du *Combinatie*, ce navire qui transportait une cargaison de cigarettes et pour lequel plusieurs bandes rivales, dont celle d'Antoine « Planche » Paolini contre les clans de Dominique Venturi et Jean Colonna, s'affrontent à partir du milieu des années 1950. Elle fera plus de 40 morts.

le susurre, en tout bien tout honneur, mais, comme pour les trois quarts des règlements de compte, police et justice trouveront *dégun,* personne. Sur la Honda rouge, selon radio Canebière, il y avait deux membres de la bande des *Trois-Canards.* Deux beaux mecs qui feront une belle carrière, chacun dans leur domaine, à l'abri des regards indiscrets, et resteront très proches, jusqu'au décès de l'un d'eux.

23 juin 1967 – Bar du Chêne, *quartier Beaumont, Marseille*

Ce 23 juin 1967, sur le coup des 16 heures, à l'heure du casse-croûte, Émile Diaz, dit Milou, 78 ans, rangé des voitures depuis sa sortie de prison en 2007, est aux premières loges. Milou Diaz, en mode bookmaker, tient *Le Chêne*, un bar du quartier de Beaumont, juste à côté de la station maudite. « J'avais pris ce bar pour le jeu, hein, pas pour le pastis car c'était en plein quartier des Turcs et des Arméniens qui adoraient laisser leur fric dans toute sorte de jeux, les chevaux, le poker, le barboutte (un jeu de dés), etc., dit Milou le Book. Ce jour-là, deux truands, Dédé l'Arménien et Marcel, jouaient au jacquet, quand ç'a claqué ! J'ai tout de suite reconnu des coups de calibre. Je suis sorti et j'ai vu le corps d'Antoine penché au-dehors de sa Mercedes, Bob, le pompiste arménien et Félix étaient dans une cabine téléphonique. J'ai fermé *Le Chêne*, direction le bar *Henri* à l'Opéra pour rendre compte. Personne n'y croyait… »

Émile Diaz, comme son nom ne l'indique pas, est le prototype du beau voyou corso-marseillais. « Je suis né en 1943 à Marseille, dans le quartier de la Belle-de-Mai, où c'était très chaud, poursuit Milou, qui a passé quatorze ans derrière les barreaux, condamné notamment pour trafics de stupéfiants. J'ai été orphelin très jeune et j'ai été élevé par la famille de ma mère, corse, les Bartoli, proches des Venturi et Colonna, les clans de l'époque. Deux de mes oncles ont été victimes de règlements de comptes lorsque j'étais gamin. Je ne me suis pas senti de faire autre chose que bandit, j'ai grandi avec cette "mentalité" des voyous corses, avec leurs règles, leurs codes. »

*

Les madrés frères Guérini, alors au sommet de leur art, ont des ennemis. À Marseille, à Nice où les truands pieds-noirs pointent le bout de leur nez, et surtout à Paris. Sur la Canebière et autour du Vieux-Port, le clan corso-marseillais reste en place : toute la vie nocturne est à eux. Les voyous corses ont pu étendre depuis Massilia (son nom en latin), et bien au-delà, une mainmise absolue sur tous les trafics illicites. La situation géographique du grand port méditerranéen, « porte de l'Orient », situé en plein centre de la ville comme à New York, ouvert sur le monde moderne, offre un repaire idéal aux trafiquants qui pouvaient aisément se dissimuler dans le flot du commerce local : produits alimentaires, alcool, tabac, drogue.

Les Guérini ont pris le relais des parrains marseillais de l'entre-deux-guerres, le Corse Paul Carbone et le Napolitain François Spirito, créateurs de « la première entreprise criminelle globalisée de l'histoire », selon le criminologue Alain Bauer. En Amérique, Carbone et Spirito, formés au contact de l'entourage d'Al Capone, avaient compris que pour réussir dans le genre d'« affaires » qu'ils entendaient traiter (stups, fausse monnaie, cigarettes, armes, etc.), il était nécessaire d'avoir de puissants appuis politiques. Ils mirent cette leçon en pratique en s'associant à Paul Sabiani, homme politique passé de la gauche à l'extrême droite, qui tenait un bistrot, pour l'emmener vers la mairie, dont il fut le premier adjoint très actif de 1929 à 1935[4]...

Un système dit clientéliste, pour ne pas dire affairiste, basé sur un échange de services permanents. Avec la classe politique, c'est du gagnant-gagnant. Les Guérini, malgré leur manque de culture, offrent aux notables de la ville une image rassurante et généreuse. Ils rincent toute la bourgeoise marseillaise au *Méditerranée* et au *Versailles*. Intègrent en douce la CIA. Et adhèrent au RPF. « Ils étaient illettrés, écrit Marie-Christine Guérini, la fille de Mémé[5], mais comme tout Corse, ils aimaient beaucoup la politique. Mémé n'était pas, lui, avocat... Et pourtant, c'est l'illettré qui sauvera trois fois de la mort l'avocat le plus célèbre de Marseille ! »

« Tu m'as sauvé la mise pendant la guerre, tu m'as aidé à prendre la mairie, tu as assuré ma sécurité, tu as bourré les urnes, fait voter des morts, tu m'as trouvé un job au service propreté de la ville pour 10 000 balles par mois, je te revaudrai ça, faites vos affaires, tranquille ! C'est comme ça à Marseille, depuis toujours : tu ne peux pas survivre sans piston ! Et dans l'esprit des Marseillais, se faire pistonner n'a

---

4. Roger COLOMBANI, *La Vérité piégée, les carnets d'un grand reporter*, Calmann-Lévy, 1979.

5. Marie-Christine GUÉRINI, *La Saga Guérini*, Flammarion, 2003 : biographie du clan par la fille de Mémé.

rien de répréhensible... », raconte, avec son accent chantant, le vieil homme de l'ombre de l'Estaque, quartier attachant mis en lumière par Robert Guédiguian dans *Marius et Jeannette*, prix Louis-Delluc du meilleur film en 1997.

Les Corses sont partout

À Marseille, les frères Guérini – très proches dans les années 1950 du parrain italo-américain de Cosa Nostra, Lucky Luciano, et de son lieutenant Jo Renucci avec lesquels ils entretiennent les meilleures relations, dans le trafic de cigarettes de contrebande et de drogue – jouent les bienfaiteurs, en distribuant des liasses de billets à droite, à gauche, et maîtrisent la concurrence. Barthélemy et Antoine Guérini, « deux frères qui s'étaient aimés, mais ne s'étaient pas compris », selon la fille de Mémé, la gèrent avec une équipe solide et crainte, un vrai système clanique corse, à l'ancienne, avec des lieutenants et des premiers soldats tous natifs de l'île. *Famiglia, unità, omerta.*

« On ne se mélangeait pas, jamais : Corses d'un côté, Italiens, de l'autre », dit Milou Diaz qui a raconté sa vie de voyou dans un livre[6] :

> « À l'époque, on se connaissait tous, on venait du même moule, des mêmes quartiers, on était peu nombreux. Nous étions des Latins ; pour faire simple,

6. Émile Diaz avec Thierry Colombié, *Truands. Mes 50 ans dans le milieu corso-marseillais*, Robert Laffont, 2015.

il y avait les Napolitains, les Corso-Marseillais, quelques Arméniens et très peu de Maghrébins. »

L'agglomération de Marseille d'après-guerre, populaire et multiculturelle, est la première métropole corse au monde, avec environ 300 000 Corses. Ils ont fui leur île en masse à la fin du XIXe pour trouver du travail. Aux quatre coins du monde. Beaucoup s'installent quartier du Panier, près du Vieux-Port, berceau de la voyoucratie. Les Corses sont partout dans la ville : flics, truands, trafiquants, fonctionnaires, juges, restaurateurs, instituteurs, tous amoureux du *figatelli*, du *bruccio* et de Tino Rossi, ça crée des liens.

Les frangins corses de Calenzana, un village de Balagne, le même d'où sont originaires d'autres frères Guérini, lesquels feront parler d'eux cinquante ans plus tard (Jean-Noël, l'homme politique, Alexandre, l'homme de l'ombre), gèrent leurs affaires – illégales et légales – à l'ancienne, dans le sillage d'un Mémé gominé, véritable VRP du clan, « le vrai boss, c'était lui », assure Milou, alors qu'Antoine, lui, est plus rustre. Pour ne pas dire rustique. Les ennuis, 'Toine se les cherche. Et il va les trouver. À Paris, une autre terre corse de voyous endurcis où les clans exilés de l'île de Beauté ont du répondant.

Andréani face à Francisci

Dans la capitale, de la France et du crime, deux clans corses s'affrontent sur le terrain sulfureux des cercles de jeux, où se glissent en coulisses réseaux politiques clandestins, services secrets et trafiquants de haut rang : de très gros enjeux. Et, en parallèle, du trafic de drogue, juteux commerce géré par les Corsicos dès les années 1950, la Corsica Connection que les Ricains renommeront vite la French Connection. Rien ne va plus entre les clans du très fortuné Jean-Baptiste Andréani, surnommé le Pape des jeux, revenu richissime de Saïgon, et Marcel Francisci, un « homme d'affaires » corse en pleine ascension, entouré de ses quatre frères (Roland, Jean, Xavier, Antoine) et neveux, pour mettre le grappin sur le Grand Cercle, le plus réputé de la quinzaine des cercles parisiens officiels. Le clan Francisci, natif de Ciamannacce, dans la « vallée des jeux », en Corse du Sud, a aussi la main, entre autres, sur le prestigieux Aviation Club de France, propriété de la famille jusqu'à sa fermeture en 2015 [lire « La fin d'une époque »].

Comme toujours, chaque gang influent doit choisir son camp : les Guérini roulent pour Andréani, le proprio du cercle depuis 1959, dont ils assurent la protection contre des bénéfices des jeux, à l'instar de Francisci et d'autres associés (Blémant, Zénatti, Peretti), qui finiront tous par être éjectés de l'association. Dès 1962, après l'autorisation des « grands jeux » et de la banque à tout va au Grand Cercle, la guerre des cercles parisiens est déclarée : le riche club de la rue de Presbourg est mitraillé, puis le patron, Jean-Baptiste Andréani, victime d'une tentative de règlement de compte le 15 avril 1963. Deux coups de fusil de chasse tirés par… Jacky le Mat, porte-flingue de la bande des *Trois-Canards*, selon la légende. Antoine Guérini, avec l'accord d'Andréani, aurait alors décidé de supprimer un proche des Francisci devenu trop exigeant : Robert Blémant, dit Bob, commissaire de police reconverti en truand influent, actionnaire du Grand Cercle et ex-protégé du clan de Calenzana, le flic ayant tiré Antoine d'un mauvais pas à la fin de la guerre.

Les Guérini, plus malins que les parrains marseillais de l'entre-deux-guerres, Carbone et Spirito, vrais collabos, avaient joué sur les deux tableaux en 39-45 : Mémé sur le front de la Résistance, qui en sortira médaillé, et Antoine se chargeant de satisfaire les Allemands dans ses maisons de repos du... guerrier. Le commissaire Blémant, agent secret, garde du corps du général Giraud, spécialiste de la manipulation, « un malin quoi », selon Gaspard, est chargé de l'épuration des collaborateurs, avec le soutien du milieu. Monsieur Robert ou Bob[7], l'as du renseignement, blanchit à sa façon l'aîné des Guérini et franchit la ligne jaune : le chef de la DST de la région Sud-Est, « séduit par la vie nocturne, les cabarets, les bars, les filles, le spectacle ambiant » (Marie-Christine Guérini) tourne proxo, gère de belles affaires, comme le cabaret *Paris-Montmartre* à Marseille, devient ami-ami avec les frères Guérini qu'il aide à faire fructifier leurs activités illicites, jusqu'à son élimination décidée par Andréani et Antoine, contre l'avis de Mémé.

Un contrat à 200 millions d'anciens francs

La querelle éclate au grand jour en effet, entre les hommes de poids du milieu corse concernant la répartition des gains

7. Blémant est décoré de la légion d'honneur au titre de la Résistance, de trois croix de guerre, de la croix de combattant, de la médaille de Syrie, de la médaille des blessés, des évadés, du courage et du dévouement. Jean-Pax Méfret, *Un flic chez les voyous*, Pygmalion, 2009.

– « des sommes dont on n'a même pas idée de l'importance », dit Gaspard – et l'éviction du clan Francisci du Grand Cercle ! Après de multiples exactions au cercle, un conseil de guerre, tenu à Marseille, à la Calenzana, le 14 janvier 1965, approuve l'élimination de Blémant, devenu l'un des maîtres à penser de ce nouveau milieu affairiste. Maître mais traître !

— Nous n'avons pas besoin de l'élimination de ce flic véreux ! Si tu décides de faire ça, nous allons tous à la catastrophe (Mémé).

— Ce porc n'a pas d'importance (Antoine).

> « Antoine le soupçonne de jouer un double jeu entre le mitan et la police, écrit Marie-Christine Guérini. Antoine était un homme qui pouvait, malgré sa dureté, pardonner beaucoup de choses, mais face à la trahison, il devenait incontrôlable. Il était corse et, comme Mémé, s'imposait un code d'honneur. Blémant ne l'avait pas compris et allait se retrouver confronté face à l'âme corse, dont la cruauté est sans limites lorsque l'ami trahit ou abandonne. »

15 mai 1965 – Route départementale 15, entre Lançon et Pélissanne

Baptiste Andréani aurait payé Antoine Guérini, pour ce contrat, 200 millions d'anciens francs : René-Antoine Mondoloni, dit le Beau René ou le Petit Guérini, fils naturel de Mémé et enfant chéri du clan, un « poinçonneur (tueur) de première classe », est choisi pour mener le commando. Quatre tueurs suppriment à coups de pistolet-mitrailleur Mat 49 l'homme d'influence, le 15 mai 1965 du côté de Pélissanne, près de Salon-de-Provence, pas loin de la maison qu'il vient d'acquérir pour prendre un peu de recul. Blémant, 54 ans, en compagnie de sa charmante épouse, était au volant d'une Mercedes blanche. Dans sa valise, les enquêteurs ont saisi un pistolet 7,65 mm avec une balle engagée dans le canon…

Sur la base de cette première motivation, liée aux milliards des tapis verts, se greffe une autre raison de flinguer l'ex-flic, en relation avec la French Connection, selon Milou Diaz : « Blémant, c'était une vraie bordille (personne méprisable), spécialiste des coups tordus, surtout dans le trafic d'héroïne, où mes oncles étaient dans le coup, avec le clan Guérini, dit le Corso-Marseillais. Blémant a tué un passeur turc qui transportait de la morphine-base depuis la Turquie. Comme convenu, il a refilé la base à ses associés, et il a gardé le fric. Il l'a fait plusieurs fois ? Probablement car les parrains turcs, à Istanbul, s'en sont souciés : "Comment, les passeurs, ils ne reviennent jamais avec les sous ?" Sur le bord du Bosphore, cela a déclenché une guerre. À Marseille, Blémant a dû rendre compte. Il a noyé le poisson, comme d'habitude, mais les frères Guérini l'ont poussé dehors : grave erreur, ils auraient dû l'emmener dans une carrière, et en finir. Les Canards ont sauté sur l'occasion, ils ont pris Blémant sous leurs ailes, le condé-voyou ayant des contacts en Amérique latine pour les passages vers les États-Unis. Quand ils l'ont su, les Guérini sont allés voir les Canards, ils se sont expliqués, mais les Canards n'ont pas reculé, style "si Blémant, il n'est plus avec vous, alors il est avec nous, point barre." Bilan des courses, Blémant a été tué parce qu'il avait poussé le bouchon trop loin, rien à voir avec la guerre des cercles. »

Jeux ou double jeu, le résultat est le même : Robert Blémant, le manipulateur, « le flic infiltré », est buté sur ordre d'Antoine Guérini. « De toute façon, le flic avait pris trop de graine (la grosse tête) et faisait de l'ombre à Antoine, qui ne l'aimait pas car il étalait trop son air supérieur, c'était un type cultivé contrairement à lui. En le butant, il pensait faire d'une pierre deux coups, s'en débarrasser sur Marseille et à Paris. Seulement, Antoine avait sous-estimé le poids de ses amis, surtout de la nouvelle génération, et leur puissance de feu », détaille Gaspard, qui, à l'époque, trempe dans la came lui aussi.

La réplique sera violente : Mémé avait vu juste. Robert Blémant s'est entouré pour gérer ses affaires sur Paris et Marseille du clan des Napolitains d'un jeune truand marseillais qui fera parler de lui, Gaétan Zampa, dit Tany. Blémant s'est mis le milieu montant dans la poche et bénéficie aussi du soutien actif de la bande des *Trois-Canards*[8], un bar à Pigalle, dirigé par Marius Bertella. Le proprio du bistrot est accompagné de gros voyous (Matrone, Alboréo, Priola, Scaglia, Ricord, etc.), spécialistes du racket, lesquels ne tarderont pas à redescendre sur Marseille afin de faire fructifier leur savoir-faire criminel et leurs hautes relations. Marius Bertella, lui, mènera la belle vie en Normandie[9].

*

8. Jérôme Pierrat, *Une histoire du milieu. Grand banditisme et haute pègre en France de 1850 à nos jours*, Denoël, 2003.

9. Marius Bertella, qui a fait fortune dans les cercles et les casinos, est propriétaire d'un haras en Normandie et sera fait chevalier du mérite agricole en 1969. En 1973, il est radié du fichier du grand banditisme. Marius Bertella, 93 ans, est décédé, dans la discrétion, un peu avant l'été 2021.

Les Napos et les Canards se mettent en ordre de marche et éliminent un an plus tard les tueurs de leur ancien associé Blémant : l'Ajaccien Pierre Antoine Colombani, dit Tito, le Bastiais Étienne Carrara, Armand Sessa, jusqu'au commanditaire, Antoine Guérini en 1967. Les hommes de Tany, Gaby et Jacky, terminent le travail en tuant René-Antoine Mondoloni, l'héritier du clan déchu, « qui n'était pas tout à fait fini, lui, ce *toti* (idiot) », d'après Gaspard : six coups de poignard dans une chambre d'hôpital de Cavaillon le 27 décembre 1969. Dont deux dans le cœur. Alors qu'il était en train de mourir d'une fracture du rocher. Le Petit Guérini, dans le coma, est tué d'un *vendetta*, un couteau corse destiné à égorger les cochons, sous les yeux de Félix, le fils d'Antoine. « *Morte al nemico* » (mort à l'ennemi) est-il écrit sur la lame du poignard. C'est la note finale.

« Les Napos, ils ont enlevé ce pauvre Sessa, un lieutenant d'Antoine, rappelle le truand retraité marseillais de l'Estaque. Ils l'ont descendu à la cave des *Trois-Canards* et l'ont escagassé (torturé) jusqu'à ce qu'il parle, avant de lui mettre une balle dans la tête. On n'a jamais retrouvé son corps. Une bonne partie de l'équipe qui protégeait Andréani s'est fait dessouder, à commencer par son chef, Antoine Alfonsi. Antonarellu était une gâchette du clan Guérini, un dur de dur. C'est lui qui assurait la protection du vieil Andréani. Pas mal de truands vont y passer : le Triste (Jean Panserani), Nesa, (Ange) Leca, (Toussaint) Giovanelli, (Francis) Andréani, un carnage. »

En 1969, le pouvoir en place, sous forte influence corse, siffle la fin de la vendetta. La guerre des jeux s'arrête, à la suite du coup de poing sur la table du ministère de l'Intérieur du gouvernement gaulliste, les patrons Andréani et

Francisci sont même exclus des salles de jeux parisiennes. Pour un temps seulement. Mais les balles cessent vraiment après un « accord de paix » entre les clans rivaux, conclu dans un endroit resté mystérieux, fin novembre, sur l'île de Beauté, sous l'égide d'un membre de poids de l'honorable famille corse, Jean Bozzi. *Pregu salute à tutti, è pace à chi a vole.*

La chute du clan Guérini

L'élimination du *capo di tutti i capi*, comme on dit en Sicile, l'aîné des six frères Guérini est tellement soudaine, inattendue qu'elle provoque la débandade dans le clan des Calenzanais. « C'est le vrai bazar, les mecs ne savent plus où ils habitent, quoi faire, qui flinguer, le clan Guérini est un coq sans tête, d'autant que les autorités ne vont, cette fois, rien faire pour les aider. On les a soupçonnés d'avoir couvert la cavale de Christian David, un truand de haut rang, tueur du commissaire Galibert à Paris, l'erreur de trop », confie l'inspecteur Clémentini[10], en poste à l'Évêché – surnom du commissariat central marseillais sis dans l'ancien archevêché de la ville – fin des années 1960.

Les Guérini, trop sûrs de leur puissance après vingt ans de domination du milieu sans partage, n'ont pas vu la concurrence poindre? L'hypothèse de l'aveuglement du clan, qui s'était embourgeoisé, est privilégiée, du chef surtout : « Les Guérini étaient d'anciens bergers corses reconvertis dans la

10. Nom d'emprunt.

limonade, ils étaient quasiment analphabètes, dit Gaspard. Antoine était têtu, fier, un Corse quoi ! Sur la fin, il ne parlait même plus à Mémé. C'était un truand de l'ère agricole, comme la presse l'a écrit à l'époque. Pas besoin de te faire un dessin, hein, *capitu* ? »

Pire, le jour de l'enterrement en grande pompe sur ses terres en Corse du seigneur de la pègre, auquel n'assiste aucun Francisci, deux obscurs cambrioleurs s'attaquent à la villa du défunt, la Calenzana ! L'un des deux va prendre cher, payer pour les tueurs d'Antoine ! Le clan Guérini s'acharne sur ce pauvre Claude Mandroyan, auteur du cambriolage avec un complice espagnol sans savoir à qui il s'en prenait. Le clan le jette d'une crique escarpée plongeant dans la Méditerranée, en laissant pas mal d'indices derrière eux. Complet hasard, coïncidence trouble ou… coup monté ?

« La mort d'Antoine Guérini a été un choc, c'est certain, admet Milou. Il ne se sentait pas menacé, sinon il ne se serait pas baladé comme ça à Beaumont. Faut savoir que les Guérini, c'étaient des gros trafiquants de la French Connection, car ça rapportait un paquet de fric, plus que les putes ou les boissons à l'anis, mais ce n'étaient pas des guerriers ! En ville, on parlait beaucoup d'eux, ils aimaient se montrer, c'étaient des princes de la nuit, dans leurs bars et leurs boîtes, ça oui, mais pour lever une armée et venger le chef, c'est une autre paire de manches. Quand Mémé met à l'amende ce petit cambrioleur arménien, c'est la fin de l'histoire, le clan s'écroule comme un château de cartes. »

4 août 1967 – Bar Le Méditerranée, *Vieux-Port, Marseille*

L'occasion est trop belle en tout cas pour les condés, qui ne les ont jamais coincés. Ce coup-ci, après le meurtre sauvage de Mandroyan, du côté de La Ciotat, les flics du GRB[11] du commissaire principal Robert Mesini s'activent et arrêtent, sur leurs terres du Vieux-Port, au *Méditerranée*, le 4 août 1967, Mémé, Pascal Guérini et deux de leurs gorilles, le truculent Henri Rossi, aux faux airs de Fernandel, et Dominique Poli, les « intellectuels du calibre », comme les surnomme le journaliste du *Provençal* Eugène Saccomano, « ils agissent beaucoup et pensent rarement », dont le livre sera partiellement adapté sur grand écran par la société de production d'Alain Delon (*Borsalino*, 1970) avec Jean-Paul Belmondo[12]. Mariani, Sarrola et Santarelli, tous armés, sont également serrés. En trois mois à peine, le clan tant redouté est mis hors d'état de nuire. Mémé, ses frères François, Pascal et sa garde rapprochée sont placés à l'ombre. « La mort d'un traîne-savates va faire s'écrouler l'empire en quelques heures », écrit le journaliste toulonnais Roger Colombani, ancien grand reporter à *France-Soir*[13].

---

11. Groupe de répression du banditisme. Le directeur de la PJ est le commissaire Guy Denis.

12. Eugène Saccomano, *Bandits à Marseille*, Julliard, 1968. Le film *Borsalino* produit par Delon, réalisé par Jacques Deray, se base sur le duo Carbone-Spirito pour raconter l'ascension dans les années 1930 de deux jeunes malfaiteurs qui se lient d'amitié et deviennent les rois de la pègre à Marseille.

13. Roger Colombani, *Flics et voyous*, RMC, 1985.

Leur procès à Paris sera très suivi. Henri Rossi, décontracté, jouera le mariole de service. Turfiste réputé, il use de bons mots pour se défendre d'être le porte-flingue présenté. Cela ne suffit pas, il est condamné à 15 ans de réclusion, comme ses comparses. Il fera ensuite carrière en Corse au sein de la bande du Valinco. François meurt d'une crise cardiaque en prison peu de temps après, Mémé, de santé fragile, est condamné à 20 ans de prison, bien qu'il n'ait cessé de clamer son innocence, et Pascal à 15 ans. Mémé, libéré en janvier 1978, s'éteint d'un cancer du rectum en 1982, dans une clinique de Montpellier.

À qui profite le crime d'Antoine Guérini ? À ceux qui l'ont rayé des tablettes, pardi ! Au premier rang desquels figure la jeune équipe de Gaétan Zampa, qui a le vent en poupe auprès des socialistes de la mairie, ses alliés corso-parisiens du clan Francisci et de la bande des *Trois-Canards*. Le chef des Napolitains à Marseille, dévoré d'ambitions, est en prison au moment où ses acolytes charclent son homologue des Calenzanais. Ces Napos, ou Nabos, comme on les surnomme bien vite en ville, font coup double : ils rendent service à leurs amis de la capitale et envoient un signal fort et clair au clan concurrent vieillissant. Fini le milieu à l'ancienne, place aux jeunes loups.

Marcel Francisci, « Mr Heroin » ?

À Paris, le « grand vainqueur » de la guerre des cercles est Marcel Francisci, propriétaire de l'Aviation Club et du cercle Haussmann, qu'il rachète en 1966 à Lucien Barrière. L'homme d'affaires corse a commencé sa carrière à Marseille après guerre, dont ce Compagnon de la Libération sortit multidécoré, avec de fortes amitiés gaullistes. À la tête d'une société d'import-export, le Corse se montre redoutable. « Marcel, c'était un personnage de roman, un homme courageux et d'une intelligence supérieure, il avait eu son bac à 17 ans », se souvient Milou Diaz.

Le petit trafiquant corse des débuts (cigarettes, alcool, opium lors d'un séjour à Saïgon) est devenu le maître du jeu. Ou plutôt des jeux. Il investit dans les casinos et les cercles. En France, en Angleterre et surtout au Liban, d'où il revient avec beaucoup d'oseille à la suite d'un… braquage. L'*amicu* des Renucci, Venturi, Mondoloni, Colonna, Spirito, clans corses impliqués dans le trafic d'héroïne, la fameuse « blanche » – qui rapporte gros – entre Vieux Continent et Amérique du Nord, est très vite considéré par les Américains comme étant l'un des grands patrons de cette French Connection.

Le Corse est « la principale figure du milieu français », dans un rapport du Sénat américain en 1964. Il est « Mr Heroin » pour le quotidien *Newsday*, et le magazine *Time*, en 1972, parle de lui comme « le leader de la mafia corse ». « Marcel Francisci effectue de nombreux voyages outre-Atlantique dans les années 1960 où il est en affaires avec les familles de New York, dévoile le spécialiste de la grande criminalité Thierry Colombie[14]. C'est aussi aux États-Unis qu'il se passionne pour la politique américaine et se lance, dans la seconde partie de sa carrière, sur son

14. Thierry Colombié, *La French Connection, les entreprises criminelles en France*, Non-Lieu, coll. « OGC », 2012.

île, entouré de *spin doctors* avec des méthodes de marketing politique d'un nouveau genre. »

À chaque fois, Marcel Francisci attaque la presse, lorsqu'il est présenté comme « le parrain de la French Connection, qui tient un rôle clé de financier au-dessus de la mêlée ». « Au départ, les trafiquants ne prennent pas cher avec la drogue, 5 ans, mais quand la loi passe à 10 puis 20 ans sous Pompidou, ça change tout et un paquet de monde arrête, dont Marcel Francisci, qui a senti le vent du boulet, dit Émile Diaz. Cette histoire de "Mr Heroin", c'est facile, comme toujours avec la presse : plus c'est gros, plus ils prennent, les journalistes ! Mais faut pas croire tout ce que l'on raconte hein ? Par contre, je peux te dire que Mémé a sauvé la mise de Marcel en lui donnant le blaze d'un mec travaillant pour la DEA, un Italien, qui l'avait infiltré. Même si ces deux-là étaient fâchés et ne se parlaient pas, le sens de la loyauté est une valeur primordiale entre bandits corses, pas comme chez les Napolitains… »

Les Corso-Marseillais se gavent, depuis le retour en force de la schnouf après guerre, dans ce trafic d'héroïne à l'échelle planétaire dont Marseille est la capitale. « Et cela ne date pas d'aujourd'hui, raconte à *Jol Press* François Missen, ancien grand reporter du *Provençal, RTL et VSD*[15]. L'histoire de Marseille colle à l'histoire de son port. Il y a eu au début du XXe siècle un trafic maritime destiné à l'Extrême-Orient. Beaucoup de ces marins ont découvert l'opium et se sont aperçus que ce produit pouvait intéresser les Américains. À Marseille, de "grands chimistes" ont intégré le trafic, pour

15. François Missen, *Marseille connection*, L'Archipel, 2013.

transformer l'opium en morphine-base avec laquelle on fabrique l'héroïne. Dans la tradition, Marseille a toujours représenté l'histoire de la drogue. »

Les laboratoires marseillais produisent la meilleure héroïne du monde. Jusqu'à 98 % de pureté. Dans les années 1960, le kilo d'héro vaut 1 000 dollars en Provence, dix fois plus en Amérique ! « Si t'étais pas dans la drogue, t'étais que dalle, dit Milou, à fond dans la French lui aussi. Il y avait deux conditions : avoir un client. Au mieux des mecs importants de la mafia américaine, comme Lucky Luciano ou Genovese. Après, c'était passer la drogue par des moyens sécurisés, un jeu d'enfants à cette époque, elle s'écoulait par centaines de kilos. » Les patronymes des trafiquants fleurent bon l'anis et l'aïoli : Charles Vinceleoni, « Petit Paul » Stefani, Mathieu Franceschi, Toussaint Carbuccia, les frères Aranci (Georges, Joseph, Marius), Joseph Patrizi, Achille Cecchini, le chimiste vedette Jo Cesari, qui transforme la morphine-base en poudre blanche, Ange Bistoni, Jean Nebbia, Laurent Fiocconi, Jean-Claude Kella : tous seront arrêtés et condamnés à de plus ou moins longues peines…

*

L'empereur des jeux, lui, a la baraka dans la French Connection. Marcel Francisci ne sera jamais condamné, inquiété, ni même poursuivi pour son rôle présumé dans ce trafic. Au contraire de très gros trafiquants tels Jean-Baptiste Croce, Joseph Marro et Joseph Mari dit le Frisé, dont la filière est démantelée en 1973. Deux ans avant, William Friedkin signe *French Connection* et le film reçoit cinq Oscars dont celui de meilleur réalisateur et de meilleur acteur pour Gene Hackman. Le trafic de blanche sort de l'ombre. Il faut ensuite le coup de gueule – tardif – des Américains, pour que la France prenne le sujet à bras-le-corps et envoie le commissaire divisionnaire Marcel Morin, chef du service des stupéfiants, et son équipe de choc, une dizaine de flics, venus de Paris, pour éviter les collusions locales et endiguer la plus importante filière du trafic menée par Croce, Marro et Mari[16].

> « À Marseille, détaille *Le Monde* [11 avril 1973], les soixante-cinq policiers de l'office des stupéfiants, qui travaillent en coordination avec les douaniers et les deux agents du bureau des narcotiques et drogues dangereuses – on en attend un troisième – détachés par le gouvernement américain, ont porté de rudes coups aux malfaiteurs. Cinquante trafiquants ont été arrêtés, dont la moitié sont des intoxiqués revendeurs de drogue et la moitié, des trafiquants de petite envergure travaillant sur le plan local ou régional. En 1972, cinq laboratoires furent repérés et anéantis et il y a quelques jours, un sixième a été saisi après une filature qui illustre bien la patience et l'obstination des enquêteurs… »

16. Les principales condamnations de la filière Croce : Croce (18 ans de prison), Mari (mort d'un cancer en août 1973), Joseph Marro (18 ans), son frère Étienne est mort en prison d'une grève de la faim, Edmond Taillet (16 ans), Ange Mosca (15 ans), Mimi Regazzi (15 ans), Jean-Marie Lucchesi (14 ans), Jean-Pierre Hernandez (5 ans), etc. En tout, 26 personnes seront condamnées.

Des repris de justice, comme Joseph Fabiano ou Christian Simonpieri, tombent les uns après les autres. Mais pas Mr Heroin. « C'est ça un parrain, souffle Gaspard. Il tire les ficelles, avance le fric, en l'occurrence il achetait la matière première en Turquie ou Moyen-Orient, et perçoit la dîme. Pourquoi les Ricains se sont réveillés si tard ? Parce qu'ils craignaient leur mafia, surpuissante, pardi ! Jusqu'à ce que Nixon engueule Pompidou. Avant lui, en France, les politiques s'en fichaient. Puis à sa mort, Giscard a considéré qu'il n'y avait plus de problème de drogue à Marseille, donc tout le monde s'y est remis ! [...] L'argent de la French a bénéficié durant vingt ans à tous les étages de la pègre, de la création du SAC jusqu'au plus haut sommet de l'État pour des campagnes électorales. Il a même servi à financer les stations balnéaires et de sports d'hiver où les caves prennent leurs vacances ! »

Marcel Francisci, allié historique des Peretti, a été moins chanceux dans la guerre des jeux. Le frère de Jean, Antoine, Roland et Xavier a manqué de se faire tuer deux fois : d'abord fin 1967, dans le plasticage raté de sa villa de Bougival, les deux demi-sels du clan d'en face (Noël Renucci et Roger Moracchini) sauteront à sa place. « Andréani avait retourné ces deux bougres, des bergers corses qui étaient des... cousins à Marcel », dit Milou. Puis l'année suivante, lors d'une fusillade au bar Wagram à Ajaccio. À chaque fois, la réplique sera nette et sans bavure.

Marcel Francisci, dit-on, a un tel pouvoir qu'il peut lever une armée de 500 soldats. Les croupiers de ses casinos sont des Corses, issus de son canton. « Il n'a jamais embauché un Italien dans ses cercles, affirme Milou. Les seuls non-Corses qu'il prenait, c'étaient des juifs pour s'occuper de la comptabilité et des milliards amassés, car c'est un sacré boulot que de compter tout ce fric et les Corses ne veulent pas s'emm… avec ça. Marcel les recrutait parce qu'ils étaient bons pour obtenir de précieux renseignements. » Le nouveau patron du cercle Haussmann s'allie aussi avec des gâchettes juives à la fin de la guerre des jeux, les Zemour, qui tiennent le haut du pavé parisien et veulent croquer dans les cercles. « Marcel est allé chercher le renfort des Z après la tentative d'Ajaccio, les Panzani ralliant Andréani, raconte Gaspard. Il s'est mis le bordel tout seul. Le mélange des genres, ça n'est pas bon. Les Z, c'étaient des *jobastres* (fous furieux) ! »

À la fin de la guerre des jeux, le gaulliste Marcel Francisci se partage entre ses affaires avec ses frères, l'un est actionnaire du *Palm Beach* à Cannes, « ils n'ont plus besoin de la drogue, ils sont milliardaires », dit l'inspecteur Clémentini, et la politique en Corse, dans la vallée des jeux, à Taravo, dont il est le conseiller général UDR (gaulliste) depuis 1967. Les Corses ont perdu de leur influence et de leur puissance dans le milieu tourmenté parisien des années 1970. Les centristes du président Valéry Giscard d'Estaing, à commencer par son ministre de l'Intérieur Michel Poniatowski, ne les aiment pas. Puis l'arrivée surprise des socialistes au pouvoir en 1981 change la donne dans les cercles de jeu. Le politicien corse du canton de Zicavo, conseiller régional et maire de son village natal, se tient à distance des voyous, mais s'embrouille avec les Zemour, sortis perdants de leur guerre avec le gang des Siciliens de la banlieue sud et qui seraient venus le racketter.

— Hein ? s'exclame Émile Diaz. Quand je lis ça, je manque de m'étouffer ! Racketter Marcel, qu'est-ce qu'il ne faut pas lire… En fait, les Zemour étaient venus demander à Marcel d'intervenir dans leur guerre contre les mecs de la banlieue sud, mais il les a éconduits, il ne voulait plus se mêler de rien…

15 janvier 1982 – Rue de la Faisanderie, Paris 16e

Le 15 janvier 1982, Paris, 16e, Marcel Francisci est abattu dans son parking de la très chic rue de la Faisanderie par Edgar Zemour au pied de sa Jaguar blanche, alors qu'il rentre du cercle de l'Aviation[17]. La troisième tentative a été la bonne. Deux balles de 11.43, dans le cœur et la tête. L'Empereur des jeux quitte la scène tristement, quinze ans après Antoine Guérini. Mr Heroin, dit aussi Monsieur Personne dans le milieu, sera vengé un an plus tard suite à un contrat commandé, selon une rumeur tenace, par son vieil ami corse Paul Mondoloni, *via* un de ses lieutenants, Gilbert Hoareau : Edgar Zemour est éliminé à Miami en avril 1983 par un tueur armé d'un fusil à lunettes à une distance de 400 mètres. La preuve irréfutable de la puissance militaire du clan Francisci, où les règles de confiance et de loyauté ne sont pas des mots en l'air.

« S'en prendre à un seigneur de la trempe de Marcel, qui n'était pas calibré en plus, il fallait être tordu, conclut Milou Diaz. À la seconde où Zemour a tué Marcel, il a signé son arrêt de mort, pas de grand pardon et tout le toutim, les pieds-noirs étaient en panique, ils allaient tous y passer ! Hoareau a signé le contrat ? Non, mais soyons sérieux, même

---

17. Jean-Baptiste Andréani, lui, meurt de sa belle mort le 10 novembre 1988 dans la maison de son fils, à la tête d'une fortune colossale.

s'il avait pris du poids à Marseille, Gib était *de longue coké* et *empégué*, ce *jobastre*, tu le vois ajuster l'autre en pleine nuit[18] ? Les amis de Marcel ont recruté une vraie pointure, c'est tout ce que je peux dire. Et ils se sont occupés de Gilbert le riche[19] quelques jours plus tard alors qu'il promenait ses toutous – en l'occurrence trois caniches à poil gris. Ils ne faisaient pas le poids ces mecs, sérieux. »

Fin des Z. Les Corses ont tout de même eu le dernier mot.

Tintin, parrain par intérim

Pour prendre possession du milieu, il y a les grandes guerres. Et puis les petites. Des guerres éclair entre truands moins voyants ou voyous qui se la jouent. C'est le cas de celle ayant opposé le vieux Constantin Tramini au beau mec Daniel Boggia. Avant que la jeune garde représentée par Gaétan Zampa et Francis Vanverberghe se donne le compte sur les cendres de l'empire Guérini, Constantin Tramini, dit Tintin, un lieutenant du clan corso-marseillais tente de rassembler et de s'imposer. Mais en a-t-il simplement la carrure ?

Le vendredi 27 octobre 1972, Tintin, né en 1916 à Bocognano (Corse), est assassiné à Berre, à la porte du Kentucky, un petit parc de loisirs aux allures de ranch. Inscrit au fichier du grand banditisme depuis 1950, Tramini, formé à Paris dans l'équipe d'Ange Salicettti, était une sorte de juge de paix. Il était chargé de surveiller le versement par le

---

18. « Gib était *de longue* (tout le temps) *coké* et *empégué* (saoul), ce *jobastre* (imbécile), tu le vois ajuster l'autre en pleine nuit ? »

19. Gilbert Zemour, né en 1935, est mort à Paris le 28 juillet 1983.

clan Guérini de l'impôt perçu par le milieu. Il était aussi le patron du SAC[20] des Bouches-du-Rhône. Proche des clans Venturi et Francisci, Tintin le Corse avait repris en main les affaires de Robert Blémant mort en 1965, et d'Antoine Guérini, éteint deux ans plus tard. Avant d'y passer à son tour, à 56 ans.

Tintin Tramini n'était donc pas n'importe qui : après la chute du clan Guérini, Marseille, ses 150 boîtes et bars de nuit, suscite les convoitises ! Ça canarde fin des années 1960, on ramasse des cadavres près du Vieux-Port : Jo Ambrosino et Sauveur Manganaro, avec Daniel Boggia, les deux jeunes loups les plus en vue du moment. Manganaro est mené en belle et buté par Zé Le Corse, Francis Antoni, le 28 octobre 1967. En réalité, le coup vient de ce beau voyou qu'est Boggia, un lieutenant, pour l'heure de Tramini, celui-là même qui tiendra les rênes du milieu marseillais de 1967 à 1972, date de son exécution.

Tramini partage le trésor des Guérini avec deux poids lourds du crime organisé, de Lyon (Jean Augé) et de Nice (Urbain Giaume), eux aussi proches du SAC. Mais le vieux ne voit pas la mort venir, Tramini est buté chez lui. Le coup, pas de doute, vient de Boggia, selon le milieu, à cause d'une prise de becs entre Lyonnais et Marseillais. La grêle va s'abattre en Provence avec plus de trente règlements de compte en un an ! Daniel Boggia, tête bien faite et bien pleine – il a le bac –, se réfugie sur la côte Basque, où il prospère à Biarritz depuis son QG *Le Crazy* (boîte, prostituées, stups, racket, investissement immobilier) : le Marseillais passe à travers les

20. Le Service d'action civique a été, de 1960 à 1981, une association au service du général de Gaulle, puis de ses successeurs gaullistes.

gouttes et peut jouer dans la cour des grands, à seulement 30 ans (il est né à Salon-de-Provence en 1942).

19 novembre 1973 – Place de la Libération, Dijon

C'est en fait le cabaret de sa moitié qui le perdra, *Le Fétich's club* situé à des années-lumière de Biarritz puisque dans l'Ain, pas loin de Lyon ! Le truand, au départ bien entouré[21], joue au proxo et ça lui va bien. Jusqu'à ce que le juge Étienne Ceccaldi (futur président de l'OM !) entre en jeu et mette tout ce joli petit monde devant ses responsabilités après le meurtre fin 1968 d'un jeune voyou au *Fétich's club*, qu'il a financé et protège. Malgré ses soutiens, chez les flics et les RG, qui passent du bon temps au cabaret, Daniel Boggia se retrouve sur le banc des accusés. Pour proxénétisme.

Le jeune loup, qui a de grands projets immobiliers sur la côte Basque et est à la tête d'une filière de passage en Espagne de malfaiteurs évadés, joue les vierges effarouchées. Il est nerveux. Huit mois pour des peccadilles, ça, il ne l'accepte pas. Il est devenu dangereux. Du coup, on a décidé de l'éliminer, en haut lieu. Le beau mec ne sortira pas indemne de ce procès à Dijon : le 19 novembre 1973 au soir, en allant dîner, il voit « arriver la moto », désormais un grand classique.

---

21. Son cercle rapproché : Henri Rul, Jean-Louis Marinetti, l'avocat André Moneger, Christian Lasselin, Georges Alberto, Marc Renucci, Émile Saouchi, Alain Tournel, Denis Frigerio, Charles Buffier, etc.

Sous le titre « Deux balles pour un gêneur », *Libération* raconte, dans son édition du mercredi 21 novembre 1973, l'exécution du beau gars Boggia :

> « Lundi, 20 h 30. L'audience du *Fetich's club* est terminée. Boggia et Émile Saouchi, un autre inculpé, se dirigent en compagnie d'une amie vers un restaurant situé place de la Libération à Dijon. Deux anges noirs à moto surgissent dans l'écran, ils tirent trois coups de feu, Boggia s'écroule, deux balles dans la tête. Son amie reste calme, elle allume une cigarette comme Monsieur le commissaire, à la fin du film *Le Deuxième Souffle* de Melville. C'est réglé, Boggia est mort, les témoins se rassemblent autour de son cadavre. »

Qui a flingué le beau mec ? Ses proches ? La concurrence ? En réalité, Boggia a été victime de la guerre entre les Zemour et les Lyonnais du clan des Siciliens (Vella, Gauthier, Bacry), d'après le journaliste du *Monde* James Sarazin[22]. Le journaliste évoque le nom de Pierre « Nat » Lothoz comme étant celui du tueur du beau Boggia. Tany Zampa et Francis le Belge, qui ont déjà commencé à s'*engatser* (s'énerver), ont d'autres priorités…

---

22. James Sarazin, *Dossier M… comme milieu*, Alain Moreau, 1977.

La guerre Zampa contre le Belge

Gaspard a deux passions dans la vie : la pêche et le ballon rond. Le Marseillais ne fait pas le mariole début des années 1970 quand éclate la première guerre de la décennie entre voyous marseillais : elle oppose les Napolitains de Gaétan Zampa à l'équipe de Francis Vanverberghe, *alias* le Belge. « On croisait beaucoup de truands, petits et grands, au stade Vélodrome ! À l'époque, je monte plus voir l'Ohème de Marcel Leclerc qu'au braquo ! Carnus, Bosquier, Magnusson, Skoblar, ils nous régalent, ils gagnent le doublé en 1972 et jouent la coupe d'Europe des clubs champions ! Sinon, je me fais oublier, le temps que cela se passe, car ça défouraille sévère entre le Grand et le Belge ! D'autant plus qu'ils se sont *emboucanés* (embrouillés) pour une broutille : Tany Zampa a préféré monter sur des mecs de Francis plutôt que de lui payer une pauvre cargaison de 50 kg de poudre... »

Les débuts de la rivalité

Gaetano Zampa, fils de Mathieu, caïd pur et dur originaire de Naples, né en 1933 du côté de la gare Saint-Charles, est un voyou pressé. Lorsque Gaï – un des surnoms de Zampa

– s'en prend à Francis Vanverberghe, de treize ans son cadet, le Grand (il mesure 1,90 m) a déjà un CV de truand long comme la Canebière. Inscrit au fichier du banditisme dès 1959, Tany, gosse sec et nerveux, né en mars mais déclaré en avril par son fada de papa, car mars est le mois des fous en Campanie, a d'abord fait le cake au Panier. Puis il s'est formé à la dure au contact des Napolitains des *Trois-Canards* à Paris. A assuré la protection de Robert Blémant avant de réaliser le braquo des années 1960 : 160 millions de francs anciens empruntés à la CAF des Bouches-du-Rhône en 1961.

Le Napolitain, affûté physiquement, « un véritable ascète », n'aime pas les *figatelli* (les Corses), qui le lui rendent bien. Son équipe est à l'origine de l'élimination du plus célèbre des voyous corses de la ville, Antoine Guérini. Tany l'orgueilleux aurait bien voulu lui régler son compte au « vieux » Guérini, mais il est arrêté surarmé, dans une Citroën DS 21 couleur crème, en compagnie de trois équipiers, dont deux parviennent à s'esquisser, devant *Le Méditerranée* en novembre 1964. Zampa – coincé avec Der Ohanessian – part à l'ombre pour 6 ans : « Port d'armes prohibées et association de malfaiteurs ». Ses deux copains, Gaby Regazzi et Jacky Imbert, dit Le Mat (« le fou » en argot) ont échappé aux condés ce soir-là et une de ses équipes se chargera de calibrer le vieux Calenzanais, alors que Gaï est en zonzon en cette année 1967. Tout comme son « ami » Francis le Belge, ni corse, ni italien, mais pur voyou marseillais.

Ami car, dans un premier temps, Zampa le caïd ombrageux n'a rien à reprocher au Marlon Brando de la Belle-de-Mai, qui a de la mentalité. « Tany ne le calcule pas, point final », dit Milou. Le Belge, né le 3 mars 1946 des amours d'un menuisier et d'une pied-noir d'Algérie d'origine espagnole, monte lui aussi aux *Trois-Canards*[1]. Le beau gosse a du tempérament et se lance dans les braquages, sous l'aile de son futur beau-frère, Tony Cossu, dit l'Anguille, issu d'une famille de paysans sarde, né en 1940, puis dans le trafic d'héro. Le Belge, entouré d'une fidèle équipe de copains de la Belle-de-Mai, quartier d'ouvriers, de dockers et de marins situé près de la gare Saint-Charles, n'a pas de temps à perdre avec les prostituées et le racket, secteurs aux mains des Guérini avant de passer « à grands coups de tartes marseillaises aux gagneuses » dans le clan du Z…

Chaque clan a son QG

Le Belge porte beau, un départ en fanfare dans la carrière de gangster vite stoppé par un premier séjour en prison : 15 mois à l'âge de 18 ans, pour proxénétisme, c'est rude ! Puis 1 an pour avoir défendu l'Anguille face à des condés en 1967. Le caïd passera au total plus de 20 ans aux gamelles, ce qui pour ses détracteurs est le signe que le Belge n'a jamais été, au grand jamais, le parrain de Marseille comme il l'est trop souvent présenté dans les livres et à la télé. Ou alors si le Belge l'a été, c'est de loin et dans la lumière, pendant que les « vrais » patrons du milieu restaient tapis dans l'ombre et à l'écart de la case prison…

À la sortie des deux caïds de Poissy et des Baumettes, en 1970, le temps est encore au partage des affaires, à la bonne franquette. Les chefs sont interdits de séjour à Marseille.

1. Omar Charif, *Quai du Belge. Une biographie de Francis Vanverberghe dit le Belge*, L'Écailler du Sud, 2001.

Gaétan Zampa vit chez son demi-frère Jeannot Toci à Manosque, « ville ouverte » pour les truands (statut qui n'existe plus de nos jours), région agricole et rurale où il formera, plus tard, la bande des Alpes de Christian Oraison. Gaï n'est pas loin, non plus, de l'un de ses gardes du corps et lieutenant, Robert Séférian.

À Marseille, chaque clan a son QG à la Belle-de-Mai, l'un en face de l'autre. Les zampatistes tapent le carton *Chez Lucie*, les Belges boivent l'apéro chez Jeannot le Sourd. Tout Marseille joue au poker. La famille Zampa revient s'installer en ville, début 1972, rue Paradis, chez les bourges. « À l'époque, le Belge passait le plus clair de son temps à Paris, dit Milou, c'était un bon voyou, pas un gros trafiquant. On le respectait, mais on ne l'adulait pas. Il fallait qu'il fasse la moitié du chemin pour dire bonjour. Le Belge était arrivé à gagner pas mal de frics avec ses trois amis d'enfance, di Russo, Bonnello et Lamberti, tous chevillés à des Corses de Paris. »

Le clan des Napos, structuré avec une tête bicéphale dans un premier temps[2], craint : « Il faisait peur à beaucoup de monde », est plus important que celui du Belge, spécialisé dans la blanche. Francis, entré au fichier du grand banditisme en 1968, se lance bille en tête dans la French, associé, entre autres, au duo Foccioni-Kella. La filière du Belge tourne à plein régime – « il avait récupéré un passage pour les États-Unis », précise Milou –, et il fait même croquer

2. Le Napo Gaby Regazzi est la tête pensante du clan, quand son ami Tany est aux gamelles où on trouve dans le premier cercle Jeannot Toci, les frères Esposito et Regazzi, Robert Sagna, Jacky le Mat, Der Ohanessian, Nono Lucchesi, Robert Séférian, Jean-Pierre Roche, qui tient le *Vamping*…

Zampa et Le Mat. Jusqu'aux premiers pépins en 1972, l'arrestation du duo Foccioni-Kella, la prise record de 420 kg d'héroïne à bord du *Caprice des Temps*, et le début de l'*engatse* (énervement) entre le Belge et Nyta le Nabo. Le premier se demande si le second, jaloux de son ascension, ne l'a pas donné aux condés… Et l'autre l'accusera ensuite d'être un indic…

L'embrouille du Canet et la réplique du *Tanagra*

Quartier du Canet, 5 septembre 1972. Dans cette Mercedes, les flics ramassent trois cadavres criblés de balles : Robert di Russo, 29 ans, dit Gros Bras, proche et associé du Belge, a été flingué avec deux autres hommes du clan, Jean-Paul Bonello, 36 ans, dit Jeannot Cigare, son oncle, et Daniel Lamberti, 27 ans. Les raisons de ce triple homicide restent floues : trois morts pour une escroquerie à l'héroïne, c'est cher payé pour le Belge. Le commanditaire est tout trouvé : c'est Gaétan Zampa, lequel aurait tenu une réunion au sommet pour évoquer le cas de Francis V. Et, dans le milieu, un nom est sur toutes les lèvres, celui de Joseph Lomini, dit le Toréador, un braqueur, sorti récemment de prison, où il a côtoyé Tany à Poissy. Un chaud de la gâchette du clan des Napos au gabarit de rugbyman : 1,85 m, 90 kg !

« Une histoire de dopes, Marseille nage en plein dedans, même si à cette époque précise, on manque de came, il est question d'un double jeu, croit savoir l'ex-inspecteur Clémentini. Jo Lomini, dont le frère Roger était aussi un braqueur chevronné, devait ce jour-là remettre de la poudre au Belge ou le rembourser pour n'avoir pas respecté une avance (de la morphine-base) de Francis au clan Zampa. La question est de savoir si le Toréador a agi seul ou sur ordre de Tany ? Histoire de se débarrasser d'un jeune voyou aux dents un peu trop longues… »

Dans le milieu, Jo Lomini, à qui l'on attribue déjà une vingtaine de meurtres, dont celui de Méu Salvati, caïd du gang des Blouses grises, le 12 mars 1972, ne fait pas l'unanimité, même dans son camp : « La guerre entre Zampa et le Belge est de sa faute, c'est lui qui flingue "comme un chien" Robert di Russo, l'un des amis d'enfance du Belge. Jusqu'à la fin de sa vie, il pleurera la mort de ce frère d'armes », écrit dans son livre de mémoires Jean-Pierre Hernandez, proche de Tany, qui donne en détail sa version des faits du Canet[3].

« À sa sortie de centrale, Zampa recrute à tour de bras, pour contrer les Canards, et se retrouve pour moitié avec des crapules comme Lomini, un givré du calibre qui n'avait pas une bonne mentalité (Zampa s'est entiché du Toréador, lui aussi fan de musculation, en prison, NDLA). Et au Canet, c'était clairement une crapulerie », lâche Milou Diaz.

Le Toréador – car il a joué de la muleta dans les arènes en bois du parc Borely – a lancé la guerre Zampa-le Belge sûrement pas à l'insu de son plein gré avec « cette drogue égarée » et, dans l'arène marseillaise, des têtes vont tomber ! Dans la bande des Napos, Félix Peraldi, membre présumé de l'expédition du Canet, est tué à Propriano en Corse, Francis Tourdre, autre tireur du commando, est blessé, puis, chez le Belge, Gualbert Rouvier est flingué à la Belle-de-Mai, Émile Chessa, l'oncle de Lamberti, et André Katchadourian sont

3. Jean-Pierre Hernandez, *Quand j'étais gangster*, Flammarion, 2014.

abattus lors d'une fusillade avant le coup de Trafalgar qui aura lieu dans un bar!

31 mars 1973 – Bar du Tanagra, *Vieux-Port, Marseille 1er*

Vieux-Port de Marseille, 31 mars 1973, à deux pas de la mairie. Les vendeurs de poissons ont remballé leur mulet depuis longtemps. Dans le bar-cabaret du *Tanagra*, ex-Rustique, les policiers ramassent quatre corps sans vie : la cible du commando Jo Lomini, 34 ans, qui vient de baptiser sa fille en grande pompe avec tout le clan Zampa, Albert Bistoni, dit l'Aga Khan, à cause de sa corpulence, un trafiquant de drogue de 62 balais, proche de Croce et Mari, Jean-Claude Napoletano plus la patronne, Carmen Ambrosino, la veuve de Jo, abattu au même comptoir six ans plus tôt. Les deux flics de permanence, dont le futur commissaire Georges N'Guyen Van Loc, ont relevé 47 impacts de balle.

Francis le Belge et deux acolytes encagoulés ont déboulé, de leur Mercedes beige, vers 19 heures et tiré au « mat 45 » sur tout ce qui bouge en flinguant trois proches de Tany Zampa, qui s'est esquissé du bar juste avant avec son fidèle lieutenant Gaby Regazzi, si l'on en croit les biographes de Gaï, lesquels commentent sous leur plume imagée[4] :

> « Putain, Gaby, ce Belge, c'est pas de la gonzesse, c'est du lourd! Lui aussi il fait ce qu'il dit. Avec lui, plus

4. José d'Arrigo et Roger Grobert, *Zampa*, La Manufacture de livres, 2014.

> d'arrangement possible, il faut le charcler, ce sera à la vie, à la mort ! »

Ce 31 mars 1973, la Mercedes beige du trio a croisé en trombe, et lui a même effectué une queue de poisson, un véhicule banalisé rempli par trois policiers qui venaient de récupérer des scellés et des éléments de la villa Clotilde, un labo clandestin. Les condés n'ont pas entamé de course-poursuite. Une « sacrée frayeur » pour l'ex-inspecteur René Decker, pointure de l'Évêché, comme il l'a raconté plus tard à Omar Charif, journaliste du *Méridional*, auteur de la bio du Belge :

> « Quand nous avons su que c'était la voiture du Belge, nous avons eu un frisson rétrospectif. Imaginez que nous allions interpeller le conducteur pour conduite dangereuse comme je voulais le faire, malgré l'avis de mes collègues. Eh bien, nous y passions tous ! Le Belge et ceux de sa bande auraient allumé avant de parler Code de la route… »

Le coup de Jarnac du Canet

« Lorsque Zampa sort de prison, pour avoir voulu monter sur Guérini, raconte Milou Diaz, il est en colère car les mecs des Canards, qui se sont rincés à coups de milliards dans la filière paraguayenne de la drogue avec Sarti (Lucien) et Ricord (Auguste), ne veulent pas lui reverser sa part. Déjà, là, y a grosse embrouille ! Le Belge, lui, est proche du Mat, des *Trois-Canards*, mais il n'a pas la capacité de feu pour entrer en guerre avec Zampa et Regazzi, il le sait. C'est une mouche contre un éléphant ! Cette histoire n'est pas aussi simple qu'il n'y paraît et débouchera des années plus tard sur une nouvelle guerre, autrement plus mortelle, entre Zampa et le Matou… »

Pour justifier ce coup de Jarnac du Canet aux yeux du mitan, Zampa fera courir le bruit, *via* un condé-voyou, « un Corse qui s'appelait Ettori », que le Belge était un indic : « Une façon de ne pas perdre la figure et de justifier la saloperie de Lomini qui a flingué trois pauvres gars pour du fric. Je les connaissais bien, car ils étaient de la Belle-de-Mai comme moi, ce n'étaient pas des trafiquants… Tu ne peux que dire que tu as tué des indics pour t'en sortir vis-à-vis des collègues », balance Milou, qui, rappelons-le à toutes fins utiles, n'est pas le meilleur copain du Napolitain.

*

Marseille, en proie à des ratonnades, une vague de violences racistes sans précédent envers les Algériens, est à feu et à sang en 1973. La drogue a « pourri le milieu », selon les vieux du mitan. « Du coup, les appétits se sont faits plus grands, la compétition plus dure, les différends plus graves. La génération des malfaiteurs qui ont aujourd'hui 30 ou 35 ans et qui ont fait leurs premières armes dans le domaine classique du proxénétisme ou de la cambriole, sous les ordres de patrons compétents, est qualifiée de sauvage par les anciens. Ce sont des gens dangereux qui tirent trop vite et sans souci des bavures », peut-on lire dans *Le Monde* en date du 11 avril 1973. « Ils vont trop au cinéma, se cherchent des prétextes d'anarchistes. Ils se croient au Far-West », dit Le Grec dans l'article.

Le grand journaliste du *Monde* et écrivain Maurice Denuzière prend le pouls de la cité marseillaise en compagnie du Grec dans ce papier au long cours, qui fixe le cadre d'une époque.

> « "C'est la drogue, Monsieur, qui a pourri le milieu !" Sur la terrasse de sa villa de retraité, bien abritée des gifles du mistral, le vieux truand retiré des affaires a semblé prendre à témoin de cette affirmation catégorique la Bonne-Mère que le soleil printanier transforme sur son promontoire en un énorme lingot d'or. De là, on aperçoit aussi, autour de son port, la ville plantée à l'est de tours résidentielles, le château d'If posé sur la nappe bleue de la baie comme un gâteau entamé, les petites îles où les pêcheurs d'arapèdes guettaient autrefois l'arrivée des cargaisons "blondes". Au troisième pastis, le Grec, qui ne se prit jamais pour un caïd ni pour un parrain, a le ton désabusé d'un vieil artisan constatant que la conscience professionnelle se perd. Ceux qui, comme lui, ont commencé leur carrière par des petits coups, "casses" ou hold-up avant d'en venir au trafic des cigarettes, de l'alcool, et de s'installer enfin au comptoir d'un bar-hôtel garni de pensionnaires arpenteuses de trottoir, font aujourd'hui figure d'anciens combattants, de gagne-petit du vice. Le trafic des stupéfiants, qui fait davantage appel aux relations et à l'intelligence qu'aux muscles et aux coups de gueule, procure aussi une fortune bien plus rapide. Il permet de se coucher

tôt si on le veut et de vivre bourgeoisement. Il s'apparente aux transactions commerciales et conduit ceux qui savent gérer leurs biens aux affaires licites. On connaît des hommes qui ont atteint ainsi l'honorabilité et que la prescription met à l'abri de toute indiscrétion sur l'origine de leurs premiers millions. »

Le maire Gaston Defferre est en colère. La Mine triste, comme l'appelait Mémé Guérini, tape du poing sur la table. « À l'allure où vont les choses, nous serons bientôt revenus à l'état sauvage, dit l'avocat cévenol dans la presse[5]. Cela est inacceptable. Si nous gagnons les élections, nous y mettrons bon ordre. »

Autorités et policiers ne peuvent pas rester les bras croisés après la réplique du bar du *Tanagra*. Tany, lui, a manqué deux fois de rôtir le Belge, à Paris. Il était accompagné de sa mère puis de sa femme, ce qui l'a sauvé, avant que les condés s'en chargent : les « Belges » sont cueillis les uns après les autres dans leurs planques provençales en avril 1973. Michel Hadjilouloudes, Mickey, les femmes de la bande (Jacqueline Amara, Noëlle Borel, Blanche Munoz) qui servent de nourrices pour les armes entre autres, Francis Vanverberghe est arrêté à Paris chez une prostituée avec son lieutenant Albert Franconi et le Rital Vincenzo Parisi, « un assassin de la pire espèce », *a priori* le trio de gâchettes du *Tanagra*[6].

5. Robert Mesini, *Mémoire de flic*, Albin Michel, 1991.

6. Aucun n'est inculpé pour les chefs d'homicides ou de tentatives. Le Belge est arrêté pour proxénétisme aggravé, détention d'armes et usage de faux papiers. Il est condamné à 3 ans. En prison, il sera balancé par un repenti de la filière d'héroïne démantelée et prendra 14 ans lors de son procès en 1977 (renvoi page 101).

Puis c'est au tour de Nonce Aschiero, dit Nono, et d'un autre tueur Ciro Lospoto d'être coffrés. Dernier sur la liste : le premier lieutenant du Belge, Noël Filippi, et Denis Allouche. L'équipe du Belge, parti pour 11 ans de zonzon, est décapitée, même Tony Cossu, surnommé l'Anguille, en filant de l'Évêché de Marseille menottes au poignet en 1966 et après une évasion d'une prison de Toulouse en 1968, n'est pas passé entre les mailles du filet.

« Cette guerre a foutu un bordel pas possible, regrette Tony l'Anguille[7]. J'y ai perdu des amis intimes. Ça a fait une hécatombe. Dans ce milieu, quand c'est pas bon, ça dégage. »

Tany Zampa a les mains libres dans le Sud…

Zampa seul au monde

Le Belge et sa garde rapprochée à l'ombre, Gaétan Zampa, qui a échappé à la rafle des condés, signe que le caïd est bien renseigné, peut pavoiser. Histoire de clore le chapitre « Charclons Francis », les Napos se rendent en Italie pour éteindre l'équipe adverse : Albert Franconi, membre du clan des Marseillais, un gang de braqueurs expatrié en Lombardie, pour cause de cavale ou d'interdiction de séjour dans les Bouches-du-Rhône, est tué à Milan, la nouvelle capitale du crime, en 1976. L'Italie avait, en effet, aboli la peine de mort et n'extradait pas ses ressortissants.

7. « Antoine Cossu, L'Anguille vous salue bien », *Libération*, 3 décembre 2017.

« En prison, j'ai su que Francis était devenu dingue, confie Gaspard, car Bébert est, comme di Russo, un ami d'enfance de la Belle-de-Mai. Il était de l'équipée du *Tanagra*... » « C'est un Rital du Belge, Enzo le Tatoué (Vincenzo Parisi) retourné par Zampa aux Baumettes en 1975, pour 40 bâtons, qui flingue Bébert après l'avoir mené en belle, il voulait même se faire Francis en prison », croit savoir Milou, proche de mecs du clan des Marseillais à Milan dont fait partie l'un de ses amis, le braqueur Daniel Nieto, impliqué dans le rapt de Giovanna Amati, fille du richissime producteur de Cinecitta Giovanni Amati, l'un des plus médiatiques des années 1970 en Italie.

Tany Zampa, chaussure de croco et initiales TZ brodées sur ses chemises, est le nouveau « parrain » incontesté de Marseille. Don Gaetano Ier, le Grand tout-puissant, Monsieur Z, le roi du mitan ! Il collectionne les voitures de sport anglaises, une Jaguar Type E ou une AC Cobra 427 rouge. Le caïd de 40 ans zozote, a la parole rare, ne boit que du Vittel, mais inspire le respect et la peur. Nyta le Nabo, soumis à de fréquents accès de folie (il a séjourné plusieurs fois en hôpital psychiatrique), est décrit comme un loup solitaire et violent. Impulsif, capable de tout. « Hyper-nerveux, en proie à des aigreurs gastriques, Zampa a vécu toute sa vie de truand sur le fil du rasoir », estime le journaliste marseillais José d'Arrigo, un ancien du *Méridional*. Son ombre, le Gabe, Regazzi, le prototype du beau mec, sportif accompli, toujours bien mis, sait le calmer et le remettre à l'endroit. « Même si lui aussi pouvait facilement partir en vrille », note Gaspard.

Direction Aix-en-Provence

Gaetano Zampa, présenté dans la presse comme « l'œil de la mafia en France », rien que ça, n'est pas si fada que cela en tout cas. Le truand, toujours bien informé, qui avait mis en place un réseau astucieux de planques en ville, échappe plusieurs fois aux policiers car son clan redouble d'efforts pour mener à bien ses activités dites traditionnelles : gestion des labos clandestins de la French Connection, rackets, « le prélèvement de la dîme », comme ils disent, casses, hôtels de passe, paris truqués. Et, au milieu de la décennie 1970, le Napolitain déploie ses ailes jusqu'à Aix-en-Provence et même sur la Côte d'Azur où son équipe élargie gère les pompes à fric du milieu en investissant dans le légal : boîtes de nuit, brasseries de luxe, bars, restaurants, etc. Le parrain assure aussi la protection de stars comme Alain Delon et se chope un sacré melon.

Aix est la cité chic et historique de PACA où viennent s'encanailler les bourgeois marseillais depuis des décennies. « Tany en rêvait, il voulait sortir de Marseille, ville sordide pour aller faire le beau en Californie, Aix : sa cour d'appel, ses loges très influentes, son RPR bien implanté », dit Milou, qui, à l'époque, fait la navette entre Marseille et Palerme, dans ce que l'on appellera la French Sicilian Connection [lire « Le parrain s'embourgeoise »]. Gaétan Zampa, *via* son homme de paille Tony Tarquini, a mis la main sur les joyaux de la plus grande ville universitaire de la région autour du cours Mirabeau : la boîte de nuit sélect *Le Mistral*, la brasserie *La Belle Époque*, le cabaret *Le Khoréa* et bien sûr le restaurant chic *La Rotonde*. Paraît même que le caïd tape la balle sur les courts du très chic Country Club Aixois !

À Marseille, Gilbert Hoareau, dit le Libanais, lieutenant de Paul Mondoloni, et associé de Zampa, « un commerçant, dit-il, pas un voyou » gère toutes les boîtes et les bars de nuit du clan, dont le *Kennedy's*, *La Mendigotte*, *Le Pussy Cat* et l'ex-QG des Guérini, *Le Méditerranée* rebaptisé l'*Annabel's*, racheté une bouchée de figues à la femme de Mémé, l'Alsacienne « Lily », qu'il séduit. L'homme, violent, ne fait déjà pas l'unanimité. Surtout – on s'en doute – chez la fille de Mémé, Marie-Christine, qui écrit dans son livre :

> « C'est un homme basané qui parle fort et joue les terreurs. Malin, il se vante ouvertement d'être envoyé par Zampa pour prendre notre club. Il lance haut et fort :
> — Ce lieu est une place stratégique proche du Vieux-Port. Cela a toujours été le fief des patrons de la ville. Nous le voulons et nous l'aurons ! Il nous revient de droit !
> — Qui c'est, ce guignol ?
> L'incident reste grave car, jusqu'alors, personne n'avait osé s'attaquer aux affaires du Corse. »

Le clan Zampa, qui a un quasi-monopole de la distribution de boissons avec la SMDB, déploie aussi son empire dans le secteur déjà florissant des machines à sous clandestines placées dans les cafés et les bistrots de Marseille et ses environs. L'activité, étendue jusqu'à Paris *via* son bras droit Gérard Vigier, explose fin des années 1970. Les bingos se comptent par centaines ! [lire « La guerre des bingos »]

« Tany distribuait ainsi les francs, comme il disait. Il avait à ses pieds le Marseille de la pègre et "des bandeurs d'hommes" », écrivent ses biographes. « La force de Zampa, à ce moment-là, c'est sa garde rapprochée, surligne Gaspard. Ses lieutenants, Gaby, Toci, Vigier, qui fait carrière à Paris, Der, Nono, ils sont comme les doigts de la main : inséparables et efficaces. Sans parler de tous les autres du clan, comme les Tagliagambe ou Broccia-Veneziano, une armée d'immigrés italiens, il peut s'appuyer sur une centaine de mecs sûrs. À part les Corses et les *Trois-Canards*, tout le mitan marseillais se paluche pour les Nabos. Jacky le Mat, lui, il est dans les courses. Pour le moment, Zampa agit dans l'ombre, ne fait pas encore parler de lui dans la presse et les Marseillais ne le connaissent pas... »

Un pied dans le comté

À Nice, capitale flamboyante de la French Riviera, Gaï peut compter sur le soutien du vieux caïd local, Urbain Giaume. Monsieur Albert, proche du clan Médecin (le maire de la ville) et fidèle des Guérini sur la Côte d'Azur où il tenait bars et boîtes près de la place Massena, a dominé le milieu niçois des années 1960 après avoir gagné la guerre contre les Corses du clan Bianchini puis repoussé les assauts d'Elia Avidor, dit René le Juif, supprimé le 27 janvier 1973. Sa carrière, commencée en fanfare par le vol des bijoux de la Bégum, se terminera par une condamnation dans le cadre du trafic de la French Connection : il est arrêté le 25 février 1975, accusé d'avoir expédié plus d'une tonne d'héroïne, et prend cher, 15 ans de prison, où il meurt d'un cancer en 1981.

La voie est libre : Zampa peut alors foncer sur les joyaux de *Nissa la Bella*, la capitale de cette côte bénie des dieux qui porte le doux nom d'Azur. Sise entre mer et montagne, Nice, ville amphithéâtre, rayonne de ses douze vallons si gracieusement exposés à l'orbite solaire. La lumineuse baie des Anges, avec 4 millions de visiteurs chaque année, est la première destination touristique de France après Paris et a toujours attiré les éminents représentants de la grande criminalité. Dans les années 1970, à l'instar de sa voisine toulonnaise, Nice est surnommée la Chicago française. En raison du nombre de règlements de compte[8] et de prostituées sur les trottoirs de la promenade des Anglais.

Le maire Jacques Médecin, dit Jacquou le Cacou, a de hautes ambitions pour sa ville et son club de foot, l'OGC Nice, qu'il sponsorise à coups de subventions records : les milliardaires de la Côte de Guillou, Baratelli, Hück, Jouve, Bjekovic tutoient les sommets mais ne gagnent pas de titre. Qu'à cela ne tienne, Médecin peut se rabattre sur les casinos pour faire la promotion de la destination, « le Las Vegas de l'Europe ». À la belle époque de son père, Jean, Nice comptait huit casinos ! Le maire et ministre du Tourisme éphémère de Valéry Giscard d'Estaing – lequel roulera par la suite pour un « vrai » centriste, le très mondain Michel d'Ornano, maire de Deauville et proche de Lucien Barrière –, mise gros sur les tapis verts. Et son ami d'enfance, le Corse Jean-Dominique Fratoni, « Doumé », né à Cuttoli-Corticchiato en 1923, inaugure le nouveau *Ruhl*, au rez-de-chaussée de l'hôtel

8. La guerre reprend fin 1970 entre les lieutenants de Giaume dont Simon Vasseur, effacé le 16 août 1976, et les Italo-Grenoblois de Michel Luisi, bousculés en Rhône-Alpes par le gang des Lyonnais. Le milieu niçois s'entre-déchirera durant des décennies jusqu'à une accalmie relative dans les années 2000 avec Michel Soret, le Vieux, et Jacques Sordi, le Général, lesquels se sont rangés des voitures.

Méridien, le 17 janvier 1975, en grande pompe avec en invité vedette : Alain Delon !

*

C'est dans ce contexte animé que les Marseillais, et leurs manières de cakes, débarquent sur la Prom' à deux pas du rutilant palace *Le Negresco* ! Tany – qui « n'hésite pas à se pavaner rue Haxo, au bar du Triboulet, avec un manteau d'une brique, le prix d'un cabanon à Carry ! » (José d'Arrigo dans *Zampa*) – n'a pas vraiment les codes de la Côte d'Azur, mais va vite s'imposer à coups de pression et de calibres. L'homme de main du clan, Jean-Pierre Roche, dit Bimbo, contrôleur hôtelier du casino *Ruhl*, est un petit homme élégant, d'où son surnom et, surtout, est très copain avec… Alain Delon. L'acteur vedette du cinéma français, qui détient des parts dans le *Ruhl* à hauteur de 5 millions de francs, même s'il l'a toujours nié malgré une note du SRPJ de Marseille[9], est décidément au… milieu des débats. Guérini, Roche, Zampa, Imbert, Marcantoni : l'acteur-producteur de *Borsalino* a de bien drôles de fréquentations !

Alain Delon a toujours assumé sa « fascination » pour les truands. « J'étais le fils spirituel de Mémé Guérini, confie-t-il au *Figaro Magazine* en mai 2019, sa fille m'aimait bien, lui aussi. Quand je me suis cassé la jambe sur le tournage de *L'Insoumis* (1964), en quelques minutes, une ambulance était là. Mémé avait téléphoné à des motards pour l'escorter. »

9. Bernard Violet, *Les Mystères Delon*, Flammarion, 2000.

L'acteur aime les jeux, la boxe et les chevaux. L'homme d'affaires AD investit dans ces distractions, où les truands ne sont jamais loin au cœur de ces sulfureuses années 1970 : mafia des casinos, mafia des rings, mafia des courses, etc. À Nice, une ville où il tourne souvent et qu'il apprécie, comme Aix-en-Provence, Alain Delon est un intime de Bimbo Roche, patron de *La Camargue*, célèbre établissement de nuit niçois, place Charles-Félix. Le lieutenant de Gaétan Zampa lui présente Fratoni, le Napoléon des tapis verts de la Côte d'Azur aux hautes ambitions. Tous investissent dans la Socret, la société anonyme du *Ruhl*...

La mafia est dans la place

Jean-Do Fratoni, vrai-faux patron du *Ruhl*, peut rouler des mécaniques. L'ancien associé de Tino Rossi et de Jean-Baptiste Andréani au casino de Juan-les-Pins en 1954 a fait du chemin ! Le casino niçois est bien né, avec des billes de Corses et de mystérieux Italiens, Cesare Valsania et Arrigo Lugli[10], le tout protégé par Zampa et ses amis. Le *Ruhl* se hisse à la tête des casinos français dès sa première saison. Grâce aux émirs saoudiens flambeurs et aux malfaiteurs. Son rival, le vieillissant *Palais de la Méditerranée*, situé lui aussi sur la promenade des Anglais, dirigé par Renée Le Roux, n'a qu'à bien se tenir.

---

10. Dans *Riviera nostra* (Nouveau monde, 2017), Jean-Michel Verne écrit : « Le trouble patron du *Ruhl* le Corse Jean-Do Fratoni est lié à Cosa Nostra, dont il blanchit les capitaux. » Selon la police, Fratoni n'est qu'un prête-nom d'une branche de la mafia italienne, les Banquiers romains.

Le 8 juillet 1975, une partie truquée fait perdre 4 860 279 francs au Palais à une table de trente-et-quarante. Des voyous, Christian Molinier, Lucien Bonito, associé de Zampa à *La Camargue*, ou Simon Vasseur *alias* Gavet, propriétaire du night-club *Le Bagheera*, sont dans le coup. Ils récidivent la partie miraculeuse au casino *Sun-Beach Menton*. Doumé et ses proches entrent au capital du Sun-Beach. La guerre des casinos bat son plein. Les *mafiosi* italiens ne sont pas loin. Des chefs de la Camorra napolitaine (Zaza, Nuvoletta), de la 'Ndranghetta (de Stefano, Libri, Morabito) et de Cosa Nostra (Fidanzati de Milan, un membre de la famille Gambino de New York) se réuniront même en 1979 dans un salon de l'hôtel Negresco, lors d'un sommet mondial de la mafia, en présence d'un représentant du banditisme corse…

Jean-Dominique Fratoni vise l'hégémonie. Jusqu'à damer le pion aux casinos cannois de son ennemi juré, Lucien Barrière, et même à celui situé sur le rocher (en or) de Monte-Carlo. Plus dure sera la chute pour Jean-Do and Co. Face au clan des Marseillais, la police évoque la présence sur la Côte d'Azur de l'équipe d'un gros truand, François Marcantoni[11] : ce proche de Marius Bertella, le boss des *Trois-Canards*, a pris ombrage de la mainmise de Bimbo sur « sa » poule aux œufs d'or Alain Delon. Gaétan Zampa ne le sait pas encore, mais les affaires niçoises vont très sérieusement lui compliquer la tâche.

---

11. François Marcantoni, M. François ou Commandant, est décédé le 17 août 2010 de… mort naturelle à 90 ans. Le caïd corse, aux bases toulonnaises, qui a effectué toute sa carrière dans la capitale, est surtout connu pour avoir été le protecteur et ami de la star de cinéma Alain Delon. Il restera dans la postérité du crime pour l'affaire Markovic, ancien garde du corps de Delon.

19 juillet 1976 – Société générale, avenue Jean-Médecin, Nice

À commencer par le « casse du siècle » de la Société générale, commis au centre de Nice, le 19 juillet 1976 sur une « idée » d'Albert Spaggiari, dit Bert, par le gang des égoutiers. Une ou deux équipes (l'une ayant abandonné en cours de route), le mystère demeure. On évoque en tout cas à l'œuvre des Marseillais de la bande des Catalans, « une grosse équipe de braqueurs, du quartier d'Endoume, qui se sont partagé le pactole du casse ; environ 70 parts qui reviennent aux braqueurs, soit 74 bâtons la part (460 000 euros) », dévoile Milou Diaz.

Le butin, difficilement quantifiable, a été évalué à 6 milliards d'anciens francs, 46 millions de francs (environ 30 millions d'euros) et Tany est bien sûr suspecté. Pas d'avoir « marné comme des mineurs sous la Promenade des Anglais » avec les autres comparses, dont les condés retrouvent très vite quelques-uns de ses hommes (le banquier du clan Homère Filippi, dit Mimi, « qui n'a pas participé au casse », Jean-Claude Migozzi, membre influent du milieu niçois, Gérard Vigier, Dominique Poggi, les frères Michelucci), mais plutôt d'avoir monté et financé le coup fumant.

La mise de fonds était colossale, environ 500 000 francs en espèces, et pour réaliser le « casse », les malfaiteurs devaient être suréquipés, notamment de lances thermiques pour percer le mur de béton de la banque. Argent et matériels dont ne disposait pas Bert, lequel aurait même piqué l'idée de départ de passer par les égouts pour se rendre dans la salle des coffres de la SG[12] à un copain de l'OAS, proche du clan Médecin, selon le journaliste niçois Roger-Louis Bianchini. « C'est lui, dont je tairai le nom car il est encore en vie (le livre a été écrit en 2005) qui a parlé de ce plan au cours d'une discussion entre anciens de l'Algérie française. L'idée est née ce jour-là. Albert Spaggiari et cet ami en ont reparlé ensemble. C'est ce dernier qui a fourni tous les éléments indispensables à la réussite de l'opération », écrit l'ancien reporter de *Nice-Matin*[13].

Dans la presse, le commissaire principal de la police judiciaire de Nice, Jacques Besson, constate les dégâts.

> « C'est une équipe éclectique, composée de techniciens du casse, qui a réussi cette opération gigantesque. Des spécialistes du dessoudage ont découpé au chalumeau les coffres-forts. Des électriciens ont acheminé des centaines de mètres de câbles à travers les canalisations d'égout pour permettre d'éclairer les baladeuses nécessaires à la construction du tunnel. Des maçons ont cimenté intégralement les parois du tunnel creusé à hauteur d'homme pour éviter un éboulement et faciliter le passage des sacs remplis de richesses. [...] Ils ont creusé le boyau exactement au niveau qui permettait de faire basculer le coffre de 5 tonnes qui était adossé

---

12. Dans un communiqué publié le lendemain du fric-frac, la direction de la Société générale annonçait qu'« une prime de 1 million de francs sera versée à la ou les personnes ayant fourni des renseignements permettant l'identification et l'arrestation des cambrioleurs ».

13. Roger-Louis Bianchini, *13 mystères de la Côte*, Fayard, 2005.

> à la paroi par laquelle ils ont pénétré dans la salle des coffres. Une erreur, même minime, aurait fait échouer ce travail. »

Le Napolitain, lui, ne se démonte pas et se rend, sur les conseils de son avocat Jean-Louis Pelletier, au commissariat central d'Aix-en-Provence où il rencontre le 12 novembre le commissaire principal Marc Jousselin du SRPJ de Marseille, dont il ressort blanc comme neige ! « Même si les Catalans étaient proches de Zampa, raconte l'inspecteur Clémentini, il n'est pas à la baguette dans cette affaire, il a pris une ou deux parts : on peut imaginer que c'est pour le remercier, on peut aussi imaginer que c'est pour le mouiller, et ça c'est vicieux ! » Quelques jours après, le « cerveau » du casse, le Niçois Albert Spaggiari, ancien de l'OAS, fabulateur et mégalomane, proche du clan Médecin et de flics niçois, est arrêté par la police… marseillaise. Le cerveau ou, en vérité, le cave dont le clan des égoutiers s'est servi pour faire main basse sur le magot ?

Gaétan Zampa est à l'abri, quelque part en Italie, quand la guerre des casinos va bientôt le dépasser. Ici, les règlements de compte sont aussi et surtout politiques : au final, le pouvoir central, centriste puis socialiste, mettra à terre le duo Médecin/Fratoni, et Nice ne deviendra jamais la « nouvelle Mecque du jeu ». Les deux amis d'enfance niçois mourront exilés et ruinés. En 1977, les visées expansionnistes de Jean-Do Fratoni sur le *Palais de la Méditerranée* prennent une tournure crapuleuse avec la disparition d'Agnès le Roux, la fille de Renée le Roux, le 27 octobre. L'héritière du *Palais de la Méditerranée* est introuvable[14]. Son amant, l'avocat Jean-Maurice Agnelet, est suspecté de l'avoir tuée après l'avoir convaincue de renverser sa mère au détriment de Jean-Do, contre le versement de 3 millions de francs. L'avocat a été condamné[15]. L'ombre de la mafia et celle de Zampa planent sur cette disparition jamais élucidée. Mais le parrain de Marseille a déjà commencé une autre guerre, encore bien plus mortelle : celle contre son ancien allié et ami, Jacky le Mat…

---

14. Roger-Louis Bianchini, *Mafia, argent et politique. Enquête sur des liaisons dangereuses dans le Midi*, Seuil, 1995.

15. Jean-Maurice Agnelet est mort le 12 janvier 2021.

La guerre de Cent Ans

Bimbo Roche n'est plus. Criblé de 10 balles de 11.43 mm. L'œil de Zampa à Nissa, où cet ancien membre du gang des Blouses grises s'est installé en 1970, a été refroidi le 30 juillet 1977 dans sa Mercedes 280 – la marque de voitures préférée des truands au sommet – sur la basse corniche qui relie Nice à Monaco, le jour du combat de boxe entre Carlos Monzon et Rodrigo Valdez, prévu le soir même à Monte-Carlo. Dans la poche du patron de *La Camargue*, il y avait des places réservées pour Alain Delon. Qui en veut à nouveau à Tany ? Et pourquoi cette nouvelle guerre ? Un rapport avec les casinos, à Nice ?

Échec et Mat pour Zampa

Retour au milieu des années 1970, Tany Zampa, sans rival depuis l'incarcération du Belge, est seul au monde, ou presque. C'était sans compter sur le troisième homme, un certain Jacques Imbert, revenu aux affaires, à Marseille, après quelques échecs retentissants. Formé à la dure, comme ses copains d'alors Tany et le Belge au bar des *Trois-Canards*, à Pigalle, Jacky est tout aussi fada que le Napolitain, c'est d'ailleurs le surnom du Toulousain, Le Mat (le fou, et non pas à cause de « sa peau caramel », comme l'a écrit un journaliste). C'est peu dire que Gaétan Zampa voit d'un mauvais œil le retour en ville d'un potentiel rival, autrefois solide allié…

Le Mat est mort de vieillesse le 11 novembre 2019 à l'âge canonique de 89 ans, à Aix-en-Provence, dans les bras de sa femme Christine[1] ! Cette légende de la pègre marseillaise a eu un parcours hors norme de bandit jockey, entre résurrection improbable, amitiés *people* (il a dirigé l'écurie de course de trotteurs d'Alain Delon) et brillante carrière dans le monde du sport (pilote de voiture et d'avion, *driver* de trot attelé et skipper).

« Il a de la tenue Jacky, avec ses cheveux blancs, sa touche *fifties* et son regard de braise, écrit Denis Trossero dans *La Provence*. La maîtrise d'un Jean Gabin, le charme irradiant d'un Robert Hossein. » Sa vie a été imagée et scénarisée sur grand écran, même si, au final, on sait peu de choses de lui, moins en tout cas que ses deux acolytes mafieux de l'époque, Tany Zampa et Francis le Belge. « Jacky, c'est un mystère, probablement la plus grande inconnue du très, très grand banditisme », estime Thierry Colombié[2].

1. Imbert a vécu les dernières années de sa vie à Fuveau près de Marseille alors que son épouse tenait un institut de beauté et magasin de prêt-à-porter *Le Matou By Christine*, dans le centre de la cité phocéenne.

2. Le Mat donne la différence entre un voyou et un parrain dans *Le Nouvel Observateur* en 1993 : « Courage, ambition, autorité naturelle, volonté de s'imposer aux autres, de se faire craindre et admirer. »

Directeur artistique du Bus Palladium

Le Fou, natif de Toulouse, a commencé sa carrière à Paris, aux *Trois-Canards*, navigué dans l'entourage de l'ancien commissaire de la DST Bob Blémant, puis est descendu à Marseille rejoindre Zampa, dont il devient le lieutenant à la tête d'une équipe indépendante, avant de rompre avec lui en 1973. « Jacky était fortiche, dit Gaspard, il avait le sens des affaires, il plaisait aux gonzesses et surtout il avait derrière lui une vingtaine de mecs durs au mal. C'était un vrai chef de bande, impulsif, mais aussi froid et déterminé, il les emmènera jusqu'au bout avec lui. »

Avec les Napolitains de Tany, Imbert était dans le camp Blémant-Francisci contre Guérini-Andréani dans les années 1960. Jacky n'avait pas froid aux yeux : selon radio Canebière, Le Mat aurait été sur la moto, la fameuse Honda rouge, pour régler son compte à Antoine Guérini : pilote ou tireur ? Coïncidence, l'année suivante, Le Mat est inscrit au fichier central du grand banditisme. Circulaire n° 909/68. À 40 piges, le Fou a de la ressource !

Remonté à Paris, Imbert, le voyou solitaire, va reprendre de belles affaires, le cabaret *Lola*, à Pigalle, devenu le *Bus Palladium*, dont il est directeur… artistique. En clair, il protège la boîte. Une vie de jet-setter avant l'heure. À cette époque, le Matou s'est rapproché de Pierre-Désiré Allaire, pointure du trot attelé. Jacques Imbert se lance à fond dans les canassons. Comme le raconte le journaliste Jean-Michel Caradec'h dans un hors-série de *Paris-Match*[3] :

---

3. *Paris Match* du 21 au 27 novembre 2019, Danièle Georget, enquête de Brendan Kemmet.

> « En 1974, Alain Delon retrouve Marseille pour *Borsalino and co.* Après le tournage, on peut le voir à *L'Ascenseur*, à côté du Vieux-Port, à la table de son ami. Jacky a vécu chez lui, dans l'hôtel particulier d'Aix-en-Provence ; il est le grand frère qui lui a toujours manqué. Quand Alain "s'emmerde" sur le tournage des *Grands Fusils* en Italie en 1973, il appelle Jacky à la rescousse. Le voyou s'est "reconverti dans l'élevage et l'entraînement de chevaux de trot", écrit et "fonde un haras" près d'Aix-en-Provence où Alain Delon et Mireille Darc mettent en pension quinze pur-sang. »

L'as des as des sulkys, 1,72 m, remporte des courses de trot, 29 au total, est champion de France de trot attelé en 1973, et gagne un nouveau surnom : Ben Hur. En pleine gloire, Imbert est impliqué dans plusieurs combines, dont la plus célèbre fut le scandale du prix Bride-Abattue. Le trucage, qui rapporte 5,5 millions de francs à une vingtaine de joueurs, lui coûtera sa place de *gentleman driver* sur les hippodromes dont la justice l'écarte à vie. Tout comme son fils Jean-Louis. Devant *Le Skating*, le bar marseillais situé près de l'hippodrome, propriété d'anciens truands des *Trois-Canards*, dont plusieurs membres se sont convertis dans les haras [lire « Ça roule pour la bande du *Skating* »], est abattu Vincent Ascione. Chez lequel on retrouvera 160 000 francs de bordereaux du prix Bride-Abattue.

Vendredi 24 octobre 1975, une semaine après son suicide, Patrice des Moutis dit Monsieur X, parieur expert que le milieu avait ferré, devait comparaître devant le tribunal de grande instance de Marseille pour s'expliquer sur l'étrange triplé du prix d'Entressen. Le tiercé rapporta 2 millions de francs pour une mise de 100 000 francs à quelques heureux gagnants, dont certaines de ses connaissances au casier judiciaire pas forcément vierge…

1er février 1977 – Résidence des Trois-Caravelles, Cassis

Déjà, dans cette histoire de paris truqués, où l'on retrouve mêlées les bandes de Tany, de Jacky, redescendu dans le Sud, et des Canards (leur nom marseillais), ça flingue à tout va. Mais ce n'est rien comparé à la vendetta qui va ensanglanter le milieu marseillais après le règlement de compte raté de Cassis (Bouches-du-Rhône) sur sa propre personne : le 1er février 1977, Le Mat, en descendant de sa BMW orange, prêtée pour l'occasion, est pris pour cible alors qu'il rentre chez lui, rejoindre sa femme Cléo, dans une résidence luxueuse, les Trois Caravelles, après une partie de belote. Les tueurs l'arrosent sévère, alors qu'il est encore dans sa bagnole, mais ne l'achèvent pas. Mal leur en prend.

Derrière les flingues se cachent, selon radio Canebière, Tany Zampa, dont la légende dit qu'il a enlevé sa cagoule devant Le Mat gisant, Bimbo Roche et Gaby Regazzi[4]. D'autres sources évoquent six hommes. Ses ex-amis, fâchés à mort avec lui. Pour quelle raison ? Même Gaspard ne le sait pas vraiment : « Il y a eu deux ou trois hypothèses, dit-il. Un différend à propos du *Ruhl* à Nice où Le Mat aurait voulu manger pour montrer "qu'il en a". Un clash sévère entre deux fortes têtes, Gaby et Jacky, à propos de paris truqués

4. Autre légende marseillaise, Tany Zampa aurait dit en substance : « Une salope pareille ne vaut pas le coup de grâce, laisse-le crever comme un chien. »

de canassons. Et le racket d'un homme d'affaires franco-israélien, Flatto-Sharon, par Imbert qui n'aurait pas plu à Tany car il le rackettait déjà ! Du coup, Le Mat a voulu les filer à Zampa, chez lui, au Prado, ce qui suffit à expliquer la descente du trio à Cassis… »

Pour les biographes de Zampa, « ce soir-là, Gaby Regazzi et Zampa sont montés à Cassis pour avoir une explication avec Le Mat, à visage découvert ». À propos d'une arnaque « à bride abattue » dans laquelle Gaby a perdu gros. « Cette "riflade" était absolument imprévisible entre amis du même clan […]. Gaby Regazzi n'a pas supporté d'avoir été trompé et d'avoir perdu une fortune. Il n'a pas admis non plus la "parole grave" que Jacky lui a lancée en pleine face ["Et si t'es pas content, va te faire enc…"]. Il le lui a fait savoir à sa façon. »

Selon eux, « Tany n'est pas intervenu car il n'a pas voulu se mêler personnellement de l'embrouille concernant ses deux meilleurs lieutenants. Ce qui est sûr, c'est que Zampa n'a pas tiré lui-même sur Imbert car, s'il l'avait fait, Le Mat serait mort et enterré. Les balles explosives de son Colt spécial Police ne pardonnent pas. Si Le Mat a survécu, c'est aussi parce que Gaby ne lui a pas donné le coup de grâce ainsi que le veut la coutume du milieu lors des règlements de compte : cela ne se fait pas entre amis. »

À côté de cette version peu répandue subsiste celle du traquenard raté. Avec l'éternelle question : comment des tueurs du calibre des Napos ont-ils pu rater leur cible ? « Tout simplement parce qu'ils ont vidé leurs chargeurs sur lui et qu'ils n'avaient plus de balles : Le Mat était un vrai sportif, un dur au mal, il s'est défendu, a dévié la trajectoire d'une arme avec sa jambe, avant que le fusil d'un assaillant s'enraye et qu'ils se barrent, le laissant pour mort », dit Milou. Le Mat, après quatre jours de coma, survit aux sept balles de 11.43 et quinze plombs de chevrotine qu'il reçoit « partout, dans les jambes, le torse, les bras, le cou, la gueule », ainsi qu'il le confie au *Nouvel Observateur* le 4 novembre 1993 : « Il y a même des plombs qui ont traversé les joues et sont ressortis par la bouche. »

Seize ans après Cassis, sous la plume d'Hervé Gattegno du *Nouvel Observateur*, le seul journaliste qui a interrogé Le Mat, Jacques Imbert préfère sourire de tous ces mystères :

> « Il a fallu des années pour que j'arrive à comprendre. Avec le recul, je me dis que j'aurais peut-être pu en faire autant. Mais non… non je ne crois pas.
> — En tout cas, les trois tueurs de Cassis sont morts…
> — Je crois en la justice divine. Je n'ai jamais su qui ils étaient, mais la rumeur a désigné des coupables. Ils sont morts quelque temps plus tard.
> — Les flics disent pourtant que, ce soir-là, l'un des tueurs a retiré sa cagoule et que vous l'avez reconnu…
> — Racontars. Légendes. Croyez-moi : si l'un de ces types avait retiré sa cagoule, je l'aurais effectivement reconnu. Et si je l'avais reconnu, la justice divine aurait frappé beaucoup plus vite ! (Il rit franchement.) »

Jacky survit au guet-apens de Cassis. D'où le titre du film qui lui a été consacré, *L'Immortel*. Le début d'une guerre fratricide entre les deux camps : ceux du Mat, devenu borgne et handicapé du bras droit mais pas pour autant manchot avec un calibre, et de Zampa ! Avec son lot de cadavres qui tomberont à tour de rôle sur le bitume marseillais, avant que le Matou remonte se mettre au chaud dans la capitale et que Tany perde tout son empire, ses proches, plusieurs dizaines d'hommes et la vie au début des années 1980 : une guerre fatale…

Le gang du Mat réplique

À Marseille, chacun a sa version sur le « miraculé » de Cassis. Les Napolitains, eux, très croyants et superstitieux, évoquent une malédiction. Zampa s'en veut d'avoir raté le Mathurin, comme il l'appelle. Dans la famille Regazzi, très proche de celle de Zampa, le malheur a débuté avant l'échec au Mat. Durant les vacances de Noël 1976, Gaby, le chef du clan Regazzi, ex-gang des Blouses grises lui aussi, a perdu son fils Bernard, 7 ans, tombé d'une fenêtre lors de vacances au ski, « et non pas dans un accident de moto comme l'ont écrit les journalistes dans leurs bouquins », précise Gaspard. Gaby n'a plus goût à la vie. *Porca miseria.* Le beau voyou, un tueur autrefois impitoyable, n'est plus que l'ombre de lui-même.

Gaby Regazzi sera le premier à tomber sur la liste noire des amis du Mat, les frères Cassone, Serge et Roland, Henri Bernasconi, Georges Masia, Théophile Skillas, Étienne Armao, une équipe soudée décidée à venger son boss jusqu'au dernier. « Jacky avait décidé dans un premier temps de faire le vide autour de Tany, histoire de lui faire péter les plombs », dit Gaspard. Le 3 mars 1977, Gabriel Regazzi, l'ombre du clan des Napos, est abattu d'une rafale de pistolet-mitrailleur au volant de son Autobianchi A112 blanche, en sortant du cimetière Saint-Pierre où il s'était recueilli sur la tombe de son fils. Sur les genoux, Gaby avait un pistolet MAB calibre 7.65 avec balle engagée dans le canon. Cette exécution provoque le courroux de Zampa, avec qui le Gabe était monté quelques jours à Paris voir Alain Delon pour se changer les idées : « À la sortie du cimetière, alors qu'il venait de se recueillir sur la tombe de son fils, ça ne se fait pas », dira Tany lors d'un minisommet du milieu. Gaï est désormais orphelin de son « frein », comme il l'appelle.

Selon sa nièce, Hélène, fille de son frère Jean-René, Gaby, en homme d'honneur, aurait refusé d'achever Le Mat :

> « Le 1er février 1977 sur le parking de la résidence les *Trois-Caravelles*, à Cassis, Jacky Imbert a été criblé de balles. Il n'est pas mort. Selon les journaux, comme d'habitude, c'est Tany qui a fait le coup. Fait nouveau, le nom de Gaby circule aussi. Il aurait fait partie du commando armé. Mieux, d'après la rumeur, c'est lui qui aurait refusé qu'on achève Le Mat. Il aurait dit : "Pas dans la tête, pour la famille[5]." »

Gaby est enterré dans le caveau des Zampa, à côté de son fils Bernard.

Le lourd tribut des Regazzi

La famille Regazzi subit le plus lourd tribut dans cette vendetta *made in pastaga* : Barthélemy, dit Mimi (le frère

5. Hélène Regazzi et Céline Boizette, *Itinéraire d'une enfant du milieu*, Fleuve Noir, 2012.

aîné), un ancien de la French, est assassiné à 63 ans le 19 octobre 1985, après de longues années passées en prison aux Baumettes ; Jean-René, autre frère de Gaby, est tué à 49 ans le 12 avril 1978, devant la pizzeria de sa compagne *Chez Colette* à Mourepiane avec Georges Kieusseyan, dit Jo l'Arménien, alors que les deux hommes fichés au grand banditisme viennent de faire les courses dans une Mercedes ; Jean-Claude, le fils de Mimi, le carrossier de la French, a été supprimé après Gaby, à 32 ans, alors qu'il allait être papa, le 21 octobre 1977, rue Albe au pied d'une camionnette 403 de location.

Dans son livre autobiographique, Hélène Regazzi décrit avec justesse et sincérité, de son regard d'adolescente, les scènes de « famille » sur les hauteurs de Mourepiane, où le clan italo-marseillais se retrouve au bar de la Panne de Colette, autour de Jean-René, Mimi, Jojo et du copain Pierrot Boulange, avant que les choses ne se gâtent. Hélène adore le couple « si gentil », formé de Jeannot et Christiane Lucchesi. Jo Lomini, c'est d'abord « une carrure », mais c'est aussi et surtout « la bonne humeur incarnée ». Et puis il y a Tany, « aussi intrépide » que Gaby « est réfléchi, ils se complètent à merveille ». Un remake de *Plus belle la vie* dans cette fin des années 1960/début des années 1970 jusqu'à ce que la double… vie des hommes du clan ne les rattrape et que la guerre de 100 ans les décime tous, un par un.

Car dans les deux camps, les cadavres se succèdent. Félix Cattaneo et Robert Carvin tombent côté Imbert. Chaque voyou doit choisir son bord. Les policiers de l'Évêché comptent les coups. Gilbert « Baja » Roux, du clan des Siciliens, meurt dans un accident de voiture du côté de Fos-sur-Mer, poursuivi par des hommes en armes. Les rédacteurs du *Provençal* se perdent dans des articles un brin emberlificotés, allant même jusqu'à faire figurer Le Mat dans les troupes de Tany. « Les condés, à l'époque, envoyaient déjà tordu aux journalistes, qui n'ont pas 36 sources, raconte Gaspard. Tany avait ses réseaux et arrosait un paquet de flics, et pas des bras cassés, des poulets de haut rang! L'info, ç'a toujours coûté cher dans le milieu, en voiture de sport ou en gonzesses, et là, en pleine guerre, c'est à celui qui balancera le plus de saucisses pour brouiller les pistes! »

*

Zampa en veut au gang des *Trois-Canards*, désormais installé au *Skating*, près du parc Borély, les Matrone, Pironti, les frères Venturi, Codde restent neutres. Même s'ils ont opté pour Le Mat. « Les vieux des Canards sont furieux contre lui et lui, il est furieux contre eux… » synthétise à l'époque un… vieux du mitan. Il n'y aura pas de quartier. Après Gaby, c'est sans surprise au tour de Bimbo d'y passer. Tany est à cran, et se terre comme un rat, il change de planque comme de chemises. La guerre est frontale. Totale. « En tout, cette guerre a provoqué plus d'une centaine de morts, tout le clan du Napolitain y est passé, tous. Imbert aussi va perdre beaucoup d'hommes, dit Milou. Mais le Matou n'a pas été le dernier à s'y coller, il a usé du calibre même après la mort de Zampa. »

Le 25 novembre 1977, Jacky le Mat est arrêté par la BRB dans son Alfa Roméo pas loin du Prado, armé jusqu'aux dents, avec Masia et Armao, près du domicile d'un affidé de Zampa, Georges Carvin, « c'était pour lui filer le trac » :

sa photo, de face et de profil, pour l'identité judiciaire, le montre en pleine forme. Imbert, 47 ans, part en taule pour 18 mois ferme. Selon Thierry Colombié, spécialiste du grand banditisme, « Zampa et ses proches ont essayé de tuer Imbert en premier car c'était le plus redoutable de son équipe, celui qui était capable de tuer de sang-froid[6]. » Le Matou au trou, les répliques se suivent et se ressemblent : Pancrace Santoni, un ancien qui faisait dans « les baraques à sous », puis le bookmaker Nicolas Mariano, deux soldats du Matou, sont tués avant René Bettolacce, fidèle du Grand. Sans oublier Der Ohanessian, un proche lui aussi de la première heure de Tany.

Le camp des Napolitains frappe durement en avril 1978, juste après la mort de Jean-René Regazzi. Et venge la mort de Bimbo Roche qui, selon les journalistes d'investigation de *L'Express* Jacques Derogy et Jean-Marie Pontaut, aurait été descendu par les frères Cassone[7]. Roland Cassone est un miraculé, comme son mentor Jacky Imbert. Le 22 avril 1978, sur les hauteurs de Marseille, à proximité de leurs villas de Simiane-Collongue, les deux frangins Cassone, en voiture, sont pris pour cible par un commando de quatre tueurs, qui se sont fait passer pour des flics en civil, à bord d'une Simca 1100.

La police évoque la présence de Jeannot Toci, demi-frère de Zampa, au rang des assaillants : Serge est tué, Roland, grièvement blessé, parvient à s'échapper. Après Imbert, les Nabos ont, une nouvelle fois, raté leurs cibles, en éliminant

6. *20 minutes*, 11 novembre 2019.

7. Jacques Derogy et Jean-Marie Pontaut, *Enquête sur les ripoux de la Côte, de Marseille à Nice*, Fayard, 1991.

un Cassone sur deux. L'aîné sera condamné à 30 mois ferme pour port d'armes, il n'en fera que 18 [lire « Le cas Cassone »]. « Tuer un Cassone, *peuchère* (le pauvre), c'était déjà trop, car Serge, le petit dernier de la bande, était très aimé, dit Gaspard. Roland, c'était celui qu'il ne fallait pas manquer. Le Sicilien était déjà un voyou respecté, un homme de poids qui va entraîner beaucoup de monde dans cette guerre, dont de nombreux Corses venus de l'île, du nord comme du sud, et pas des moindres… »

Deux autres membres du clan Imbert tombent dans la foulée, Henri Bernasconi, considéré comme un traître à la cause napolitaine, et Antoine Savelli, dit Toinou. Cet ami d'enfance de Zampa avait déjà échappé aux balles de ses ennemis, car il se trouvait avec son fils, dont Tany était le… parrain ! Savelli sera exécuté, sauvagement, dans sa voiture, rue de la Glacière à Plombières. À sa sortie de prison, l'un de ses rares séjours en zonzon, le Matou décide de mettre, pour un temps, les voiles vers les Caraïbes à bord de son voilier *Le Kallisté* et trouve refuge chez sa « vieille amie » Jacqueline Baudouin à Paris. Loin de la fureur de Marseille. Imbert, qui a l'habitude de la solitude, se l'est promis : il reviendra. La vengeance est un plat qui peut aussi se manger froid. La pseudo-victoire a un goût amer pour le clan Zampa…

Les mystères du *Bar du Téléphone*

Les gros voyous sont éliminés dans leur Mercedes et le menu fretin dans les bars. Confirmation en cette fin 1978 : du bar du *Tanagra* au *Bar du Téléphone*, il y a six ans d'écart, environ 4 km à vol d'oiseaux et six morts de différence !

« Ce n'est pas un règlement de comptes, titre la presse locale, c'est un massacre ». La pègre marseillaise vole en éclats et la maison poulaga ne sait plus où donner de la tête.

3 octobre 1978 – Bar du Téléphone, *quartier du Canet, Marseille*

Le 3 octobre 1978, c'est la tuerie du siècle en France : on relève dix morts dans ce rade quelconque du Canet (dans le 14e). Aucun verre n'a été touché et la patronne a été épargnée. « Il y avait tellement de sang par terre qu'on en avait jusqu'aux chevilles », déclare l'inspecteur Christian Maraninchi, à l'antigang de la Sûreté urbaine de Marseille. Ce soir-là, « c'est la grande confusion, l'urgence », selon les mots (polis) d'un flic sur place. Le massacre de la Saint-Gérard n'a jamais été élucidé. Et n'aurait pas de lien avec la guerre en cours, qui a déjà fait une vingtaine de morts, même si le beau-frère de Roland Cassone était dans le bar avant l'arrivée du commando, trois hommes à l'intérieur et un guetteur.

L'enquête est bâclée[8], il n'y a même pas eu de préservation d'indices, au grand dam du juge Pierre Michel, qui hérite de l'affaire, le milieu reste muet. Et les experts du crime se perdent en conjectures. Racket, tapin, trafic de faux billets ? Selon le très informé Émile Diaz, la troisième hypothèse serait la bonne : « Ce que je sais, c'est qu'un certain Lupérini, un chaud de la gâchette, était venu au bar négocier une valise

---

8. Le juge Calmettes, qui a repris le dossier après la mort du juge Michel, a rendu une ordonnance de non-lieu le 30 septembre 1980. Fautes de preuve. Il dira : « Cette affaire est un échec flagrant pour la police et la justice. »

de faux billets. Le ton est monté. Comme il était à visage découvert, il a flingué tout le monde avec ses complices. Lui aussi a été tué, peu après. »

Roland Lupérini, dit Le Petit ou Le Dillinger du Canet, est un jeune voyou aux dents longues, spécialisé dans la fausse monnaie, et un indic notoire, protégé du commissaire Antoine Biancardini, de la Sûreté urbaine de Marseille[9]. Avec ses complices, le Petit serait venu mettre à l'amende deux demi-sels, Paulin Straboni et Marcel Touchard, courroies dans un trafic de faux billets de 100 francs dont la tête pensante serait Hamou Sadji. Paulin et le Grand Marcel auraient été les premiers à être dégommés par les tueurs. Logique.

L'indic, fort du soutien d'un grand flic, s'est-il cru tout permis ? « Lupérini a pu faire un truc pareil car c'est un indic, d'ailleurs après le massacre, il ira se réfugier en prison, par la grâce de son protecteur ! », dit Gaspard. Cet ex-barbouze du Bataillon basque espagnol, ancêtre du GAL, qui recrutait des tueurs à gages pour éliminer les séparatistes d'ETA[10], se fera dessouder en suivant, le 28 octobre 1978, dans une discothèque d'Ensuès-la-Redonne, sur la Côte bleue, le *Cove's Club*. Son corps et celui de son copain Christian Forte, *a priori* deux des quatre hommes du commando selon cette thèse, ont été jetés dans la mer après avoir été criblés

9. Le commissaire Biancardini sera abattu par un forcené d'une balle dans la tête le 7 juin 1979 quartier Saint-Antoine.

10. Euskadi Ta Askatasuna (ETA) est une organisation basque indépendantiste, active de 1959 à 2018. « GAL, une histoire basque » dossier à retrouver dans *Béret*, le mook du Pays basque à commander sur beret-lemag.fr

de balles par leurs anciens complices de la tuerie du *Bar du Téléphone*. On ne les retrouvera jamais. Fin de l'histoire ?

Pas si sûr. À Marseille, circule encore l'hypothèse d'un règlement de compte qui tourne au carnage, en lien avec la guerre de Cent Ans. Noël Kokos, 28 ans, cousin de Marcel Touchard, était une gâchette du milieu, naviguant entre les clans de Zampa et du Mat[11]. Il sera poursuivi jusqu'aux toilettes pour être fumé. « Il a été dit que Kokos était parmi les assaillants des frères Cassone à Simiane-Collongue, lâche du bout des lèvres Gaspard. Si l'on ajoute la présence de Costa, le beau-frère de Roland, le frère de sa femme Paulette, dans le bar avant le massacre, on peut se poser des questions… qui resteront sans réponse, hein, car Cassone et ses proches, ce sont des tombes. »

Le mot de la fin au commissaire Bernard Agnese, de permanence le soir du drame : « Tout le monde croyait qu'on allait aboutir rapidement. Mais à cause de l'énormité du crime, on n'est peut-être pas resté assez basiques. Avec le recul, je pense que c'est un crime de nerveux, de violents dont les actes ont dépassé les intentions premières[12]. »

---

11. Paul-Claude Innocenzi, « Tuerie du *Bar du Téléphone* », in *Meurtres au soleil*, Presses de la cité, 2019.

12. Propos rapportés dans un hors-série estival de *La Provence*.

Zampa perd la guerre

Le métier de parrain n'est pas de tout repos. Surtout à Marseille. Le Grand, depuis dix ans qu'il règne sur le milieu de cette ville marquée au fer rouge par le sang et la violence, a survécu à deux guerres, évité les pièges tendus par la police et contourné les affaires médiatiques que la presse lui a collées sur le dos : de l'enlèvement du baron Empain à son rôle dans la French Connection, en passant par le casse de Nice, la tuerie du *Bar du Téléphone*, l'assassinat du militant d'extrême gauche Pierre Goldmann ou la fourniture d'armes à ETA. Son problème est double à l'orée des années 1980 : un, on ramasse trop de cadavres dans les rues, cela ne peut que déplaire au pouvoir. Et deux, Gaétan Zampa est un voyou dans la lumière. Ce n'est jamais bon pour les affaires.

Le parrain s'embourgeoise

Le 1er octobre 1980, le *Krypton*, fleuron nocturne de l'empire Zampa, est inauguré sous les sunlights des tropiques à l'entrée d'Aix-en-Provence, avenue de l'Arc-de-Meyran. Nina Hagen, « reine de la provocation – et de la provocation érigée en art de vivre », est la première à s'y produire, le 15 octobre, « dans un endroit à sa mesure », écrit Jean-Pierre Chanal dans *Le Provençal* : la reine de la provoc pour une première au *Krypton*, hasard ou coïncidence ?

Le lendemain, Francis Esposito la dézingue dans *Le Méridional* parlant de « cacophonie et de carnaval » : « Inquiétante, Nina Hagen ? Même pas. Et encore moins symbole sexuel. Provocante tout au plus, et surtout grotesque. Quant à parler de malaise ou d'inquiétude, c'est aller, je crois, chercher midi à 14 heures. » Ce sera le dernier concert de la tournée européenne de Nina, enceinte, qui accouchera en suivant ! James Brown, Patrick Sébastien, Robert Charlebois, Julien Clerc ou The Cure se succéderont sur la scène du *Krypton*, « la plus délirante, la plus futuriste, la plus sidérale et sidérante des discothèques de l'an 3000 », détaille un prospectus !

Le soir de l'inauguration, dans un univers de lasers et de flashs, on retrouve, dans la salle, sous l'immense soucoupe volante de 19 tonnes et 13 mètres de diamètre, deux people habitués à jouer (avec) les voyous : Yves Mourousi et, bien sûr, Alain Delon accompagné de Mireille Darc. Plus de 2 000 personnes, dont une majorité de grands et petits bourgeois aixois, sont entrées dans la discothèque flambant neuve dans laquelle le clan Zampa, *via* la famille di Nonno, gérante du *Mistral*, à Aix, a investi des millions, *a priori* 20 dont 16 apportés par le Napo lui-même ! Et a pour objectif d'en blanchir tout autant.

Un parrain en survêtement

Comme tous les truands qui ont réussi, à l'instar des Guérini quinze ans plus tôt, Monsieur Z se serait embourgeoisé, selon ses biographes : « Zampa avait un tel besoin de reconnaissance sociale qu'il a fini par se poser, acheter des établissements ayant pignon sur rue : le *Krypton*, à Aix, *La Mendigotte* à Cannes, le *Roll's* sur la Corniche. Il s'est pris les pieds dans les pièges qu'il avait su jusqu'alors éviter : il est devenu un voyou bourgeois. Champagne, petits-fours, vins fins. Fric à gogo. Et belles pépés. Il s'est laissé happer par ce formidable appétit de prestige et de considération, et la loi l'a tranquillement rattrapé à ce petit jeu en le frappant au portefeuille. Dès lors que le fisc pouvait le toucher, Tany était foutu… », décryptent José d'Arrigo et Roger Grobert dans *Zampa*.

Dans son livre[1], son fils Mathieu Zampa décrit, sur la fin, « un parrain en survêtement douillet qu'il ne quittait jamais à la maison, savourant ses aises comme n'importe quel pépère de famille » :

> « Je lui en voulais de cette vie bourgeoise qu'il me réservait, écrit-il. Je guettais le moindre indice qui aurait pu trahir le caïd derrière son masque domestique. Je le provoquais, le "tronchais", comme il disait pour le faire sortir de ses gonds. »

Affaibli par la guerre de Cent Ans avec son ex-lieutenant, Gaétan Zampa est fragilisé au plan militaire. Le chef des Napos a perdu des proches, surtout son « frère » Gaby Regazzi, et doit se planquer. Gaï est nerveux. Incontrôlable. Et mal conseillé. Les dégâts sont lourds pour son clan. Les gangs marseillais, de plus en plus nombreux, sont à l'affût et guettent la chute du boss. Le Corso-Marseillais Émile Diaz,

1. Mathieu ZAMPA, *Tchao parrain*, Olivier Orban, 1986. Le fils malaimé, « trop gros, trop cave », malmène son caïd de père au fil de 276 pages denses et intenses.

qui trafique de la blanche de son côté, résume le sentiment de l'époque : « On n'avait pas trop d'affinités entre Corses et Napolitains. On était discrets, pas eux. Je n'ai jamais fait d'affaires avec Zampa. Pendant la guerre avec Imbert, on s'est tenus à l'écart, j'étais plus proche des Siciliens et des Palermitains avec qui j'étais impliqué dans la French Sicilian Connection. Zampa n'avait plus la même *grinta* qu'à ses débuts et, surtout, il s'est retrouvé, peu à peu, isolé… »

Ancien de la French Connection, Émile Diaz Bartoli est l'un des associés dans le trafic de la French Sicilian connection, à la fin des années 1970 : le Corso-Marseillais de la Belle-de-Mai est en équipe avec François Girard, dit le Blond, et François Scapula, dit le Brun, deux truands amis d'enfance du quartier d'Endoume, sans oublier Homère Filippi, un vieux renard du Panier, proche du clan Zampa. « Nous étions en affaire avec Don Gerlando Alberti, le boss de Cosa Nostra en Sicile, raconte Milou. Eux, ils avaient la "base" (de morphine) et nous le labo. Les Siciliens m'aimaient bien car je parlais leur dialecte. Et, comme eux, j'étais un gars simple, très discret. Don Gerlando, c'était un paysan, un type qui ne payait pas de mine, petit et chauve, très respecté. À son passage, les gens se taisaient et lui baisaient la main, comme dans les films ! »

Le juge antimafia marseillais Pierre Michel est aux trousses des trafiquants marseillais et siciliens. Mélange d'anciens de la French (Diaz et Filippi) et de beaux voyous en pleine croissance, les deux François. Le fameux commissaire marseillais Georges N'Guyen Van Loc écrit à leur propos dans sa biographie[2] :

---

2. N'Guyen Van Loc avec Jean-Max Tixier, *Le Chinois*, Presses de la Cité, 1989

> « François Girard possédait tous les atouts pour s'imposer : intelligence, détermination, allure de play-boy, absence de scrupules, dureté extrême, il ne tarderait guère à se hisser au *hit-parade* de la pègre. Son meilleur ami, Scapula, deviendrait lui un excellent chimiste et, ensemble, ils plongeraient dans les affaires de drogue qui feraient leur fortune et leur infortune. »

Le juge Michel, natif de Metz, en Lorraine, est la bête noire des trafiquants. Il fera tomber les mecs de la Sicilian. Une vraie performance. Dans ces années 1970, « les juges d'instruction, isolés dans leur sanctuaire, traitent leurs dossiers de délinquance organisée (on ne parle pas encore de grand banditisme) au cas par cas, incapables de débobiner l'écheveau de la guerre des gangs, analyse l'ex-commissaire de l'OCRB Georges Moréas sur son blog[3]. Et les policiers ne font pas mieux, à l'époque, souvent pour des raisons identiques ou, pire, par rivalité. S'ajoute à cela, le début d'une véritable concurrence avec la gendarmerie, qui ne veut plus être "la police des campagnes". »

« Le juge Michel n'était ni un cow-boy, ni un shérif, tel qu'il est représenté au cinéma (dans *La French* de Cédric Jimenez, 2014), indique Thierry Colombié, auteur d'un livre sur la French Sicilian Connection[4]. Filocher un voyou qui est en guerre, entrer dans une discothèque, plaquer un voyou qui s'enfuit, tout cela, c'est du cinéma, des ficelles

3. L'office central pour la répression du banditisme (OCRB) a été créé par un décret du 11 octobre 1973. Le blog de Georges Moréas est hébergé sur la plateforme du *Monde*.

4. Thierry COLOMBIÉ, *Beaux voyous*, Fayard, 2007.

scénaristiques pour créer un homme prêt à tout pour stopper le trafic de drogues. Courageux, oui, téméraire, non ! D'autant plus que Michel n'a jamais vu ni de près ni de loin Zampa, car il avait d'autres chats à fouetter. En réalité, des voyous, avocats, policiers et magistrats ont collé au juge la sale réputation de policier afin de l'isoler. Vieille ficelle de la voyoucratie. Le danger pour Michel, ce n'était pas la French, mais les dossiers criminels et de fausse monnaie dans lesquels apparaissaient des hommes du SAC, des indics et surtout des flics ripoux... »

Le juge assassiné

21 octobre 1981 – Boulevard Michelet, Marseille

Le 21 octobre 1981, ce n'est pas un voyou qui gît sur un trottoir du boulevard Michelet. Non, c'est un juge, Pierre Michel. Le magistrat antimafia, 38 ans, a été tué par trois balles de 9 mm tirées par un tueur grimpé sur le tansad d'une moto, une Honda 900 Bol d'or rouge, à côté du stade Vélodrome, alors qu'il rentrait chez lui déjeuner en famille, avec sa femme et ses deux fillettes. Après le juge Renaud, à Lyon, trois ans plus tôt, c'est un magistrat de poids, à la forte personnalité, qui est éliminé par le milieu.

« Qui a tué le juge Michel ? » interroge le quotidien local le lendemain à sa une avec cette pastille noire en encadré : fausse monnaie, *Bar du Téléphone*, drogue, SAC !

L'enquête fait feu de tout bois. « L'assassinat de ce deuxième magistrat en France fait craindre que le milieu n'adopte les méthodes mafieuses à l'époque en cours en Italie », dit un commissaire de police. Marseille est en proie au chaos. Le mitan, dans un premier temps, reste bouche cousue. Gaétan Zampa est le coupable idéal. Mais quel est son intérêt, alors qu'il mène grand train – même depuis Paris, où il se rend de plus en plus souvent chez l'un de ses lieutenants, Gérard Vigier, à Ozoir-la-Ferrière – et qu'il sait qu'il va mobiliser tous les flics de la ville contre lui ? Gaï est en tout cas désigné comme le commanditaire dans plusieurs médias, dont un livre à charge, brouillon, confus, signé Alain Laville, paru dans la foulée[5] avec les confidences, *a posteriori* ahurissantes, du commissaire de la brigade des stups de Marseille, Lucien Aimé-Blanc. L'ex-grand flic aux méthodes controversées, qui n'a jamais réussi à coffrer le Grand, déclare dans le livre :

> « La loi du Talion. Avant de tuer un magistrat, les autres réfléchiraient. Il faut commencer par "descendre" Gaétan Zampa. C'est lui, et nous le savons, qui a fait tuer le juge. »

« Gaston Defferre, après la tuerie du Téléphone, avait déclaré devant l'Assemblée nationale, "chez nous à Marseille, on ne tue pas les juges !", se souvient Milou Diaz. Tu parles ! Quand Michel a été assassiné, Defferre a perdu la figure (il s'est senti humilié). C'était la fin pour Zampa. Ce meurtre lui a été mis sur le dos par un journaliste de *Télé 7 jours* (Alain Laville) et les condés voyous, des flics corses originaires d'Afrique du

5. Alain LAVILLE, *Le juge Michel*. Presses de la cité, 1982.

Nord. Ils trafiquaient déjà au Maghreb et ont fait partie de l'OAS à leur retour en métropole avant d'être encartés au SAC, la milice gaulliste créée par d'autres Corses, autrement plus puissants, les Sanguinetti, Comiti, Bozzi, Pasqua. Ils étaient une trentaine à Marseille et se croyaient tout permis. De vrais ripoux auxquels s'est heurté le juge Michel, qui, bien sûr, n'avait pas confiance en eux. »

Journalistes, flics et politiques contre lui, le « parrain » de Marseille – devenu encombrant – se retrouve au pied du mur. Même le maire tout-puissant, devenu ministre de l'Intérieur du président socialiste François Mitterrand, le lâche, alors que Gaï pensait l'avoir dans la poche, car l'un de ses conseillers municipaux était le frère d'un de ses hommes. « Gaston Defferre n'était pas aussi proche de Tany Zampa que de Nique Venturi ! affirme Émile Diaz. À la libération de Marseille, Defferre a pris le journal local (*Le Petit Provençal*), le calibre à la main, avec un paquet de Corses à qui il a ensuite toujours été fidèle, à commencer par le Vieux Louis (Nique Venturi). »

Le Brun, l'homme clé de l'équipe

Gaétan Zampa n'est pas le commanditaire du meurtre du juge intransigeant et incorruptible. Mais il ne connaîtra jamais son identité car les vrais donneurs d'ordre seront balancés un an après sa mort. Il s'agit des trafiquants de… la French Sicilian Connection que Pierre Michel, surnommé le Cow-Boy par le milieu, avait mis à l'ombre. En 1985, François Scapula, interpellé, balance « son vieil ami » François Girard.

Pilote (Charles Altieri, dit Lolo) et tireur (François Checci, dit La Gâchette) de la moto tombent aussi[6].

Émile Diaz est aux premières loges : « J'étais enchristé (NDLA, en prison) quand le Blond, avec qui j'étais tombé dans la French Sicilian Connection en même temps qu'Homère Filipi, le financier de Zampa, m'annonce : "Je vais charcler le juge Michel car il ne m'a pas respecté !" Je l'ai pris pour un mytho ! Ce 21 octobre 1981, à 13 heures, il pleuvait des cordes, j'apprends au poste radio que ce baltringue a fait tuer le juge ! Quelle connerie… »

« Le juge Michel en instruisant la Sicilian avait eu quelques animosités de la part de la Cosa Nostra, au moment où il recevait des menaces de mort depuis les Baumettes », indique Thierry Colombié. Dans un livre sorti en 2015[7], le chercheur s'est appuyé sur des documents, notamment judiciaires, pour développer une piste inédite, politique, mêlant le SAC aux donneurs d'ordres arrêtés : « J'ai surtout obtenu la confidence de trafiquants qui m'ont rapporté les circonstances exactes de la préparation de l'assassinat du juge. Ils étaient aux Baumettes, aux premières loges, et ont été les témoins de la rencontre opportuniste entre des hommes du SAC, écroués dans l'affaire de la tuerie d'Auriol, et des trafiquants. »

6. La préparation a été effectuée par quatre petits voyous marseillais de la bande de la Capelette, Gilbert Ciaramaglia, Charles Giardina, Daniel Danty et André Cermolacce.

7. Thierry COLOMBIÉ, *La Mort du juge Michel. Contre-enquête sur l'assassinat d'un incorruptible*, La Martinière, 2014.

Milou Diaz confirme : « À l'époque, sur notre affaire vient se greffer celle de la tuerie d'Auriol (six morts[8]). Deux gros fachos de la pire espèce du SAC, Lionel Collard et Jean-Joseph Maria, se retrouvent avec nous aux Baumettes et quand on "descendait" au juge avec eux, ils ne parlaient que de ça, "se faire Michel", le tuer avec le Blond et Filippi qui étaient eux aussi des fachos. Je m'y suis opposé car je savais que la réaction des flics et des juges serait brutale. En vain. »

Pour la justice, le commanditaire de la mort du juge Michel, c'est Francis Girard, condamné en 1988 pour avoir ordonné l'assassinat. Même si, a corroboré le juge Michel Debacq, la mafia sicilienne aurait eu aussi son mot à dire. L'avocat de Girard, la figure du barreau de Bordeaux Me Pierre Blazy reste convaincu de l'innocence de son client[9] ainsi qu'il l'a confié à *Sud-Ouest* le 14 décembre 2014, peu de temps après la sortie du film *La French* :

> « François Girard était un gros trafiquant de drogue. Il gagnait énormément d'argent. Mais il ne ressemblait pas aux autres truands marseillais. Il ne possédait ni boîte de nuit, ni bar. Il vivait discrètement. C'était un homme intelligent, et cultivé, un mélomane. À l'époque, il était incarcéré. Tout était joué. Il savait qu'il allait être condamné à une longue peine. Il n'avait aucun mobile pour tuer le juge. »

---

8. L'assassinat, le 18 juillet 1981, de Jacques Massié, chef du SAC de Marseille et de toute sa famille.

9. En 2005, après 24 ans de détention, François Girard avait été remis en liberté pour raisons médicales. Il est retourné en prison après avoir écopé en 2011 de 10 ans de prison pour son implication dans un trafic de drogue.

Le coup de Scapula la Balance qui donne son copain d'enfance de la bande d'Endoume fera par la suite les choux gras de la presse. L'homme s'était évadé en novembre 2000. S'est-il fait refaire le visage et vit-il encore aujourd'hui aux États-Unis, ou mieux en Espagne, comme le laisse croire radio Canebière ? Une vraie histoire marseillaise, garantie 100 % bouillabaisse. Scapula le chimiste a joué au repenti italien et mouillé tout le monde pour sauver sa peau : mythe ou réalité ?

« Ah ! le Brun, tonne Milou quarante ans après, c'était l'un des hommes clés de notre équipe de la Sicilian, le chimiste ! En vérité, c'est lui la tête pensante du meurtre du juge. Il est dehors, il trouve les tueurs, les paye et se met à table quand il est arrêté avec un autre trafiquant en 1986. Zampa n'avait rien à voir dans cette histoire, et d'ailleurs ça l'a rendu fou ! » François Scapula, lui, récidivera plus tard en balançant dans le cadre d'un nouveau trafic de blanche mêlant la crème des voyous, un autre ami d'enfance, Francis Vanverberghe. Mais, au moment de l'assassinat du juge Michel, le Belge dort encore en zonzon…

Hoareau, le cadavre de trop

Après l'épisode du juge Pierre Michel, Gaétan Zampa, qui ne se planque jamais très loin de son fief, à Aix-en-Provence, Cannes ou dans les Alpilles, avec son premier cercle, Jeannot, Gégé, Sauveur, est toujours là en cette année 1983. Il aide même Gaston Defferre à être réélu, en « poussant » son poulain, Michel Pezet. Gaï reste nerveux. Et anxieux. Mais lui est toujours debout. Contrairement à plusieurs de ses hommes de main : des balles de 11.43 laissent treize truands sur le carreau en quatre mois dont Mathieu Syracusa, Henri Girgenti, Albert Baronoti, Guy Notto, Patrick Serra, Jean-Pierre Rinaldi… et un vrai caïd, Gilbert Hoareau. Ce sera le cadavre de trop !

6 octobre 1983 – Brasserie des Danaïdes, square Stalingrad, Marseille 1er

Gilbert Hoareau, dit le Libanais ou Gib, 38 ans, a été tué de cinq balles par quatre hommes à moto, le 6 octobre 1983 à Marseille en sortant de la brasserie des Danaïdes, fief de son mentor, le vieux Paul Mondoloni, dit le Pelican, lequel trouvera la mort au même endroit le 29 juillet 1985. Là encore, pour Gib, fiché dès 1980, le tir vient forcément du clan Zampa, qui l'aurait supprimé car il n'était guère discret dans la tenue de ses affaires et aurait bavé au fisc. « Encore un qui s'était enflammé, et faisait le mariole en ville, dit Milou. Comme pour Lomini, Zampa va manger pour s'être "associé" à un voyou en bois. »

Dans leur livre *Zampa*, le duo d'Arrigo-Grobert écrit noir sur blanc que le Libanais a été fumé par le Grand, « parce qu'il a manqué de respect au parrain et en a payé le prix » : « Il est 21 heures. Aux Danaïdes, c'est l'accueil sans sommation. Il n'a pas ouvert la porte qu'il est criblé d'une volée de plombs ! Zampa, Jeannot Toci et Gégé Vigier font feu dans sa direction. Grièvement blessé, Hoareau tente désespérément de s'enfuir en traversant le cours Joseph-Thierry mais les tueurs le poursuivent et achèvent leur basse besogne à l'angle de la rue des… Héros. »

Une autre piste mènera aussi à des braqueurs corso-marseillais, jusqu'à la Brise de mer, gang de Bastia qui montre déjà les dents et voit d'un mauvais œil Le Libanais traîner toute sa smala autour de *La Rotonde* à Aix-en-Provence. Reste que Gib, porté sur la bouteille et la coke, aux méthodes rustres et musclées, avec ces dames comme avec ses employés, a tellement d'ennemis que le coup a pu venir de partout !

*

Le Beau Gib, coiffeur pour femmes au physique de deuxième ligne de rugby devenu mac, spécialiste des jackpots, puis prince des nuits de Marseille, jouait les gros bras et n'était pas toujours réglo quand il fallait redistribuer le magot. Le Libanais, qui s'en mettait plein les fouilles, est un pion important du dispositif Zampa, puisqu'il *drive* avec Michel Cavallini, Jean-Pierre Parenti, des boîtes de nuit propriétés de Tany : l'*Annabel's club*, le *Kennedy's* et *La Mendigotte*. Le Libanais, dans la légende du crime organisé marseillais, serait celui qui a fumé en pleine nuit Edgar Zemour, sur ordre de Zampa et Mondoloni, le 8 avril 1983, dans sa villa forteresse de Miami, pour venger leur ami Marcel Francisci. Du travail de pro. Mais *a priori* pas signé Hoareau [lire « Marcel Francisci, "Mr Heroin" »]. Le personnage a l'arrogance de son assurance. En tout cas, ce présumé coup d'éclat ne le sauvera pas.

Avant Gib, deux amis à lui sont tombés : Christian Gagliardi et le patron de boîte Philippe Fanfulli. Dans les années qui suivent sa mort, tout son clan sera supprimé :

en 1984, Jacques Gambarelli et Paul Scimeca sont abattus. Le 8 février 1985, Georges Hoareau, dit Jo, son frère, est flingué du côté d'Allauch alors qu'il venait de participer à un concours de belote contrée ! Alain Hoareau, son fils, sera lui aussi abattu, en Corse, le 29 août 1985. Il avait 19 ans seulement. Jean-Pierre Parenti dit Chico, autre membre du clan Hoareau, est éliminé par les Corses de Bastia. Un vrai coup de Brise... de mer[10] !

« Au vu de leur attitude, cette fin tragique des Hoareau était évidente. On ne peut pas tenir dans le mitan en jouant ouvertement et constamment les durs sans raison valable », écrit Marie-Christine Guérini dans son livre *La Saga Guérini*.

Corses, mari trompé ou Zampa à l'origine du contrat sur Gib, telle n'est plus la question quand les flics marseillais, sans doute mus par une volonté haut placée, investissent dès le jour de son exécution l'appartement du défunt. Sur le plan criminel, les condés ne trouvent pas grand-chose. Mais la brigade financière du SRPJ va mettre la main sur toute la comptabilité occulte du Libanais à son domicile. Le groupe Zampa n'a pas eu le temps de faire le ménage. Dommage.

Les limiers marseillais du commissaire Henry Penaud remontent alors le fil de l'empire Zampa, en s'intéressant aussi et surtout au *Krypton*, où la bande – de Tany à tante Zize ! – a investi 5 millions de francs en... espèces ! Abus de biens sociaux, faux en écriture, infraction sur les sociétés, le juge Yves Granger s'en donne à cœur joie : des délits *a priori* mineurs vu le pedigree du parrain, mais ils permettent de mettre à l'ombre une vingtaine de membres

10. Jacques Follorou et Vincent Nouzille, *Les Parrains corses*, nouvelle édition augmentée, Fayard, 2009.

du clan, en octobre 1983, dont la femme de Tany, Christiane Convers[11] et l'avocat du groupe, l'Aixois Philippe Duteil, nouveau petit ami de la veuve de Gaby Regazzi. « Comme Al Capone, Zampa tombe pour des histoires financières », constate Émile Diaz.

Zampa se pend aux Baumettes

Ces arrestations pour des délits financiers, celle de son épouse surtout, minent le moral, déjà fragile, de Tany. « Zampa avait eu un vrai coup de foudre pour sa femme, épousée en prison, en 1966, tchatche Gaspard. Il avait le béguin pour elle et il n'a pas supporté que les flics la mettent à l'ombre pour ces pacotilles, selon lui. Il a écrit au juge, au proc', menacé les poulets, bref, ça l'a rendu fou, lui qui était déjà complètement atteint avec tout ce qu'il avait enduré depuis toutes ces années… »

Le truand, en compagnie de son garde du corps Jean-Marie Lucchesi, se met en cavale. Jeannot Toci et Gérard Vigier eux aussi s'esquivent. Un mandat d'arrêt international est délivré contre Tany. On le pense en Italie, comme à son habitude. Mais il est arrêté à quelques kilomètres de Marseille, le 27 novembre 1983, dans un bungalow d'un camping du Ranquet, entre Martigues et Istres, à Saint-Mitre-les-Remparts, village cossu du pourtour de l'étang de

11. Christiane Convers est condamnée, le 16 octobre 1984, a 4 ans de prison dont 30 mois avec sursis et 200 000 francs d'amende. Vingt-huit autres inculpés sont condamnés à de faibles peines, allant de six mois à 2 ans de prison. Le *Krypton* sera fermé par l'administration de manière définitive.

Berre, avec son fidèle garde du corps, Nono. Trente jours de cavale à peine, c'est court pour un parrain. Tany se rend sans opposer de résistance. Cette fois, il est fait, et il le sait.

Tany Zampa est enchristé aux Baumettes, dans la banlieue sud de Marseille. Dans la prison, « dressée au centre d'une aire de terre battue », Z retrouve une vieille connaissance, le Chinois. Le commissaire Georges N'Guyen Van Loc est chargé de mener le caïd déchu des Baumettes au parquet d'Aix-en-Provence. Quarante-cinq minutes de route. Zampa, 50 piges, porte beau, « une allure de jeune homme, mince, élancé, avec une souplesse innée dans sa démarche de félin », selon le Chinois. Pour peu de temps encore.

« Il avait gardé sa belle gueule de voyou qui faisait tourner la tête des filles, un visage allongé au menton volontaire, aux lèvres fines et bien dessinées, au regard dur. Ses cheveux étaient noirs et abondants. Il s'était coiffé avec soin et s'était rasé de près, écrit le grand flic marseillais dans sa bio [*le Chinois*, Presses de la cité, 1989] :

> « Alors, Jo, tu t'occupes de moi et du procureur de la République ?
> Puis sans attendre de réponse, il ajouta :
> — Tu n'as guère changé.
> — Toi non plus, dis-je en lui rendant son regard, tu n'as guère changé.
> C'était la plus longue conversation que nous ayons eue depuis longtemps. Pourtant, nous avions grandi ensemble, connu les mêmes gens, fréquenté les mêmes lieux. Ce matin, nous nous retrouvions face à face, chacun d'un côté de la barrière. »

23 juillet 1984 – Prison des Baumettes, chemin de Morgiou, Marseille 9e

Prison, dépression, parodie de procès, dès juin, la fin du caïd est brutale. Zampa aurait tenté un vrai-faux suicide en prison, le 23 juillet 1984, pour se faire exfiltrer à l'hôpital Salvator à Sainte-Marguerite. C'est là qu'il décède plusieurs jours après, le 16 août 1984, à 19 h 30. « Tany avait perdu la tête, vraiment, raconte Gaspard, il s'était jeté contre un mur, au tribunal, alors qu'il était menotté. Il s'est même taillé les veines, oh ! Aux Baumettes, des prisonniers le surnomment la Balance et, pire, la Marraine. Du temps de sa splendeur, le Grand les aurait escagassés direct ! Il faisait la loi, même en prison ! Tany, c'était à la fois un fou furieux mais aussi un mec généreux, car il envoyait des centaines de mandats aux petits soldats en prison. Il n'est plus qu'une loque, comme si on l'avait drogué, sa fin de vie m'a fait mal, je te le dis... »

Le Chinois, qui le mène tous les jours au palais de justice durant l'instruction, voit lui aussi Zampa « craquer physiquement et mentalement, perdre peu à peu sa superbe. Sous les verrous, il devenait étonnamment fragile, ne cessant de se lamenter parce qu'on l'isolait de sa femme. Progressivement s'effaçait le mythe de l'être intouchable qui, durant des années, avait tenu la ville sous sa coupe. Le roi de la pègre était nu. [...] Les trois premiers mois de son incarcération, Gaétan Zampa crut être la cible de Gaston Defferre. Le maire de Marseille, après l'arrestation de 21 personnes gravitant autour du monde de la nuit dans le Sud-Est, les vendredi 21 et samedi 22 octobre 1983, avait exprimé sa satisfaction au micro d'Europe 1. Ce coup de filet répondait selon lui « à une volonté politique et morale d'éliminer

Gaétan Zampa ». Le ministre de l'Intérieur avait conclu : « La justice et la police ont décidé de rétablir la sécurité et la moralité. Il s'agit là d'un devoir de caractère national. »

En prison, Tany a des visions, il est en proie à des forces occultes, il perd la voix, lorsqu'il se tape des crises de folie, au point que l'administration pénitentiaire lui adjoint Robert Schandeler, dit Bob, braqueur et ancien videur du *Krypton* pour le protéger de ses démons. Pour son bien. Ou pour son malheur ? Bob est né en mars, oh pétard ! La malédiction des fous de Campanie resurgit quand Zampa, le 23 juillet 1984, tente de se pendre aux barreaux de la fenêtre avec la corde à sauter de l'ancien légionnaire. Le parrain est atteint d'un arrachement de la trachée artérielle, le cerveau est touché, il ne s'est pas loupé. Mort clinique. Bob, qui se considère comme le fils spirituel du parrain, tente alors une trachéotomie !

Suicide ou vrai-faux suicide, pour s'extirper de la cellule et être conduit à l'hosto. Dans les deux cas, Zampa ne s'est pas réveillé de son profond coma. Gaï est mort de « septicémie galopante », selon le constat de décès. Bob, mis hors de cause par les zampatistes qui mènent leur petite enquête, sera rayé de la carte le 21 décembre 1989 à Montpellier, où il tentait de se faire discret après être sorti de prison. Les ennemis de Zampa, eux, ne l'avaient pas oublié. À moins que le malfrat au nom de romancier américain ait été réduit au silence pour ne pas donner sa version du vrai-faux suicide de Tany. Lequel en savait, peut-être, aux yeux de certains un peu trop sur les mystères et coutumes d'une ville qui l'a vu naître et mourir…

« Sache qu'un Zampa ne se suicide pas », avait lancé Tany à son fils Mathieu deux ans plus tôt.

Le Mat et le Belge terminent la guerre

Gaétan Zampa n'est plus de ce monde, mais la guerre n'est pas finie entre ses lieutenants, dont son beau-frère Jean Toci et les rescapés du clan du Mat. D'autant que le Belge, 38 ans, s'allie au Matou, son vieil ami, dès sa sortie de prison en août 1984, juste avant la mort de son ennemi juré qu'il n'aura pas croisé au cours de ces quinze dernières années, même pas lors d'un court séjour de Tany, pour port d'armes, aux Baumettes en 1975. Selon radio Canebière, Zampa aurait tenté par deux fois d'avoir la peau du Gebel en prison, à travers la fenêtre de sa cellule aux Baumettes, puis dans les douches de la centrale de Saint-Maur. Échec et... Mat!

Cette décennie 1980 sera marquée au fer rouge à Marseille avec la hausse des règlements de compte, des hold-up en série, des braquages de banques spectaculaires et une sévère bagarre entre bandes pour le contrôle des machines à sous. Les forces de l'ordre? C'est la guerre des polices : la sûreté urbaine de Marseille se tire la bourre avec le service régional de la police judiciaire, SU contre SRPJ, les voyous en profitent, jusqu'à la fusion des structures en 1988.

L'alliance du Mat avec le Belge

Curieuse coïncidence : le Belge est libéré le 28 juin 1984, le lendemain de la victoire de l'équipe de France de football à « son » Euro 84, et un bon mois avant la mort de Zampa. Francis Vanverberghe sort de zonzon avec d'immenses ambitions. Le Belge a passé 11 ans en prison[1], largement le temps de la réflexion : beau voyou, il s'est forgé, beau mec, il veut demeurer. Interdit de séjour en région PACA, la fameuse « trique », Francis ira parfaire son bronzage à Palma de Majorque dans la maison de la sœur de Tony Cossu, devenu son beau-frère depuis qu'il a officialisé sa liaison avec Simone Vanverberghe, en 1976.

« Francis était un homme tellement intelligent, tellement remarquable, mais il s'est fait bouffer le cerveau par les gonzesses », dit sa sœur Simone à l'occasion de la sortie de son livre[2] à *20 minutes*, le 21 mai 2019.

> « C'était un grand homme d'affaires, en lien avec des joueurs de l'OM, des artistes, des antiquaires et dans les œuvres d'art et j'en passe… Rien à voir avec la voyoucratie. […] Il aurait pu être joueur de foot pro, mais cet accident [il se blesse gravement et arrête le football, NDLA] est le drame de sa vie. Et quitte à être un voyou autant être le premier. Mon frère n'était pas un figurant, c'était un leader. »

1. Le Belge devait purger 14 ans et aurait dû sortir en 1991, à 45 ans. Avec les remises de peine et sa bonne conduite, il est sorti le jeudi 28 juin 1984 de la centrale de Poissy.

2. Simone Vanverberghe, *Francis le Belge. Mon frère, ce voyou*, Plon, 2019.

Interdit de séjour à Marseille

« Francis le Belge a toujours *marronné* (râlé) qu'on le considère comme un trafiquant de drogue, assure Gaspard, d'autant plus qu'en 1978, les juges l'ont tué une seconde fois en lui filant 14 piges sur les déclarations d'un repenti qui était un moins que rien (Richard Berdin), un acteur raté, une sombre balance. Le Belge n'était pas un cador de la French, loin de là, en fait, on (les politiques et les flics) a voulu lui faire payer la tuerie du *Tanagra* et on l'a mis à l'ombre pour le calmer, lui et sa bande de la Belle-de-Mai. C'était trop cher payé. »

Tony l'Anguille est lui aussi derrière les barreaux (de 1973 à 1981) pendant la guerre de Cent Ans. À sa sortie, avec le frère du Belge, José, soutenu par quelques grosses équipes (le gang des Alpes, les braqueurs de la Dream Team), Antoine Cossu, « en vrai patron, c'était un homme d'action », dit ce flic de l'Évêché, reprend les affaires du clan à Marseille[3] et dans le Sud : racket, boîtes de nuit, bingos, drogue, du classique. Avec un pied dans le cannabis depuis le Maroc, business qui monte en flèche dans ces années 1980. Le Belge, interdit de séjour à Marseille, s'installe à Paris, autour des Champs-Élysées, là où ça brille. L'homme, on l'a dit, porte beau, « un vrai milord », et fréquente autant la pègre locale que le showbiz, depuis son aventure avec la chanteuse Maria Vincent, c'est un monde rutilant qui l'attire.

---

3. Même si l'Anguille se fera piteusement arrêter dans le casse, raté, de la BNP à Nice en 1984, Cossu passera 5 ans aux gamelles.

Tout comme son vieux pote de treize ans son aîné, Jacques Imbert, imperturbable proprio officieux du *Bus Palladium*. Le Matou, que la rumeur affuble de quelques fric-frac retentissants sur la Côte d'Azur, à Cannes, puis à Saint-Paul-de-Vence, s'est fait discret au début des années 1980 : Jacky, en homme libre, « figure du crime organisé français qui représente le mieux la liberté » (Thierry Colombié) navigue entre ses nombreux pied-à-terre – Paris, Nice, Aix, l'Orne –, pas loin de chez Marius Bertella. Et les océans que cet amoureux du grand air traverse à la barre de ses voiliers, qu'il retape avec minutie. L'Immortel et le Belge ont un ennemi commun : Tany. La recomposition du milieu marseillais est en marche avec toujours cette même logique du grand banditisme : la recherche du pouvoir [sur les territoires et les hommes] et de l'argent. Et l'alliance entre le Belge et le Mat, une évidence…

Le cas Cassone

Le duo peut compter un troisième larron, un fidèle soutien du Matou, lui aussi marqué dans sa chair, et par le sang dans cette guerre de Cent ans : Roland Cassone, né en 1944 à Marseille. Deux photos circulent de l'Italo-Marseillais : une en noir et blanc, époque des années 1970 – quand il est un pion essentiel de la bande du Mat – et une autre, en 2013, lorsque le présumé juge de paix du milieu marseillais intervient à la barre du tribunal pour le procès du cercle Concorde [lire « Tensions sur les cercles »] ! Cassone, maçon de métier, a pris un coup de vieux, mais son influence a été grandissante au cours de ces décennies, au point que, dans les années 2000, on parle de lui comme le « vrai » patron du mitan, désigné par les flics locaux comme le numéro 1 du milieu marseillais depuis une vingtaine d'années. « Des fantasmes », selon celui qui sera relaxé dans l'affaire du Concorde, mais condamné à dix mois pour détention d'armes (un pistolet Glock en l'espèce) lors de son interpellation à domicile[4].

Comme son mentor le Matou, Cassone s'est toujours tenu à l'écart, dans l'ombre : pas de photos, pas de yacht, pas de filles, une vie cachée, à la sicilienne dans sa baraque protégée sur la colline de Simiane-Colongue. Sauf lorsque le clan de ce grand fan de l'OM a voulu racheter le club de foot voisin, l'OGC Nice[5], et surtout lorsqu'il a dû sortir du bois s'expliquer dans l'affaire du Concorde où ce passionné de chasse se fait passer pour un pépère invalide ! À l'instar de l'insaisissable Matou, qui se définit, lui, lors de son dernier procès en 2008, comme « un paisible retraité du showbiz ». Ni vu, ni connu, en atteste son casier judiciaire quasi vierge. « Cassone, c'est l'Arlésienne, un mystère », dit un ancien flic. Pour vivre heureux, vivons cachés.

Ne pas se fier aux apparences. Au début des années 1980, Roland Cassone, petite taille, 1,67 m, grand courage, craint *dégun*. Il est en place. Avec une belle équipe autour de lui dont son neveu et bras droit Théophile Skillas, dit Skieffo. Fiché au grand banditisme dès 1974, Cassone, qui a fait ses classes chez les Guérini, un fidèle des *figatelli* face aux

4. Marine Messina, « Parrain ou retraité. Roland Cassone sort de l'ombre au procès du cercle Concorde », *Le Monde*, 5 juin 2013.

5. Le parquet de Nice s'est penché en 2002 sur la reprise de l'OGC Nice par les fils de Roland Cassone (Robert) et Roger Mouret (François), deux figures du grand banditisme corso-marseillais. L'opération a échoué.

macaronis, est un survivant de la guerre de Cent Ans. Il a eu le temps et la force de venger son frère Serge, même si sa cible ultime, Jeannot Toci, bouge encore le petit doigt dans le camp d'en face.

À l'occasion des 30 ans de la brigade criminelle, fusion de la SU et du SRPJ, le commissaire Jean-Michel Mimram, ex-BRB et crim' de Marseille, résume la situation dans *La Provence* en janvier 2018 :

> « Zampa venait de tomber et de se suicider, et cela avait provoqué une fracture terrible dans le Milieu, une redistribution de son empire, avec des affrontements très violents entre son demi-frère Jeannot Toci qui tentait de sauvegarder l'héritage, et le Mat, le Belge et Roland Cassone notamment. On est monté jusqu'à presque 50 morts en une année à Marseille. À l'époque, la question entre les membres des clans était simple : "Tu es mon ami ou non?" Et si le mec hésitait ne serait-ce qu'un peu, c'était comme s'il passait chez l'ennemi. Quelques jours après, une moto se stabilisait à son niveau et il se faisait descendre. »

« Cassone et Toci, c'était une question de vie ou de mort, il n'y avait pas d'alternative, raconte Gaspard. Il y a eu un temps d'adaptation, le temps que les nouvelles alliances se forment mais quand Toci et sa bande ont flingué Monsieur Paul, en 1985, ça a déclenché une nouvelle guerre dans les rues de Marseille et jusqu'à Paris pour sucrer le garde du corps de Paul Mondoloni, qui avait été zéro pour défendre son patron… »

29 juillet 1985 – Brasserie des Danaïdes, square Stalingrad, Marseille

Monsieur Paul n'a pas pu fêter ses 70 ans puisqu'il est tué le 29 juillet 1985 devant sa brasserie *Aux Danaïdes*. Neuf balles de gros calibres venues de trois tueurs circulant dans une Renault 9. Le Sartenais, un ancien de la French, correspondant de la famille sicilo-américaine Gambino, est un juge de paix respecté du milieu marseillais. Son passé parle pour lui : sorti vivant d'une vendetta suite au casse de la Bégum, au détriment de l'équipe de Jacques Benedetti, le petit Corse n'a jamais été condamné. Discret, pour ne pas dire austère, ce parrain à l'ancienne était lié au clan très puissant des Francisci, « probablement l'un des plus gros trafiquants de la French Connection », et avait des parts au casino de Bandol du Corse Michel Tomi[6] [lire « La guerre des jeux »]. Son équipe aurait eu des visées sur la réouverture du *Ruhl*, à Nice. Alors qui a bien pu s'en prendre à un tel poids lourd du mitan ?

De sources multiples, on attribue la mort de M. Paul à Jeannot Toci. « Ils s'y sont mis à trois pour l'éliminer en arrosant le trottoir ! Nonœil n'a pas été clair sur ce coup-là. Il est ensuite parti se planquer à Sartène. Il se fera buter des années plus tard dans une brasserie parisienne », se remémore Gaspard. Son garde du corps corse, Jean-Toussaint Giacomoni, dit Nonœil, est abattu le 10 juin 1993. Le neveu de Roland Cassone, Théophile Skillas, est inquiété car on a retrouvé

6. Michel Tomi sera condamné dans la débâcle du casino de Bandol à un an de prison.

son ADN sur les lieux du crime[7]. La police a listé les quatre assaillants, avec Skillas, Joël Bizzari et les Corses de la Brise de mer, le binôme Richard Casanova-Dominique Rutily, sans jamais pouvoir le prouver. Nonœil avait aussi et surtout le tort d'être un ancien porte-flingue du clan Zampa…

*

Dans la foulée du règlement de compte de M. Paul, ça charcle sévère entre les derniers zampatistes, les fidèles du clan Mondoloni/Hoareau et le trio Imbert/Cassone/le Belge : plus de 50 voyous – un record ! – tombent sous les balles d'on ne sait trop qui ! En 1985, l'année où l'homme d'affaires Bernard Tapie[8] arrive à la tête de l'OM, ont ainsi été flingués dans le camp Zampa/Toci : Michel Casorla, Marius Lastrayoli, Lucien Sperle, Gérard Generale, Henri Auguste Sabaty dit Le Lucre, Pépé Ruiz, plus le clan Hoareau. Les vieux amis de Mondoloni de la filière arménienne y sont passés aussi avant lui : Armand Merdirian et Bedros Vartanian en 1984. C'est le début de l'ère Tapie à Marseille, mais bel et bien la fin du clan Zampa, ou de ce qu'il en reste…

À l'époque, impossible de démêler les connexions de cet arrosage automatique autour du Vieux-Port, comme l'écrit en mode « polar marseillais » François Caviglioli dans *Le Nouvel Observateur* :

---

7. Frédéric Ploquin, *Le Sang des caïds*, Fayard, 2009.

8. Bernard Tapie est décédé le 3 octobre 2021, ses obsèques ont eu lieu à la cathédrale Sainte-Marie-Majeure de Marseille.

« "Tout se passe comme si quelqu'un au comble de la rage avait décidé de tirer dans le tas sans tenir compte des casaques. La dernière hypothèse de l'Évêché : une vengeance de Francis le Belge, surnommé le Banquier du milieu." Arrêté en 1973 [...], libéré en 1984, Francis le Belge aurait déclaré la guerre à tout le milieu marseillais. De sa prison, il aurait accusé Tany Zampa de l'avoir balancé. Il aurait même fait circuler cette offre :
"J'ai un milliard à plat. Il est pour celui qui m'apportera les couilles de Zampa..."
À sa sortie, il aurait entrepris de mettre à l'amende tous ceux qui ont travaillé ou pactisé avec Zampa. Les derniers zampistes, mais aussi les hoaristes et les mondolonistes.
"Il n'y a pas d'arrangement possible avec vous, aurait-il fait savoir. Vous avez travaillé avec un enculé. Maintenant, vos affaires sont à moi..." »

L'élimination des lieutenants de Zampa

Difficile de savoir qui était vraiment Jean-Lucien Toci, né le 24 juillet 1933 à Marseille. Pour les uns, le demi-frère de Zampa est un fou furieux, « un jobastre », sans parole, peu fiable, de l'autre, c'est un meneur d'hommes, intelligent, autoritaire et courageux. « Il avait même de la classe », commentera son avocat après son assassinat sur un parking d'Istres en 1997 [lire « Toci, c'est fini »]. À la mort de Gaï, Jeannot le discret, dont sa dernière photo officielle remonte à 1965, a reconstitué une solide équipe autour de lui avec du sang neuf : son gendre Jean-Paul di Noïa et son frère Denis, le pied-noir vauclusien Charly Lecouls, un autre Vauclusien, Alain Paparella, Raphaël Raposo, Serge Martin, Sauveur Manzo, Nicolas Nissirio, Robert Dubois, Alain Matteo.

Les historiques, eux, sont là, mais pas dans le premier cercle. Plutôt dans le viseur de leurs ennemis. Un trio de zampatistes, tous membres actifs du casse du siècle de la Société générale à Nice, en 1976[9], va être effacé dans les règles de l'art de la grande criminalité. Le premier rayé de la liste des égoutiers est L'Élégant, parce que toujours tiré à quatre épingles : le vieux beau mec corse Dominique Poggi, prolifique trafiquant de piastres en Indochine, au service des Guérini, puis de Zampa, relaxé du casse, est buté au 11.43 le 22 avril 1985, dans le bar, tenu par son frère, à Antibes. C'est Doumé qui aurait rencontré, pour la première fois, Albert Spaggiari, en tant qu'envoyé spécial de Zampa.

*

9. Dans un livre autobiographique *La Vérité sur le casse de Nice*, paru en 2010, Amigo s'autoproclame le cerveau avec le Gros. L'auteur, vite démasqué, est Jacques Cassandri, Le Tondu, tout juste sorti des Baumettes. Cassandri est une figure du grand banditisme marseillais, condamné pour extorsion de fonds, proxénétisme ou trafic de drogue, après le démantèlement d'un réseau de la French Connection au début des années 1970. Le vieux truand corso-marseillais, qui détient des parts dans des restaurants et clubs privés, dont le Son des guitares – géré par son fils Antoine –, à Marseille et en Corse, sera rattrapé par le fisc et condamné à 30 mois de prison en 2018 pour la gestion du « petit empire familial ».

La razzia anti-Zampa ne s'arrête pas là. Octobre 1985, Barthélemy Regazzi, on l'a dit, est éliminé dans la Fiat Ritmo de sa femme, à sa sortie des Baumettes, avant qu'à la mi-août 1986, le Vieux, Vincent Abellan, soit tué à Port-de-Bouc. Gérard Vigier, « le fils spirituel de Zampa, son meilleur conseiller, le seul qu'il acceptait d'écouter, l'un des rares à pouvoir lui tenir tête[10] », tombe à son tour le 16 février 1987, abattu d'une rafale de pistolet-mitrailleur. Le fidèle ami de Tany, lui aussi surnommé le Grand, est tué chez lui, à Toulouse, où il s'est installé après la mort de son boss. Gégé était un vrai dur : incarcéré pour sa présumée participation au casse de Nice, il se coud les lèvres à la prison de Fresnes. Zampa « le nomme » ensuite à Paris, où le beau Gégé dirige l'*Art Ozoir*, en Seine-et-Marne, rendez-vous de la pègre de la capitale.

31 octobre 1991 – Villa La Chêneraie, Montauroux, Var

Les truands n'ont pas la mémoire courte. Jean-Claude Migozzi, dit le Gros, en a fait les frais. Le Corso-Marseillais avait débuté comme barman à Marseille, aux côtés du Belge avant de rejoindre le clan Zampa. Cet ancien de la French Connection, très tôt fiché au grand banditisme, est tué le 31 octobre 1991 dans la villa varoise de sa compagne. Jeannot Migozzi était devenu un... gros bonnet du milieu niçois, pas seulement à cause de son surnom, dû à un léger

10. *Libération*, 18 février 1987.

embonpoint. Jeannot est le véritable cerveau du Gang des égoutiers. « Le chef de chantier, le véritable orfèvre du casse de Nice sur le terrain. » Et serait l'auteur de la célèbre phrase : « Sans haine, sans arme, ni violence », inscrite dans la salle des coffres de la Société générale.

Dans ce fric-frac de légende, une dame et cinq bonshommes seulement – sur la vingtaine de membres du gang – se sont retrouvés sur le banc des accusés devant la cour d'assises des Alpes-Maritimes, le 31 octobre 1979. Un seul a été reconnu comme l'un des égoutiers, Daniel Michelucci : il a pris 7 ans. Poggi et Vigier avaient été acquittés… « Pour en arriver là, on a creusé trois mois et demi, toutes les nuits », écrit Didier Caulier, membre de l'équipe, qui a raconté son parcours bien plus tard, en 2013, dans un livre intitulé *Confessions d'un braqueur* (Nouveau Monde éditions).

Le Gros a été flingué à Montauroux, village provençal de l'Esterel, alors qu'il regardait la télévision avec sa fille de 3 ans sur les genoux. Une balle, une seule, tirée en pleine tête par un tueur à gages a suffi pour l'éliminer, 25 ans jour pour jour après l'arrestation d'une partie de la bande des égoutiers. Le Niçois Migozzi était aussi et surtout à la tête de quelque 600 machines à sous dans le Sud-Est. Un règlement de compte de plus dans cette incroyable série noire des bingos du début des années 1990 [lire « La guerre des bingos »]. Sa mort reste un mystère.

Quelques années plus tôt, deux gardes du corps de Gaetano Zampa meurent : l'un après une longue maladie, Jean-Marie Lucchesi, à 48 ans, en 1987, l'autre à l'issue d'un règlement de compte, Robert Séférian, dit l'Arménien. Jean-Marie Lucchesi, dit Nono, un balèze, natif de Port-de-Bouc, a passé toute sa carrière criminelle aux côtés de son patron, jusque dans ce bungalow pourri de Saint-Mitre-les-Remparts, où les deux hommes ont été arrêtés en 1983.

L'Arménien tombe sous les balles de ses ennemis le 5 septembre 1989, dans une guerre annexe à celle de Cent Ans. Ce braqueur chevronné rayonnait depuis Manosque après la mort de Tany, où il faisait la loi jusqu'à ce qu'il se fasse zigouiller par plus jeune et ambitieux que lui. Neuf balles de 11.43 tirées par trois tueurs, à *L'Oasis*, le bar préféré de Robert. Fin des années 1980, le vieux Séférian s'était opposé à Bernard Bousquel, dit Grand Bernard, un homme du Belge qui s'était associé à la Bande des Alpes de Daniel Areno pour rayonner sur le secteur de Manosque [lire « La malédiction du *Rétro 25* »]. *Exit* l'Arménien.

Ça roule pour la bande du *Skating*

À Marseille, ville reine du grand banditisme où le clientélisme est roi, les plus gros voyous ne sont pas forcément ceux que l'on croit. En tout cas, pas ceux que l'on retrouve à la une du *Provençal* ou du *Méridional*. Les cadors de la voyoucratie ne font en général pas les titres des journaux. Dans l'ombre des règlements de compte et des braquages osés – comme celui de la Caisse d'épargne le 9 février 1987, où les voleurs, *a priori* des mecs de la Belle-de-Mai, se carapatent par les égouts avec dix briques, sous le regard médusé de deux grands flics occupés à se tirer dans les pattes, les commissaires Broussard et N'Guyen Van Loc –, des voyous de haut rang agissent en toute discrétion. Sans défrayer la chronique.

C'est le cas des *Trois-Canards*, bande de truands Marseillais d'origine napolitaine montés à Paris *danser le mia* dans les années 1950. Et redescendus par la suite dans le sud du côté du parc Borély, entre hippodrome et stade Vélodrome. Les Napos du Skating, à ne pas confondre avec les Napolitains de Tany Zampa, ont un certain Eugène Matrone à leur tête. La bande du Skating de Gégène le Manchot, un rescapé du *Combinatie*, lieutenant de Planche Paolini, et du trafic de cigarettes de l'après-guerre, est impliquée dans le scandale du prix de Bride-Abattue en 1973, une vaste fraude au PMU. On est alors en pleine époque de la mafia des courses : la bande des Napos passe des canards aux canassons sans transition ! Le tiercé, début des années 1970, c'est 5 milliards de francs par an, une somme que le milieu ne peut ignorer.

Ces voyous d'envergure restent en retrait des guerres corso-marseillaises. « Non ils ne font pas la guerre, ils manipulent les uns et les autres pour sortir toujours vivants ; la plupart sont napolitains (de Sperlonga), donc des cousins dans la Camorra, et ça, dans le jeu (les chevaux entre autres), c'est pas rien », glisse l'inspecteur Clémentini, cet ancien policier de l'Évêché. Matrone et ses amis, dont Sauveur Pironti, dit Loule, agissent en sous-main, forment et informent. Loule, grand nom du mitan marseillais, né en 1942, dans le Panier, est un pur gangster des années 1960 et 1970, proche d'Henri Codde (Riquet), embarqué lui aussi dans l'affaire du *Combinatie* avec son cousin Dominique Venturi, dit Nique, autre poids lourd du milieu marseillais d'après-guerre et membre de la bande.

Aussi respectés qu'un parrain de la Cosa Nostra

Les Canards pèsent sur la vie politique locale. Et *Le Skating* roule pour Gaston Defferre, maire socialiste de la ville réélu sans coup férir depuis l'après-guerre, jusqu'à sa mort en 1986. Riquet est embauché par Charles-Émile Loo, député PS, maire adjoint et bras droit de « Gaston », chargé de sa réélection, à la coopérative gérant la manutention du port de Marseille, dont l'élu est dirigeant ainsi que le décrypte le journaliste Brendan Kemmet dans une enquête parue dans *Alibi*[11]. Lorsqu'il descend à Marseille, Jacky le Mat n'est jamais loin du Skating, royaume des turfistes. Les Napos restent, enfin, un solide centre de formation de la voyoucratie locale. Ils auraient formé dans ces années 80 plusieurs futurs cracks du milieu corso-marseillais.

« Bien plus que Bastia, Ajaccio, Lyon ou Toulon, Marseille est à la fois le berceau de la French et le siège social des plus puissantes firmes trafiquantes du pays, lesquelles tissent une toile d'araignée par-delà les frontières et les océans. On ne mesure pas à quel point des « généraux » français sont aussi respectés qu'un parrain de la Cosa Nostra ! », avance Thierry Colombié, spécialiste de la grande criminalité.

Les relations troubles entre milieux politique et criminel sont illustrées par Dominique Venturi, l'un des associés des Canards. Né dans le fameux quartier du Panier, Nique Venturi a participé le 22 août 1944 avec les milices socialistes à la prise du quotidien *Le Petit Provençal* dans le sillage de Gaston Deferre :

---

11. Brendan Kemmet, « Marseille côté obscur : l'emprise du crime », in *Alibi*, n° 3, automne 2020.

> « Dans les rues du quartier du Panier, la Résistance socialiste recrute. Aspirants voyous et jeunes pousses politiques naviguent dans ses rangs. Ils deviendront de gros poissons : les patrons de Marseille d'après-guerre. Avec les frères Antoine et Mémé Guérini, Venturi marche dans les pas du chef du réseau Brutus, l'avocat Gaston Defferre. Leur compagnonnage durera quarante ans[12]. »

Le Corso-Marseillais Nique Venturi servira Defferre tout au long de sa vie jusqu'à l'affaire René Lucet, directeur de la CPAM des Bouches-du-Rhône, officiellement suicidé en se tirant deux balles dans la tête, le 4 mars 1982. Dans cette nouvelle bouillabaisse politico-financière, Nique sera condamné plus tard dans un procès lié à des fausses factures. « Venturi, c'est l'histoire de Marseille… », dira son ancien avocat Xavier Cachard.

Considéré comme le dernier parrain corse d'après-guerre, Venturi, l'ancien lieutenant du clan Guérini, est mort le 6 avril 2008 à son domicile de l'avenue du Prado des suites d'un AVC. À 84 ans ! « En homme d'affaires honorable, prospère et bourgeois » (*Bakchich* du 10 avril 2008). Eugène Matrone est décédé en 2013 de sa belle mort. Loule, qui gérait un gros stock de machines à sous dans les Bouches-du-Rhône, pour lequel il sera condamné, est décédé le 15 juillet 2014. À son enterrement, il y avait ses amis, Jacky le Mat,

12. Jacques Derogy et Jean-Marie Pontaut, *Enquête sur les mystères de Marseille*, Robert Laffont, 1984.

Marius Bertella et Jean-Luc Barresi, dont Loule Pironti aurait été le mentor[13]...

Le vieux Loo, lui, meurt en 2016. La fin des Canards, qui ont fait leur beurre dans leur *coin-coin*, et d'un système clientéliste à l'ancienne bientôt remplacé par un autre trafic politico-financier-mafieux sur fond de décharges à l'odeur nauséabonde (« poubelle la vie ») et de marchés publics pas toujours très nets passés du côté de la mairie, de la métropole, du conseil général, de la région et de la... Corse !

---

13. Brendan Kemmet, *art. cit.*

La guerre des boîtes

En 1988, c'est « Nuit de folie » à Aix-en-Provence. Le tube de Début de soirée, meilleure vente de 45 tours de l'année en France, est sur toutes les pistes de danse aixoises, d'autant plus que l'un des créateurs du morceau est le DJ résident du *Club 88* ! La bourgeoise cité du Roy René, poste avancé de la parisianisation de la Provence, est au cœur des convoitises des voyous en cette fin des années 1980.

Après la mort de Gaétan Zampa, les truands du coin se disputent la propriété des clubs chics et discothèques stylées de son ancien empire, où viennent se défouler des milliers d'étudiants de la ville universitaire. On y trouve aussi, pêle-mêle, riches Parisiens fans de musique classique, enfants de bonne famille de la région, notables marseillais et joueurs de foot de l'OM, qui rafle quatre titres d'affilée (de 1989 à 1992) et la grande coupe d'Europe en 1993, avant le scandale. Ce nouvel affrontement entre patrons de clubs du FC Zampa et bandes rivales porte un nom : la guerre des boîtes !

Marseille pour le Mat et Aix pour le Belge

Les équipes en place sont nombreuses autour de Marseille : celles du Mat, Cassone and co, Barresi et Campanella, et du Belge, qui travaille en famille, épaulé par ses neveux et son beauf, leurs alliés marseillais de l'Opéra (André Cermolacce, dit Gros Dédé, Roger Spanu, dit Petit Roger et Richard Laaban), les affidés de Jeannot Toci, le clan du Chinois, Raymond Mihière, né à Marseille d'un père corse et d'une mère indochinoise, avec Joël le Turc, Souhel Hanna-Elias, la bande de Saint-Gabriel (Roland Talmon, Richard Deruda, Francis Esposito, Tony Nitti) ou bien encore le gang des Alpes, les Toulonnais du puissant Jean-Louis Fargette, lui aussi passé par le bar des *Trois-Canards*, sans oublier les Corses, les vrais, ceux de la bande du Valinco et de la Brise de mer de Bastia, richissimes après le (vrai) casse du siècle de l'UBS à Genève[1], qui pointent le bout de leur nez chez ce bon vieux roi René.

À la mort de Tany, le Mat et le Belge se sont partagé les villes : « Marseille pour Jacky et Aix pour Francis », résume un grand flic de l'époque. C'est aussi simple que cela, sauf qu'à Aix, il y a des poches de résistance. Et Jean Toci ne veut, une nouvelle fois, *pas perdre la figure* après le sommet de Bandol (Var), en 1984, qui assure la répartition. Le Belge, interdit de séjour dans le département entre 1984 et 1988, s'appuie sur des hommes sûrs à Aix, à commencer

1. Michel Ferrari, *J'ai réussi le casse du siècle,* L'Archipel, 2014. Les 31 400 000 francs suisses dérobés à l'UBS le 25 mars 1990, quelque 20 millions d'euros, n'ont jamais été retrouvés.

par Tony Cossu, son frère José et Jean-Marc Verdu, gérant du *Bistrot Aixois*.

Dans ces années 1980, « celles du fric et de la frime », Édouard, dit Doudou Le Roucaou, tient un bar à la Plaine et *bade* (admire) le patron de l'Olympique de Marseille Bernard Tapie, le nouvel homme fort en ville : « On l'appelait Nanard entre nous, pour tous ici c'était Le Boss, j'avais même une photo dédicacée derrière mon comptoir ! Partout, les *minots* (enfants) portaient le maillot de Waddle et Francescoli, moi j'adorais Carlos Mozer, car c'était un dur. Il avait de la mentalité. »

Le Roucaou, du nom d'un petit poisson de roche marseillais, se définit comme un « historien de l'OM et du mitan ». Doudou Le Roucaou connaît tout sur tout. « On pensait avoir tout vu en matière de charclade, mais la guerre des boîtes, ce sera encore pire… Des gérants de discothèques à Aix, où on sortait tous pour fêter les victoires de l'OM, vont se faire buter comme des moineaux parce qu'ils refusent de céder leurs parts, avec un paquet de dégâts collatéraux. La majorité était loin d'être des voyous, trop de braves mecs y ont laissé leur peau… »

La malédiction du *Rétro 25*

Les premiers cadavres sont ramassés, en mai 1986, déjà, au *Club 88* : le patron, Christian Betta, et deux de ses amis, sont refroidis devant la boîte sise aux environs d'Aix-en-Provence. Des résidus de la guerre de Cent Ans. L'équipe du Belge doit aussi composer avec la montée en puissance de « deux fous furieux, dangereux, très », d'après Le Roucaou, le Chinois et le Turc [lire « Coup de mistral en 2011 »], d'abord à ses côtés avant de s'émanciper, ainsi qu'avec les ambitions démesurées de l'un de ses lieutenants, le braqueur Bernard Bousquel, dit le Grand, lequel a récupéré la gestion du *Club 88*.

1er septembre 1989 – Près de l'hôtel de ville, Vitrolles

Le Grand, après l'élimination de Séférian [lire « L'élimination des lieutenants de Zampa »], commet une erreur de débutant, pensant profiter du retour en prison du Belge, en 1988, balancé par François Scapula pour sa participation à un trafic d'héroïne[2] : il paye deux hommes pour buter, à Vitrolles dans la nuit du 1er au 2 septembre 1989, le petit frère de Francis, Joseph dit José, 41 ans, à la sortie du cinéma au volant de sa Renault 5 Turbo blanche, de quatre balles de 11.43 alors qu'il était en compagnie de son amie Isabelle, enceinte de huit mois.

Playboy désormais rangé, José était fiché, pour des faits commis dans les années 1970 (braquage, trafics de drogue, proxénétisme), mais considéré dans le milieu comme guère dangereux. L'enquête du clan du Belge est rondement menée et le commanditaire de son assassinat, Bernard Bousquel, est supprimé deux jours plus tard. Il est torturé à mort et édenté à la tenaille, selon radio Canebière. On ne retrouvera jamais son corps, juste sa voiture, un 4x4 Range Rover sur le

2. Franck Renaud, *Le Nouveau Milieu*, Fayard, 1992.

parking longue durée de l'aéroport de Marseille-Marignane et quelques-uns de ses os au fond de l'étang de Berre.

La guerre des boîtes est bel et bien lancée. Les patrons ne cèdent pas facilement au racket et sont massacrés : Gérard Doucet, 46 ans, gérant de *L'Oxydium* et du *Rétro 25*, est tué le 11 avril 1988 en compagnie d'un jeune, Luc Botello (28 ans), de la famille qui tient *Le Richebois* à Salon. Son ami Christian Novarra, patron de *La Chimère* et de *La Mandragore*, sera abattu le 28 août 1992. D'autres cadavres sont liés à l'acquisition de ces boîtes : Sylvain Bonaventure, du Fox Trop à Six-Fours, Alain de Cesare (1990), Tony Daoudi, qui vise *Le Mandragore*, Joachim dos Santos Martins, et Jo Coppola, proprio du *Niagara* à Marseille, tué le 26 octobre 1991.

Ça canarde de plus belle pour la reprise du *Rétro 25*, objectif avoué du duo Imbert-Vanverberghe : le champion de boxe Vincent Parra, ex-videur de *L'Oxydium*, est supprimé le 18 octobre 1991. Son ami Vincent Plévani, le 3 mars 1992, et donc Novarra, flingué au volant de sa Porsche 911 turbo à Éguilles. Une autre équipe, de Marseille, est rayée de la carte, en 1993, celle de l'ancien braqueur Henri Maridet, 52 ans, directeur d'une entreprise de sécurité, et de son associé, Robert Dahan, 45 ans. Deux de leurs hommes, Jean-Pierre Javita et Dominique Fontana, sont éliminés dans la foulée ainsi que le fils de Robert, Michaël Dahan, criblé de balles à 20 ans.

*

Dans cette guerre où beaucoup d'hommes finissent en boîtes, dix morts pour le *Rétro 25* !, il y a peu de certitudes sur les auteurs. Les noms du duo formé par le Chinois et le Libanais et surtout du trio de gâchettes du Belge et du Mat, surnommés les Trois sauvages, Laurent Boglietti, Noël Mariotti dit le Nain et Jean-Jacques Maillet, *alias* le Blond, trois braqueurs réputés sanguins, reviennent le plus souvent aux oreilles des flics et des juges[3]...

La guerre de succession autour des discothèques d'Aix-en-Provence fait grand bruit dans l'opinion publique. Les condés du SRPJ de Marseille du commissaire Louis Kerboeuf lancent, à la fin 1993, l'opération « Rétro 25 », découvrent un box d'armes et coffrent toute la bande du Belge et du Mat. Retour à la case prison pour les deux chefs, arrêtés à Paris et sur l'île du Frioul. Pas pour longtemps, juste un an, car les policiers, regroupés en une seule et même entité la DCRB[4], manquent de billes pour les accrocher plus qu'une simple association de malfaiteurs. « Le Matou, toujours aussi grigou, avait placé un panneau "Ne pas déranger" sur la porte de sa cellule », en rigole encore Gaspard. Un peu avant, en mars 1994, Jean-Marc Verdu rachète le *Rétro 25* pour le quart de son prix réel...

Comme souvent en pareil cas, le milieu va régler ses comptes lui-même : Jean-Louis Goiran, proche du Belge, lieutenant de feu Marcel Diavoloni sur Nice, est retrouvé mort dans son 4x4 le 15 janvier 1999 ; Laurent Boglietti, caïd d'Aix, est achevé d'une balle dans la nuque le 28 février

3. Frédéric Ploquin, *Parrains et caïds. La France du grand banditisme dans l'œil de la PJ*, Fayard, 2005.

4. Division criminelle et de répression du banditisme.

1999 sur ses terres ; et Jacky Maillet est supprimé le 12 août 2001 à Hyères, « dans un guet-apens auquel il ne pouvait échapper car son équipe commençait à être crainte par le très, très grand banditisme », selon un policier. Noël Mariotti, fiché au grand banditisme, comme son frère Bruno, est le seul survivant du trio, « épargné parce qu'il est de la famille d'un homme de poids du mitan », d'après ce même policier. Mariotti a été lourdement condamné, en 2007[5], mais a bénéficié d'un régime de semi-liberté en 2015 avant d'être, à nouveau, incarcéré quelques mois en 2017, car il avait violé ses obligations de ne pas remettre les pieds à Marseille…

Toci, c'est fini

Et les anciens membres du clan Zampa dans tout ça ? Jean Toci fait de la résistance. Investit dans les bingos. Il se planque, loin de Marseille, depuis l'élimination de M. Paul, et a peur. De se faire buter, comme tous les lieutenants de son demi-frère [lire « L'élimination des lieutenants de Zampa »]. Ce sont les flics, qui lui courent après depuis des années avec plus ou moins de fougue, qui vont lui mettre la main dessus le 11 juin 1990 dans un luxueux mobile-home situé sur les hauteurs de Roquebrune-sur-Argens dans le Var. Ironie de l'histoire, comme Tany, Jeannot, Monsieur Lopez pour les autres touristes du coin, est arrêté

5. Noël Mariotti a été condamné en 2007 à la réclusion criminelle à perpétuité par la cour d'assises de Draguignan pour son implication dans la guerre des boîtes. Il avait aussi écopé en 2010 de 22 ans de réclusion pour le meurtre en 2006 d'un bijoutier de la rue de la Palud.

dans un camping. Toci, entouré des rugueux frères di Noïa, dont un (Jean-Paul) a épousé sa fille, a également pour compagnie des revolvers, des pistolets automatiques et des fusils, sait-on jamais…

Le commissaire Jean-Michel Mimran, alors membre de la brigade criminelle de Marseille dirigée par Roger Marion raconte, dans *La Provence* :

> « Jeannot Toci, personne ne l'avait vu depuis des années, on n'avait qu'une photo de lui vieille de 20 ans ! Et puis, on a fini par le repérer dans un bungalow près du Muy. On a attendu qu'il en sorte et là, quand il a vu des gars armés lui sauter dessus, il s'est, au premier sens du terme, pissé dessus ! Il pensait que c'étaient ses ennemis qui venaient l'arroser, du coup il était soulagé que ça ne soit que nous ! Et à l'intérieur de son logement, à force qu'il me raconte fièrement qu'il avait tout refait lui-même, j'ai eu l'idée de vérifier si un carreau ne sonnait pas creux… Et là, bingo, on a fait sauter le carrelage et on a découvert 1 million de francs, dont il a essayé de nous faire cadeau contre sa liberté ! Ça a été le coup de grâce au clan Zampa… »

7 mai 1997 – Parking de Géant Casino, Istres

Chez un sbire de Toci, les flics découvrent des portraits du Mat, de Cassone et Jo Masia : la guerre de Cent Ans est encore dans tous les esprits. Toci prend 7 ans, pour diverses infractions, direction la prison de Luynes, près d'Aix et donc à deux pas de ses ennemis ! Le 8 novembre 1990, un tireur longue distance muni d'un fusil à lunette le blesse à la main à travers la fenêtre de sa cellule au moment où Toci dîne. Jeannot mangera chaud sept ans plus tard, peu de temps après sa sortie en 1996 : il est charclé sévère, le 7 mai 1997, avec sa compagne Berthe Crémier, 52 ans, sur un parking d'un hypermarché d'Istres, une ville nouvelle située à 40 bornes de Marseille.

Le demi-frère de Gaétan Zampa, 64 ans, a pris très cher sur ce parking situé près du Prépaou. Le contrat a été exécuté par des pros, deux hommes en cagoule circulant à bord d'un monospace Volkswagen faussement immatriculé à l'étranger. Munis d'un fusil à pompe et de deux armes de poing, les assassins ont tiré trois projectiles sur le caïd et trois également sur son amie au moment où celle-ci tentait de fuir. Drôle de carrière que celle de Toci, fils de Mathieu, qui ne l'a jamais reconnu, passée dans l'ombre d'un demi-frère omnipotent. « Jeannot n'était pas un homme de poids, il ne représentait pas grand-chose au final », estime l'inspecteur Clémentini, ex-policier marseillais.

> « Jeannine Toci, unijambiste, élèvera son fils dans une cave marseillaise. D'une différence d'âge de quatre mois, Jean Toci et Gaétan Zampa ne feront connaissance qu'à l'âge de 20 ans. Contrairement à son célèbre frère, Jean Toci a toujours préféré l'ombre et ne fréquentait ni les bars ni les restaurants. Peu soucieux de conquérir un titre de "parrain", il s'est borné aux activités classiques du Milieu. Son casier judiciaire en témoigne : cinq condamnations entre mai 1967 et octobre 1984 pour proxénétisme et

> infractions à la législation sur les armes », écrit en guise de nécrologie Luc Leroux dans *Le Monde* à la mort du dernier zampatiste, suivie de celle de son lieutenant Dédé Milesi, lui aussi tué à Istres…

« Toci, ce n'est pas le clan du Mat et associé qui l'a sucré, mais son propre camp, assure Doudou Le Roucaou. Ses équipiers vauclusiens avaient pris leurs aises durant ses six ans de taule, avec le soutien du caïd du coin, Marc Monge. Ils n'ont pas apprécié le retour du présumé patron ! Et l'ont supprimé à coups de fusil à pompe, avec sa femme à ses côtés, ça ne se fait pas ! Les condés ont avancé que Toci, et d'autres de son équipe après lui (Charly Lecouls et Sauveur Manzo, flingués le 11 septembre 1998), s'étaient fait refroidir parce qu'ils ne voulaient pas tremper dans les stups : les "vieux" se contentaient des machines à sous… »

Le Belge se fait friter

La guerre des boîtes a débuté avec le règlement de compte de José Vanverberghe le 1er septembre 1989. Et s'est conclue avec le rachat du *Rétro 25* en 1994. Elle connaîtra un épilogue pour le moins inattendu avec la mort du grand frère de José et prétendu parrain de Marseille.

27 septembre 2000 – Artois club, *Paris 8e*

Francis le Belge, 54 ans, est frité le 27 septembre 2000, vers 15 heures, de sept balles de gros calibres dans son quartier parisien préféré, près des Champs-Élysées, à l'*Artois club*, un course par course, où le beau voyou aime se pavaner et racheter des tickets gagnants du PMU pour blanchir son argent de poche. Ce jour-là, le Belge avait sur lui une enveloppe avec 200 000 balles (30 000 euros) placée dans son dos et 20 000 balles dans le portefeuille.

Lui aussi, comme Antoine Guérini exécuté vingt-trois ans plus tôt, se promène sans protection particulière[6] – ce jour-là sans son garde du corps –, fréquente trop souvent les mêmes endroits et est refroidi par des tueurs à moto. Deux pros, bien renseignés (Le Belge n'est plus filé par l'antigang depuis une semaine) et organisés (on ne les retrouvera jamais), même si la moto Honda de type enduro cale, dans un premier temps, devant le bar chic où se produit le choc.

« Le Belge a passé la majeure partie de sa vie de voyou en prison. Quand il ressort, après une nouvelle condamnation, en 1992, il a récupéré sa caution d'une brique et demie et s'installe à Paris pour "profiter", analyse l'inspecteur Clémentini, ancien pensionnaire de l'Évêché. Le caïd concentre ses activités dans la capitale, où il se marie et mène une vie de grand bourgeois, tout en rentrant un paquet d'oseille du gain des machines à sous clandestines, gérées par une équipe essentiellement maghrébine, et de la prostitution, autour du Triangle d'or. À Aix, son clan a les boîtes, et à Marseille, il a beaucoup délégué au Mat et ses alliés, ce qui ne sera pas un bon calcul. »

Le 22 mars 2000, Francis le Belge est arrêté dans une affaire de proxénétisme et libéré sous caution judiciaire. Il

---

6. Thierry Colombié, *Le Belge*, Stock, tomes 1 (2002) et 2 (2003).

effectue plusieurs allers-retours en Corse, sept selon les flics. Le ton serait monté entre le Belge, réputé avoir mauvais caractère, et le gratin insulaire, de la Brise de mer (au Nord) et du clan Jean-Jé Colonna (au Sud). Six mois après, le beau mec n'est plus. Exécuté de trois balles finales, dont deux dans la tête. « Je sursaute toujours quand j'entends dire que le Belge, avec qui j'ai grandi à la Belle-de-Mai, était le parrain de Marseille, dit Milou Diaz. Ce n'était pas un homme de poids, il n'a jamais été entouré de vingt soldats prêts au sacrifice pour défendre son général. Et le Gebel, un personnage de roman, scintillant, loin de la discrétion des plus puissants, n'avait pas de réelle influence sur le milieu corso-marseillais : on le verra vite fait après sa mort… »

> « Mon frère, on lui a assassiné ses trois amis. Il a vengé ses amis. Il est mort à 54 ans et a passé vingt ans en prison, dit sa sœur Simone Vanverberghe à *20 Minutes* en 2019. Il n'a jamais contesté que c'était un voyou et qu'il n'avait commis aucun délit. Tout le monde ne peut pas commettre des braquages, il faut du courage ! Dans ce milieu, il y avait des règles. Même chez les plus tordus, même ceux en guerre contre mon frère. Par exemple, ils n'ont jamais tué la femme ou la sœur de l'un d'eux. C'était entre hommes que cela se passait. Et si mon frère a été tué, ce n'est pas parce qu'il n'avait pas respecté les règles, c'est que d'autres, des jaloux, voulaient sa place tout simplement. »

L'analyse du « faux parrain » se tient : le Belge, enchristé pendant plus de 20 ans et loin de la Canebière une fois dehors, n'a pas été vengé. Même si ses neveux avaient abattu le présumé commanditaire à Gennevilliers (le 25 juillet 2001, Djilali Zitouni, un indic, qui fait dans les baraques) et son exécutant (Boualem Talata, dit Boubou, ancien boxeur et ex-garde du corps de l'humoriste Jamel Debbouze, en octobre 2000), *a priori* une double fausse piste. Un, son premier cercle ne sait pas d'où vient le coup : Paris, Marseille ? Et deux, il n'aura pas le temps de réagir car il sera éliminé avec rapidité et méthode. La signature d'une très grosse équipe.

*

Tous les proches du Belge sont en effet tués entre 2000 et 2002 : ses neveux Jean-Louis Marocchino et François Vanverberghe, fils de José, ancien footballeur pro, ses gâchettes présumées Laurent Boglietti, Jean-Jacques Maillet et Gilbert Mesguich, ses lieutenants à Aix-en-Provence, Jean-Claude Zamudio, dit Coco, directeur du Mas, annoncé un peu vite comme son successeur, et Jean-Marc Verdu. Tony Cossu, lui, est tombé dans l'affaire Topaze, un trafic de stups entre le Brésil, le Maroc et la France. Arrêté à Madrid en 1998, l'Anguille est condamné à 26 ans de prison, avant une libération conditionnelle en 2009.

17 octobre 2002 – 21 h 20, Pont-de-l'Arc, Aix-en-Provence

Jean-Marc Verdu, 49 ans, directeur du *Rétro 25*, est tué le 17 octobre 2002 de 15 balles de 9 mm alors qu'il circule à scooter à l'entrée sud d'Aix. Il se rendait au *Bistrot Aixois* lorsqu'il est abattu vers 21 h 30 par deux tueurs à scooter eux aussi. Là encore, Verdu a « vu arriver la moto », *a priori* il connaissait même les exécuteurs du contrat. Dans les milieux, des flics et des voyous, on sait d'où vient le coup. Mais personne ne sera condamné. Verdu était le dernier symbole du Belge sur Aix. Un homme à éliminer pour les nouveaux maîtres des lieux au fort accent corse.

Dans son livre de Mémoires, le commandant de police Pierre Folacci, ex-n° 2 de la BRB à Marseille[7] revient longuement sur l'épisode de la guerre des boîtes que ce flic de terrain à l'ancienne a suivi de très près, jusque sur les parkings des discothèques – et sur ses liens « amicaux » avec Jean-Marc Verdu, le patron du *Bistrot Aixois*. Et Coco Zamudio : « Dans ce milieu pour le moins interlope, ils étaient atypiques. Des garçons intelligents et cultivés, avec beaucoup d'humour. Au gré de nos discussions, chacun finissait par oublier qui était l'autre. Ce que j'appréciais. »

> « Je déjeunais de temps en temps à la brasserie avec Verdu et on parlait de tout et de rien, écrit-il. Fréquenter des gens qui sont réputés proches du milieu permet de sentir la température de celui-ci : on sent les alliances et les mésalliances des équipes, l'air du temps. J'aimais bien Jean-Marc Verdu, il avait de l'humour et, surtout, il aidait beaucoup de monde, honnêtes ou truands. Rien à voir avec le surnom dont il était affublé dans la documentation de mon service, le Sanguinaire ! J'ai essayé de savoir d'où venait cette info, mais même

7. Pierre Folacci, *Condé. Un flic à la PJ*, La Manufacture de livres, 2017.

les plus anciens n'en savaient rien. Les mystères de la documentation criminelle… »

Plus tard, dans un entretien à *La Provence*, le 27 décembre 2017, Pierre Folacci précisait sa pensée à propos du patron du *Bistrot Aixois* : « J'ai voulu remettre les choses à leur juste place. Ce n'était ni "un sanguinaire" ni une balance. Ce n'était pas un saint, mais sa réputation était surfaite. Il aimait bien s'encanailler, mais il avait des valeurs. Il est mort pour rien, il ne représentait un danger pour personne. Or, c'était un symbole fort à Aix, le dernier survivant du clan du Belge. Il a aidé beaucoup de monde, voyou ou pas. Ceux qui l'ont tué en font certainement partie. »

« Du barouf dans ses bars à hôtesses »

Vingt ans après, la mort de Francis le Belge reste un mystère. Nord-Africains et gitans parisiens, en concurrence avec l'équipe du Belge sur les baraques et le racket, Corso-Marseillais ou coup mortel venu de l'intérieur ? « La première hypothèse tient la route, dit un spécialiste du milieu, au motif que le Belge, qui n'était plus rien sur Marseille puisqu'exilé à Paris par les Cassone/Barresi, aurait fait du zèle, mais pour quel motif ? » Dans un cercle restreint d'affranchis marseillais, le nom de Joël le Turc circule comme étant l'instigateur venu de l'intérieur. Un homme du premier cercle l'aurait mené en belle ? Souhel Hanna-Elias, ex-associé de Raymond Mihière monté à Paris début 1990, était son lieutenant dans la capitale. Et le jour même de l'assassinat du Belge, Joël le Turc a déjeuné avec son patron et un autre de ses hommes, le beau mec Jean-Philippe Ottmann, dit le SS. « Le Turc n'a pas réagi pour venger le Belge, et il en est mort quelques années plus tard… »

« La PJ parisienne s'est orientée et a été orientée vers les voyous maghrébins de Montreuil (menés par les caïds Nordine Mansouri et Imed "Jo" Mohieddine) au début, confient les journalistes Brendan Kemmet et Stéphane Sellami. Cette piste n'a rien donné et la prestigieuse brigade criminelle de Paris a ensuite travaillé autour des Corso-Marseillais. Nous pensons approcher de près la vérité dans notre livre[8]. Et si le Belge n'a sans doute pas été assassiné par des Maghrébins, il semble qu'ils aient été sollicités par les Corses pour saper son autorité en faisant du barouf dans ses bars à hôtesses. La plupart de ces gens sont toujours vivants. »

Plusieurs sources concordantes, dont celle de la police judiciaire, *in fine*, ramènent à cette seconde version, qui n'exclut pas l'hypothèse du Turc impliqué dans la mort de son boss. Une association de dangereux malfaiteurs corso-marseillais : l'alliance entre les « Italiens » de Marseille et les Bastiais de la Brise de mer[9]. Dans une synthèse datée de 2005 sur l'assassinat du Belge, l'Office central pour la répression du banditisme (OCRB) explique que « Roland Cassone et les frères Barresi ne se seraient pas opposés à ces arrangements afin de ne pas porter préjudice à cette entente et continuer à profiter de la situation. »

D'après les informations de *France Soir*,

---

8. Brendan Kemmet et Stéphane Sellami, *Maghreb connection*, Robert Laffont, 2021.

9. Jacques Follorou et Vincent Nouzille, *Les Parrains corses, op. cit.*, p. 426-427.

> « Il y avait un litige dans une histoire de racket sur un casino de la région niçoise. Le Belge avait encaissé sans redistribuer aux Corses. Et, surtout, son empire était convoité par eux. D'ailleurs, dans la capitale, un très célèbre organisateur de soirées et les tenanciers de bars à hôtesses versant la dîme au Belge vont être repris en main par le truand corse. "Ce ne sont pas les Hornec qui se sont installés à Paris mais les Corses", fait remarquer un fin connaisseur du Milieu. Enfin, ce sont des hommes de main de la Brise de mer qui sont suspectés dans les assassinats des proches du Belge qui vont suivre[10]. »

« Les Corsicos de la Brise, à l'époque, ils ont les dents qui rayent le parquet, l'île de Beauté ne leur suffit plus, enfonce le clou Doudou. Ils avaient la puissance de feu nécessaire pour éteindre tout le monde, jusqu'aux frères Perletto à Toulon, alliés du clan du Belge *via* Tony l'Anguille dans l'affaire Topaze. Alors le Turc, un tueur avec un nom qui finit en "i" ou en "a", peu importe. Quand tu regardes la suite, la Brise de mer a récupéré toutes les affaires du Belge à Aix, celles des Perletto dans le Var *via* des frères d'origine corse, des Corses de Toulon proches des Costa de Moltifao, et les Corso-Marseillais celles du Mat, qui va gentiment se mettre en retrait, à Marseille, ça vaut pour preuve, ça, non[11] ? »

---

10. Brendan Kemmet et Matthieu Suc, « Dix ans après, les policiers cherchent toujours les tueurs du Belge », *France Soir*, 25 septembre 2010.

11. Le 18 décembre 2013, le juge d'instruction parisien Patrick Gachon signe l'ordonnance de non-lieu de l'information judiciaire ouverte sur l'assassinat de Francis le Belge.

La guerre des bingos

Bingos, bandits manchots ou baraques, quèsaco ? « Baraque : machine à sous clandestine, le plus souvent installée dans des bars. Une véritable industrie, notamment en France, dont les acteurs principaux sont les placiers, les gérants de bars, les collecteurs et les banquiers. Une chaîne de la baraque qui tourne à plein régime depuis bientôt un demi-siècle », définit le spécialiste du crime organisé Thierry Colombié, dans son lexique *La Mafia pour les caves*.

Les bingos, ça rapporte gros

Il existe deux catégories de machines à sous : celles légales des casinos, autorisées au compte-gouttes par le ministère de l'Intérieur, qui rapportent *via* le fisc un bon paquet de milliards à l'État, tout comme les recettes du PMU et de la Française des jeux, et celles d'un autre type de « bandits manchots » parfaitement illégaux. « L'accroissement de leur nombre et les conditions de leurs implantations posent de graves problèmes à la Police française, indique un rapport parlementaire du Sénat présenté en PACA au début des années 2000. On estime qu'au regard des 13 000 machines installées dans les casinos, existe un "parc" de 6 000 appareils clandestins installés dans les bars de province et de 400 en banlieue parisienne. »

En réalité, on est plus proche des 100 000, selon une source policière! Et dans les années 1990, l'implantation des bingos, véritable vache à lait du milieu, est en pleine expansion dans les cafés de Marseille et ses environs. Tous les voyous, petits et gros, placent des flippers trafiqués un peu partout, surtout dans les quartiers de flambeurs! À l'époque, seuls la France et le Portugal n'acceptent pas de placer les machines à sous dans les cafés ou les bars. « Moi, j'étais à fond dans les bingos, j'étais un intermédiaire entre le placier, qui travaille pour un réseau, et le chef, qui ramasse la mise, dévoile Gaspard. Les bingos ont remplacé les gagneuses car, contrairement aux prostituées, ils ne balancent pas, ne sont jamais malades et rapportent un paquet d'oseille (grand rire) ! »

Les machines à sous – lancées par le mafieux américain Franck Costello dans les années 1930 – sont apparues pour la première fois en Europe en Grande-Bretagne (les *pinballs*) dans les années 1960. En France, elles ont été autorisées avant d'être interdites par le pouvoir socialiste. Et de revenir dans les débits de boissons. Le Napolitain Gaetano Zampa – « seul grand voyou français à avoir tenté d'imposer dans son rang une initiation sur le modèle mafieux sicilien », selon le criminologue Xavier Raufer – a été le premier à lancer le business des baraques autour de l'étang de Berre à la fin des années 1970.

Ce nouveau marché a retrouvé du dynamisme car, il est moins risqué pénalement que celui des braquos, du trafic de drogue ou de la prostitution. « C'est un travail de pro, géré par des gangs organisés, dit encore Gaspard. Pour un bingo, tu prends moins cher [en années de prison, NDLA] qu'un proxo, mais tu risques gros quand même ! Dans cette guerre, beaucoup de voyous y ont laissé leur peau, car la concurrence est rude et féroce. Tu peux gagner jusqu'à 80 000 balles (francs, 12 000 euros environ) par mois et par machine… »

Surtout, les baraques permettent au milieu d'encaisser des sommes records, « des recettes faciles et régulières » investies vers des activités diverses et variées et plus haut de gamme comme l'achat de stupéfiants, le trafic de voitures volées ou les vols à main armée.

> « Les bandes criminelles les plus puissantes engagées sur ce marché ont désormais une surface financière telle qu'en cas de fermeture administrative (pour un semestre par exemple) d'un débit de boissons détenant leurs machines, elles couvrent le manque à gagner du patron pendant six mois, s'il accepte de reprendre les baraques du gang à sa réouverture ! », écrivent dans leurs travaux de recherche Xavier Raufer et Stéphane Quéré[1].

Entre les goudes et l'Estaque, les bingos sont l'apanage des gros, du Mat, *via* André Cermolacce, dit Sacoche ou Gros Dédé, de ses « amis », Roland Cassone, Bernard Barresi, Loule Pironti, et du Chinois. Francis le Belge, lui, a chargé son lieutenant Jean-Claude Zamudio, le roi de la *night* à Aix-en-Provence, de gérer son immense capital

1. Xavier Raufer et Stéphane Quéré, « Machines à sous et criminalisation en France », Université Paris II – Panthéon-Assas, septembre 1999.

« baraques » dans le grand Sud. Le Belge est aussi en place à Paris *via* Souhel Hanna-Elias et ses sbires. Jeannot Toci et son équipe optent pour le pourtour de l'étang de Berre, industriel, de Marignane à Martigues en passant par Port-de-Bouc, Fos-sur-Mer ou Istres et sa base aérienne gigantesque, le Vaucluse, les Alpes-de-Haute-Provence et le Var.

Sur ce secteur de l'étang de Berre, Toci n'est pas tout seul. Le gang des Salonais de Farid Berrahma, dont on reparlera, d'Éric Schöne et des frères Fuentes a pris de l'épaisseur. Toci n'est pas tout seul non plus dans les départements voisins, du Gard et du Vaucluse : ses anciens lieutenants, associés à Marc Monge, un voyou de Carpentras un peu, beaucoup fada, veulent casser la baraque [lire « Toci, c'est fini »]. Une chose est sûre : la guerre des bingos ne fera pas de cadeaux !

L'extension du domaine de la lutte

Marc Monge, dit le Diable, le Boiteux (à la suite d'une blessure à la jambe) ou le Blond, encore un, se prend pour le pape des jeux clandestins du côté d'Avignon ! Les flics ne savent plus où donner de la tête. « Même s'ils ne s'investissent pas trop pour les bingos, constate Gaspard, c'est rasant, les planques, trouver les bars louches, et puis ça reste un délit mineur. Les condés laissent le milieu faire la police lui-même ! »

Les équipes de Nîmes, Avignon, Salon, Marseille s'affrontent sans merci et les cadavres se ramassent à la pelle dans cette guerre des bingos : entre 1995 et 2002, le bilan comptable est de 65 homicides ! À Toulon et Nice, autour de l'établissement sélect l'*Iguane café*, propriété du caïd local, c'est l'hécatombe. Mais là, plutôt pour des histoires de recomposition naturelle du milieu. Les autorités s'inquiètent devant les exactions de la génération montante. « Ce sont des fauves, des assassins impitoyables et sanguinaires », dit un policier du Midi. Avant le tournant de l'an 2000, toute l'équipe Toci est décimée. Amis comme ennemis : Serge Martin et Alain Paparella, passés dans le camp du Diable sont refroidis en 1997 et 1998. En septembre 1999, le restaurateur André Mas, le caïd d'Avignon, en lien avec Monge, est abattu de cinq balles de gros calibre, après avoir été tabassé à coups de barre de fer !

À la fin de l'ère Zampa, le Chinois – avant plusieurs séjours en prison qui l'excluent du jeu – semblait avoir pris la main au moment où Toci et ses lieutenants se font plomber. Monge, à la tête d'une bande qu'il croit solide et derrière une société écran, entre dans la danse face à de grosses équipes de jeunes loups désireux d'accéder aux trafics les plus juteux : Raymond Mihière à Marseille, Farid Berrahma à Salon-de-Provence et Raymond Houlonne à Nîmes.

> « Monge avait tout pour devenir un Fargette, c'est-à-dire un caïd, sauf la tête froide, écrit Jean-Pierre Hernandez, dit Gros Pierrot, voyou de la French, natif de Carpentras comme le père Monge, Serge, abattu en 1977. J'ai été contrarié quand j'ai su que Zampa avait passé la main à Marc sur les machines à sous du Vaucluse. Je l'ai dit à Jeannot (Lucchesi) et à Tany. Marc n'avait pas l'équilibre nerveux pour gérer un secteur aussi sensible, et c'était l'exposer

beaucoup que de lui confier. Même s'il s'en est plutôt bien sorti[2]... »

8 janvier 2000 – Feu rouge à Saint-Ouen, banlieue parisienne

Des années plus tard, Le Diable, « qui était plein de conneries », selon Gros Pierrot, se fait tirer par la queue à Saint-Ouen, le 8 janvier 2000, après une traîtrise, selon la police. Monge est tué sur les coups de 13 h 30 de quatre balles dans la tête, à bord de sa Volvo rouge. Son beau-frère était assis à côté de lui. Le milieu a aussi évoqué la piste Hornec, des gitans influents de la capitale. Lesquels auraient vu d'un très mauvais œil les ambitions parisiennes de Marc Monge. Ses deux adjoints, Gérard Privat, 45 ans, et Éric Schaefer, 38 ans, ont subi le même sort en juin 1999 et en mars 2000. Le clan Monge, une vingtaine de personnes, est arrêté et traduit en justice...

À Marseille, l'élimination de Monge, « en guerre avec tout le monde », a un impact. Le lendemain de sa mort, son relais sur le Vieux-Port est abattu : Roger Spanu, 36 ans, est tué le 9 janvier. Lieutenant d'André Cermolacce, lequel avait rejoint Le Mat à la mort de Zampa avant de rouler pour son compte avec la bande de l'Opéra, Petit Roger, « un peu proxo, grand fan de bingo », est flingué en sortant de la pizzeria de sa concubine, *La Dolce Vita*, par deux tueurs à moto. Ce Petit Roger-là est à ne pas confondre avec

2. Jean-Pierre Hernandez avec François Mattéi, *Confessions d'un caïd*, Le Moment, 2011.

Pierre-Roger Giardino, 58 ans, abattu le 19 septembre 1998 sur le Vieux-Port par deux hommes à moto. L'autre Petit Roger était considéré comme un proche de la Brise de mer et le porte-serviette de Cermolacce.

Opération Topaze

En 1998, Gros Dédé, poids lourd du mitan, est parti en zonzon, tout comme le Chinois, coffré deux ans plus tôt ! Des années plus tard, en 2016, Cermolacce, accompagné au tribunal de son ami et vieux complice Richard Laaban, tous deux fichés au grand banditisme, reviendra devant la justice, toujours à cause des machines à sous, « pour non-justification de ressources au regard de sa villa avec piscine à Cassis, mais aussi de ses nombreuses locations de voitures pour se prémunir, dit-il, de tirs homicides[3] ». La preuve que les tirelires du milieu rapportent gros…

Cette fin de décennie 1990 est à marquer d'une pierre noire pour le milieu méditerranéen, qui s'internationalise et travaille toujours en réseau, puisqu'à la guerre des bingos s'ajoute l'échec retentissant de l'opération Topaze. Ce trafic de drogue à l'échelle planétaire, en lien avec un narcotrafiquant mexicain, où l'on croise des pointures proches du Belge (Tony Cossu, les frères Perletto de Toulon, l'ancien de la French Jean-Claude Kella, Jean-Pierre Gandebœuf du gang des Lyonnais, etc.), engendre des arrestations et des réglos en suivant.

---

3. David Coquille, « "Gros Dédé" revient pour des machines à sous », *La Marseillaise*, 27 septembre 2016.

De son côté, Marc Monge avait vu trop gros. Trop haut. Avant de se faire allonger, le caïd vauclusien était parti en guerre dans le Gard. À Nîmes, un second marché par rapport à Aix-Marseille, il se frotte à Serge Leynaud, le parrain à l'ancienne du cru, buté quelques mois avant lui, le 12 mai 1999. Une réplique à la mort le 17 avril 1999 de Jean-Luc Montané à Pont-Saint-Esprit. Le lieutenant de Leynaud, Jean-Michel Michellucci, est exécuté à Nîmes trois semaines plus tard. Il pleut des balles à Nîmes, Alès et Pujaut. Bilan : dix morts gardois pour des bingos ! Les investigations sur la mort de Serge Leynaud[4] n'ont jamais abouti. Et la guerre du Gard, entre les clans Pérez et Houlonne, perdure…

Le gang des Salonais

Salon-de-Provence, ville provençale de 50 000 âmes surtout connue pour sa base aérienne, est située à 50 bornes de Marseille. C'est ici, dans un quartier du nord de Salon, que Farid Berrahma, dit Fafa, pour sa famille, ou l'Indien, « légende » du narcobanditisme des cités, commet ses premiers faits de délinquance. Avant de passer la vitesse supérieure en intégrant la bande d'Éric Schöne, un ancien légionnaire, caïd local qu'il aide à effacer le clan adverse, celui des Belayel. Salon, en 1990-1991, c'est un petit Paris des années 1970 avec cette guérilla ultraviolente, mélangeant des équipes mixtes de pieds-noirs, gitans, Gaulois et Maghrébins, qui

4. Interview du directeur du SRPJ de Montpellier, Gilles Soulié, *Midi libre*, 9 octobre 2013.

laisse sur le carreau tout le clan Belayel (Hacène, Mustapha, Nicolas, puis Rachid en 1994).

Farid l'Indien, né en 1966, natif lui aussi de la Belle-de-Mai, a connu un parcours de voyou incandescent, digne d'un Tony Montana, héros de *Scarface*, d'où le terme de légende employé dans les quartiers nord de Marseille où on le présente, de manière un peu trop caricaturale, comme le premier « parrain » maghrébin. « Plutôt une sorte de trait d'union entre le banditisme des héritiers de la French Connection et les caïds des cités, il demeure le modèle de ces quelques jeunes que le crime chatouille », dit Philippe Pujol, journaliste qui a longtemps enquêté sur les quartiers nord de Marseille [lire « La guerre du shit »].

Son parcours express de voyou est digne d'un film de gangsters hollywoodiens : survivant d'une double guerre avec le gang des Salonais, externe puis interne, trafiquant de drogue au sein du réseau Topaze, dans le sillage de Tony Cossu[5], dont il s'entiche en prison, à Luynes (de 1991 à 1995), jeune patron de boîtes, bien implanté dans le trafic de cannabis dans les quartiers nord de Marseille, où le clan Tir l'accueille à bras ouverts, Farid Berrahma, la trentaine triomphante, est un caïd craint et endurci à la fin des années 1990.

À la tête d'une nouvelle équipe – les Gremlins, issus des cités marseillaises –, Fafa s'en va en guerre contre ses anciens associés du gang des Salonais, pour la conquête entre autres des bingos, dont plusieurs centaines sont disséminées à Marseille et autour de l'étang de Berre. Ainsi va la vie du milieu. Éric Schöne est tué à 44 ans le 25 juillet

5. Frédéric Ploquin, *La Prison des caïds*, Plon, 2011.

1998. Il reçoit 15 balles en plein centre de Cavaillon ! Les ripostes s'enchaînent à coups de « barbecue ». Le Gris serait l'inventeur de la méthode : il fait tuer ses victimes d'une balle dans la tête, puis elles brûlent dans une voiture, d'où son surnom donné par la presse locale de Rôtisseur.

Fafa sent que c'est chaud, sans jeu de mots, et part se planquer en famille sur la Costa del Sol à Benalmádena. Une vingtaine de cadavres plus tard, dont ceux de l'ancien boxeur Abdel Djendoubi et du caïd Raphaël Liminana, puis des Fuentes, beaux-frères de Schöne, le gang des Salonais n'est plus. Et Fafa a disparu. Ou plus exactement, il est en prison, depuis novembre 2001, arrêté dans le sud de l'Espagne puis transféré en France où il est entendu pour sa participation au fameux trafic Topaze.

Les Corses entrent en guerre

Farid Berrahma, mis en examen dans le dossier Topaze, mais relaxé dans la procédure des machines à sous en avril 2005, sort de prison l'été suivant et est éliminé, un an plus tard, le 4 avril 2006. Que s'est-il passé ? Le caïd des quartiers nord de Marseille a perdu la plupart de ses positions durant son séjour en zonzon. Et repart, tel un mort de faim, à la reconquête de son territoire autour d'un cocktail explosif : cannabis, haschich, boîtes et bingos. Problème : les Corses, les vrais, venus de l'île de toute Beauté, sont entrés dans le jeu provençal après la mort de Francis le Belge. Et les Corsicos, surtout ceux issus de la Casinca, portant le doux nom de Bergers-Braqueurs, ne comptent pas se laisser bousculer par les « Arabes »...

Le « suicide » de Fafa

Farid Berrahma, *alias* le Gris, se sait condamné par un cancer (de l'estomac) et suit une chimio depuis l'âge de 17 ans. Fafa vit sa vie de voyou comme un fada en sursis. Sa carrière, l'Indien la mène tambour battant. Il veut tout et maintenant, sans perdre de temps. Multipliant les coups fourrés et les coups de force. Dans la violence la plus extrême, marque de fabrique de ce néobanditisme issu des cités. Il prend aussi l'habitude de commander l'élimination de ses anciens partenaires par de nouvelles… têtes brûlées. Dans le 15e, une guerre éclair début 2006, entre Bouraoui Ghardaoui, côté Berrahma, et Farid Regaoui laisse ainsi les protagonistes sur le carreau.

Farid Berrahma veut rebondir sur tous les fronts : le shit, à Marseille, dans les cités, les bingos et belles affaires (boîtes, brasseries, bars), autour d'Aix, dans les beaux quartiers. Souci : les Corses ont pris leurs aises sur le cours Mirabeau depuis l'extinction du clan du Belge et d'équipiers de Berrahma (morts ou en prison). Les *figatellis*, comme les appelait Zampa, qui rackettent et gèrent les baraques aixoises, ne sont plus les amis de Berrahma : l'essentiel de l'équipe de Jacques Mariani, fils de Francis, baron de la Brise de mer, est à l'ombre lorsque leur allié Fafa sort de prison [lire « Merlini tombe avec Mariani »].

À leur place, à Aix-en-Provence, on continue de *« parlà corsu »*, *« ancu più forte »*. Les Bergers-Braqueurs de Venzolasca d'Ange-Toussaint Federici, dit Santu, le chef du clan venu de la plaine de la Casinca au sud de Bastia, ont du répondant. Et des arguments. Les truands du cru ne la ramènent pas trop face aux frères Federici, à Bastiani, Buttafoghi, Acquaviva, Quilichini et Germani, le beau-frère de Richard Casanova, autre cador de la Brise de mer, en froid avec Francis Mariani. Le seul à s'y risquer, c'est Fafa !

« Il n'avait peur de rien quand même, l'Indien, dit Doudou le Marseillais. Paraît qu'il a même été leur parler mal à *La Rotonde*, le QG chicos des Corsicos, tenu par un homme d'influence. Même s'il était accompagné, fallait oser ! »

Berrahma ose tout et commet, le 23 mars 2006, son ultime faute de goût. Son équipe aurait mis à l'amende un restaurateur d'origine corse, lequel n'aurait pas voulu des bingos du Gris : Roch Colombani reçoit 60 balles, oui 60, d'armes en tout genre (pistolet-mitrailleur, 11.43, fusil de chasse) dans son 4x4 Mercedes du côté de l'aéroport de Marignane ! La bande à Fafa ne le sait peut-être pas, mais le Corse de Vitrolles, 36 ans, est un ami intime du fils de Santu et un proche de la famille Costa, autre branche de la Brise de mer implantée à Moltifao. « Là, c'était fini pour lui, il était cuit, si je puis dire », résume Le Roucaou.

4 avril 2006 – Bar des Marronniers, *Marseille 13e*

Dix jours plus tard, le 4 avril, une équipée sauvage arrose le bar des Marronniers, le QG du clan Berrahma dans les quartiers nord de Marseille, dans le 13e ! Attablé devant un match de foot avec deux de ses hommes, le Rôtisseur est tiré comme un sanglier par une demi-douzaine de chasseurs insulaires en colère débarqués en Audi et BMW ! Le jour du 37e anniversaire de Roch Colombani. Berrahma, armé d'un pistolet Glock, l'arme des pros, avec lequel il aurait répliqué, est tué de 14 balles, Radouane Baha meurt sur le coup, Heddie Djendelli après son transport à l'hôpital. « Il devait subir la semaine suivante une ablation de son estomac, mis en charpie par près de vingt ans de chimio, de cocaïne et d'ulcères, avec peu de chances de s'en sortir, dit Philippe Pujol. Comme un Viking, il aura préféré mourir l'arme à la main. »

Farid Berrahma ne se laissait pas approcher facilement. Les Corses avaient eu un renseignement et n'ont pas lésiné sur les moyens pour le supprimer, « car ils le craignaient ». La méthode n'a pas convaincu l'ancien tenancier de bar de la Plaine : « Les Corses n'ont pas fait dans la dentelle, hein. Ils sont entrés dans le bar et ont tout arrosé, comme au *Tanagra* ou au *Téléphone*. Sauf que là, ils ont laissé des traces de sang dans la fusillade. Leur chef est touché et sera arrêté à cause de son ADN... Je les pensais plus malins, les Corses. À moins qu'ils aient voulu faire un exemple pour les autres racailles des quartiers ? S'ils avaient flingué l'Indien discrètement comme deux de ses hommes dont un Corse d'ailleurs[1], trois jours après, qui peut dire que leur chef, Santu, aurait été coffré ? Dégun ! »

Santu, c'est Ange-Toussaint Federici, dit aussi ATF, chef du gang des Bergers-Braqueurs de Venzolasca[2]. ATF a été touché au genou dans la fusillade des Marronniers. *A priori* par un membre de son gang. Lequel sera d'ailleurs tué en novembre 2014, en plein jogging, à Vignale par un tir de chevrotines dans le dos – l'arme favorite des voyous, car le plomb n'a pas d'identité balistique. Une condamnation à retardement ? Au bout de sa courte cavale, le chef des

1. Michel Filippi, racketteur de 35 ans, et Abderamid Rerbal sont tués à Marseille et Bouc-Bel-Air par des hommes à moto.

2. Le frère aîné d'ATF, Balthazar, est maire du village. Son fils, Augustin, s'est tué dans un accident de la route en mai 2010. Son autre fils, Pierre-Jules, serait « l'homme fort de la famille, en l'absence de son père (Ange-Toussaint) et de son oncle (Jean-François) – les deux piliers du clan – incarcérés », « il est chargé de la gestion des activités économiques du clan », notamment la société de fret aérien Casinc'Air basée à l'aéroport de Bastia (« Les Nouveaux maîtres de la Corse », enquête d'Hélène Constanty, *Médiapart*, juin 2019).

Bergers est arrêté en janvier 2007 et enfermé pour un bon bout de temps. Malgré Me Dupond-Moretti, et d'autres cadors du barreau, ATF a pris cher à Draguignan en appel : 30 ans pour ce triple meurtre. « Pour une fois que les poulets ont arrêté un Corse, un vrai, dans un règlement de compte, il a *mangé* (pris) pour les autres », pense Doudou.

Le gang des Bergers-Braqueurs, construit autour des frères Federici, et de leur ami d'enfance Jean-Luc Germani, fort du soutien de Richard Casanova, a pris de l'épaisseur au début du siècle et est l'égal de la Brise de mer, après en avoir été l'un des bras armés. La bande est influente à Aix-Marseille dans tous les trafics possibles et imaginables jusqu'à ce règlement de compte un peu trop voyant qui enverra son chef en prison à l'issue d'une rocambolesque exfiltration[3], suivi par le reste de son clan, d'abord ses frères Frédéric et Jean-François, puis Toussaint Acquaviva, ainsi que Jean-Pierre Anastasio dans une histoire de… calissons ! [lire « Aix, *terra corsica* »]

« Cette tuerie des Marronniers a été un tournant dans le milieu corso-marseillais. Les Corses ont perdu de leur prestige et les dealers des quartiers ont pris de la graine, estime un journaliste basé à Marseille. Berrahma avait douze adjoints, pas un de plus, pas un de moins, et la plupart s'entre-tueront pour prendre sa place dans les quartiers alors qu'avant, ils s'appréciaient et certaines familles mariaient même leurs enfants entre eux… »

3. Admis, *via* l'entremise de Paul Lantieri, patron de *La Rotonde* à Aix, et soigné à la clinique Clairval dans le sud de Marseille sous un faux nom, avant d'être sorti en toute discrétion par son premier cercle.

Vendetta Nord-Sud en Corse

En Corse, en 2006, la même année que la tuerie du bar des Marronniers, l'heure de la vendetta a sonné. Les protagonistes, issus de clans et bandes criminelles rivales, du Nord et du Sud de l'île, ne le savent pas encore, mais la guerre qui s'enclenche après l'assassinat, le 10 mars, du maire de Pila-Canale Robert Feliciaggi, roi des jeux en Afrique (au Cameroun, Congo, Gabon, Mali), intime de l'ancien président congolais Denis Sassou N'Guesso, et « associé » de Jean-Baptiste Jérôme Colonna, parrain de Corse du Sud sera la plus spectaculaire et sanguinaire de toute l'histoire du grand banditisme insulaire. Une véritable déflagration, un tournant, pour le milieu corse et… marseillais !

Les histoires de voyous corses finissent mal en général. Comme l'île, forte de 330 000 âmes, le milieu corse de ce début de siècle est coupé en deux : la Brise de mer, au nord du côté de Bastia, redoutable équipe de voyous constituée à la fin des années 1970, et le clan de Jean-Jé Colonna, autour d'Ajaccio, dans le golfe du Valinco, cohabitent, sans trop se marcher sur les pieds. Dans l'ombre des nationalistes. Les truands corses, revenus vivre et « travailler » au pays, contrairement à leurs aînés, ont profité, dans cette décennie 1980, que l'État traque sans relâche le Front de libération nationale corse (FLNC) pour faire fructifier leurs affaires.

« Lutter contre le crime organisé n'était, à l'époque, pas notre priorité, enfin pas celle de nos gouvernants… », raconte le major Mario (nom d'emprunt), ancien gendarme en Corse : « Brise de mer et clan Colonna géraient ensemble le trafic de coke pour la bourgeoise locale et la jet-set en vacances, jusqu'à ce que le FLNC, au début des années

1990, se déchire – entre autres sur la répartition de l'impôt révolutionnaire – et que certains nationalistes s'en mêlent car le mouvement, à la base antidrogue ("*Droga fora*"), a besoin d'argent. »

10 mars 2006 – 23 h 10, aéroport d'Ajaccio

Entre la Brise de mer et le clan Colonna, l'entente est plutôt cordiale jusqu'à la mort brutale, le 10 mars 2006, aux alentours de 23 h 10, sur le tarmac de l'aéroport d'Ajaccio de l'un des frères Feliciaggi, dit Bob l'Africain. Les Bastiais ne seraient pas directement impliqués dans la mort du rival commercial de Michel Tomi, autre homme d'affaires corso-africain, roi des casinos et du PMU en Afrique noire, considéré comme le « patriarche » et grand argentier du clan d'en face. Dans le sud de l'île, la situation est, en effet, tendue au sein de la voyoucratie locale. Ce meurtre, jamais élucidé, fait suite à une tentative de règlement de compte, un an plus tôt, sur Jean-Luc Codaccioni, « fils spirituel » de Michel Tomi, et la mort le 15 août 2005 du restaurateur de poids Paul Renucci, vieil ami lui aussi de Charles Pasqua[4] proche de Bob l'Africain et Jean-Jé.

---

4. Charles Pasqua, dit le Vieux Lion, est mort à 88 ans le 29 juin 2015. Cofondateur du SAC en 1958, le ministre de l'Intérieur préféré du RPR est présenté dans de nombreuses enquêtes comme « le dernier parrain de la Françafrique ». « J'ai des amis corses, et alors ce n'est pas un délit », a un jour déclaré celui qui n'a jamais été condamné (Elf, Angolagate), si ce n'est avec du sursis pour un financement illégal de sa campagne du RPF en 1999. Frédéric Ploquin, *Les Gangsters et la République*, Fayard, 2016.

La vendetta de ce début de siècle a des faux airs de la guerre des jeux des années 1960 entre les clans Andréani et Francisci [lire « La guerre des jeux »]. Ici, dans cette vallée des jeux, celle du Taravo, appelée le Triangle des Bermudes, les rois du tapis vert se font face : le clan Tomi à Tasso, celui de Feliciaggi et Colonna à Pina-Canale, sans oublier Zicavo, fief des Peretti et surtout Ciamannacce, bastion des Francisci. Le 10 août de la même année, 2006, le patriarche des jeux, le « politique » du clan, Roland Francisci, président du conseil général de Corse du Sud, meurt d'un cancer.

« La suprématie locale se joue au-delà des tables de poker, black jack et Punto Banco ; les cercles et les casinos, c'est pour blanchir, analyse le gendarme retraité. Pour s'enrichir, les Corses sont en place depuis belle lurette dans toutes sortes de trafics, notamment portuaires, comme celui juteux des bois précieux ! La mainmise sur les ports, et pas seulement autour de la Méditerranée, est ainsi primordiale pour ces réseaux criminels. » « À cette époque-là, on ne se tue pas seulement pour des parts dans un braquo ou une cargaison de shit, le morceau à partager ou à piquer à l'autre est beaucoup plus gros, il faut raisonner à l'international, regarder vers l'Afrique, l'Amérique du Sud et bien sûr le continent... », confirme un ancien membre du milieu insulaire.

2006, annus horribilis

Michel Tomi, 73 ans, affaibli par la maladie depuis de longues années, s'est enrichi au Gabon, où il est installé : il est le fils de Jean Tomi, autre proche de la galaxie Pasqua, maire de Tasso pendant 50 ans avant de céder le fauteuil à Marthe, la fille de Michel, en 2020. Robert Feliciaggi, né en Afrique du Sud, a également fait fortune dans les casinos et le PMU, en Afrique noire, et était, au départ, proche du vieux Charles et du clan Tomi. « Sauf qu'une embrouille autour du casino d'Annemasse a refroidi cette vieille amitié, affaire dans laquelle les trois associés ont été mis en examen en 2002 », précise l'ex-major Mario. Bob l'Africain a aussi quelques bingos dans le casino d'Ajaccio et des parts dans le club de football du Gazélec, qu'il a présidé, le GFCA, ennemi héréditaire de l'ACA, "sponsorisé" par le groupe opposé[5].

2006 est une *annus horribilis* pour les barons du Haut Taravo, nés après guerre dans cette Corse à l'ancienne, puisque, après le roi des jeux et l'élu, c'est *ciao* parrain : Jean-Jé Colonna décède le 1er novembre de manière accidentelle. L'ex-pilier de la French Connection, 67 ans, meurt à la suite d'une crise cardiaque au volant de sa Clio à Porto-Pollo dans le golfe du Valinco. Jean-Jé le discret avait été arrêté en 1974 pour trafic de stupéfiants, il s'était évadé l'année suivante. En 1985, après dix ans de cavale, du Brésil aux États-Unis, Colonna, resté proche du milieu corso-marseillais traditionnel, était revenu à Propriano, en Corse du Sud, d'où il faisait régner l'ordre. « Jean-Jé, c'est le plus gros voyou de l'histoire du grand banditisme français, digne de Pablo Escobar, sauf que lui, il ne tuait pas ! », décrit un journaliste corse.

5. Chaque clan avait « son » club : le Gazélec à Colonna/*Petit Bar*, l'ACA à Orsoni/MPA. De nombreuses victimes des règlements de compte à venir sont des dirigeants importants des deux clubs. « Ajaccio, liaisons dangereuses », dossier de *L'Équipe magazine*, 26 octobre 2013.

« En huit mois, Robert Feliciaggi, Roland Francisci et Jean-Jé Colonna sont morts. Ils avaient le même âge, venaient de la même vallée. C'est la fin d'une époque, entre politique, casinos et banditisme », écrit *Le Monde*, après les obsèques du parrain… au casier judiciaire vierge, excepté une récente condamnation à six mois de prison[6]. C'est peut-être la fin d'une époque, mais c'est surtout le début d'un affrontement sanglant entre deux camps, bien plus sauvage, avec davantage de dommages collatéraux, que celui des années 1960. Chaque clan, mafieux ou nationaliste, chaque bande, chaque famille îlienne doit, là encore, choisir son bord : les mariages et alliances de circonstances se décrypteront – ou pas – au fil des cadavres, des règlements de compte, des répliques mortelles, soit plusieurs dizaines de décès soudains qui ensanglantent la Corse depuis quinze ans.

*

Après la mort brutale du parrain et de Bob l'Africain, sans oublier la disparition inattendue de leur ami Le Pharaon, Paul Corticchiato, tué le 19 mai 2006, le clan du sud est décapité et se resserre autour de la bande dite du *Petit Bar* d'Ajaccio, *via* son boss, un lieutenant de Jean-Jé, Ange-Marie Michelosi. Le *Petit Bar*, sa force de frappe sur Aiacciu, ne tarde pas à affronter d'ex-nationalistes du MPA[7], réunis autour d'Alain Orsoni, dit le Bel Alain, revenu

6. Antoine Albertini et Ariane Chemin, « La fin des barons corses », *Le Monde*, 4 novembre 2006.

7. Mouvement pour l'autodétermination, ex-FLNC Canal habituel. Alain Orsoni, Gabriel-Xavier Culioli, *Un destin corse, le maquis ardent*, Jean-Claude Gawsewitch, 2011.

en Corse en 2008, après un long exil forcé en Amérique centrale, où il travaille pour une société de jeux espagnole (la Pefaco), à la suite de guerres fratricides entre « natios[8] », et de son fils Guy, allié au rejeton Codaccioni, lui aussi prénommé Jean-Luc. Des anciens du MPA, renommé par ses détracteurs « Mouvement pour les affaires », se frottent déjà, depuis le mitan des années 1990, aux intérêts du clan Colonna, notamment autour du casino rococo d'Ajaccio[9].

Alain Orsoni, le Papet, sosie officieux d'Yves Montand, président de l'ACA de 2008 à 2015, dont trois ans en Ligue 1 (2011-2014), devient vite la cible des médias – qui lui consacrent nombre de papiers et d'entretiens télévisés – et de ses ennemis. Le natif de Véro comprend qu'il joue sa peau. Plusieurs de ses proches, anciens du MPA, n'échappent pas aux balles. Dont l'avocat de la famille (Antoine Sollacaro) et le secrétaire général de l'ACA (Jacques Nacer). Dans un entretien à *France Football*, paru le 7 mars 2013, signé Yoann Riou, à Ajaccio, Alain Orsoni refuse de porter le chapeau que l'on veut lui faire… porter. Et coupe le journa-

8. Entre 1993 et 1996, les affrontements fratricides entre le FLNC Canal historique (Cuncolta) et le FLNC Canal habituel (MPA) provoquent des dizaines de morts. Les chefs de la Cuncolta (Armata Corsa), Jean-Michel Rossi et François Santoni, sont tués le 7 août 2000 et le 27 août 2001. Hélène Constanty et Benjamin Adès, *Une histoire du nationalisme corse*, La Revue Dessinée/Dargaud, avril 2021.

9. Roger Polverelli, ancienne figure du banditisme corse, est abattu dans le magasin de sa femme à Ajaccio le 25 août 2004. Ce voyou à l'ancienne, qui a bourlingué à Paris dans le milieu des cercles, aurait tenté de venir en aide à l'un de ses proches en délicatesse avec le *Petit Bar*. Polverelli était associé sur Ajaccio et le Sud à la fin des années 1980, avec le nationaliste Jean-Pierre Leca, ex-MPA, ponte du Canal habituel pour le contrôle des machines à sous. Ils détenaient ensemble *Le Must* à Sagone. La guerre entre le groupe Leca-Polverelli et la bande du Valinco a fait des dizaines de morts. Leca est abattu dans son bar le 16 février 1995.

liste au moment où celui-ci veut lui parler de sa « vie de nationaliste, d'organisateur d'attentats, avec les machines à sous, vos cavales… » :

> « Mais la vie que j'ai eue, je vous ai dit qu'on n'en parlait pas. Il y a suffisamment d'abrutis qui écrivent des saloperies en permanence sur mon compte… J'en ai assez qu'on raconte n'importe quoi sur moi. J'en ai marre de me faire bananer, de lire des papiers immondes, des conneries innommables sur mon compte. Je suis un type qui a fait un certain nombre de conneries et c'est vrai que je les ai même écrites. Je les assume. Soyez gentils : ou on parle du club et du foot ou on arrête tout de suite. […] Je suis en permanence "suspect de" uniquement par rapport à mon passé. J'ai des enfants, une famille et quand j'entends les conneries que l'on raconte sur moi, ça me met hors de moi. Je suis arrivé à ne plus accepter aucune interview, sauf dans le domaine du foot. Mettez-vous deux secondes à ma place. On continue de m'habiller avec des costumes que je n'ai absolument pas portés. Dire que j'en ai marre, ce n'est rien. Je suis désespéré par ça. »

Aujourd'hui, Alain Orsoni, 66 ans, serait reparti vivre définitivement au Nicaragua…

Intérêts divergents au sein de la Brise

« C'est difficile en Corse de schématiser, ce sont "les bleus contre les rouges", confie ce fin connaisseur du milieu insulaire. Les interconnexions et les alliances ont rendu cette hypothèse impossible. On ne meurt jamais pour une seule raison, m'a dit un jour un ancien nationaliste corse. Il y a des situations où l'occasion est provoquée, des poussettes, des accords... Difficile parfois de savoir si tel règlement de compte est une vendetta ou une riposte. C'est un contexte explosif qui ne va épargner personne. Et sûrement pas les petits voyous qui jouent les durs... »

Le clan du Nord, lui, s'effrite à cause de l'appétit vorace, des intérêts divergents et au final de la haine féroce que se portent deux de leurs chefs. La Brise de mer se fissure : d'un côté, le pilote de rallye émérite François Marie dit Francis Mariani, ami de Michelosi, qui se rapproche du Sud, de l'autre le beau voyou Richard Casanova, 48 ans, protégé d'oncle Tomi, cerveau présumé du casse du siècle de l'UBS à Genève[10] et qui peut compter sur la puissance de feu de son beau-frère, Jean-Luc Germani, proche de la bande des Bergers-Braqueurs des Federici, jusqu'à l'arrestation et le long séjour en prison de son chef, Santu, en janvier 2007.

23 avril 2008 – Parking de la concession Volkswagen, Porto-Vecchio

Les deux firmes trafiquantes principales de l'île, leurs associés & Co, se font face, lourdement armées et sérieusement déterminées. Ces clans de type mafieux ont largement infiltré l'économie corse : immobilier, sécurité, BTP, déchets, football.

10. Vincent Nouzille, « Le roman noir de la mafia corse », enquête in *Le Figaro Magazine*, 4-5 juillet 2014.

Visent les chantiers phares, des ports et complexes hôteliers. La guerre d'*ego* entre Francis Mariani et Richard Casanova, lesquels lorgnent les mêmes marchés sudistes, va s'achever dans le sang. En avril 2008, Mariani croise à Porto-Vecchio, *a priori* par hasard, son grand rival Richard le Menteur. Et le supprime le 23 avril, froidement, devant une concession automobile, selon les confidences écrites noir sur blanc par son garde du corps et factotum, le repenti Claude Chossat[11]. Francis Mariani meurt à son tour le 12 janvier 2009, dans l'explosion d'un hangar situé dans le nord de la Corse. De manière accidentelle ?

Jean-Luc Germani est orphelin du soutien de son beau-frère, présenté comme le personnage central du banditisme français avant son décès[12]. Le Corse doit reprendre le flambeau : « Il a pris le contrôle des activités du clan Casanova (extorsion de fonds) et récupéré le patrimoine de son beau-frère (intérêts immobiliers, prise de participation dans les cercles de jeux, etc.) », analyse le Sirasco en 2015[13]. Et il est signalé par la police, à la suite de dépositions sous X d'un proche du clan Colonna et de Jean-Toussaint Michelosi, frère de feu Ange-Marie, comme le principal intervenant avec sa garde rapprochée (Stéphane Luciani, Antoine Quilichini, Frédéric Federici) dans « la recomposition du milieu insulaire » depuis l'assassinat de Feliciaggi. Toujours selon le Sirasco, Germani a « mené une vendetta qui

11. Claude Chossat, *Repenti, un ancien de la Brise de mer raconte*, Fayard, 2017.

12. Brendan Kemmet et Mathieu Suc, « Sur la piste des parrains corses », *Aujourd'hui en France magazine*, 7 décembre 2012.

13. Selon un rapport confidentiel sur la criminalité en France en 2015 réalisé par le Service d'information, de renseignement et d'analyse stratégique sur la criminalité organisée (Sirasco).

s'est traduite par plusieurs règlements de compte » sur l'île et dans les Bouches-du-Rhône.

Des morts de la société civile

Les cadavres s'enchaînent entre 2008 et 2013. Avec 140 homicides relevés par l'Observatoire national de la délinquance! En plus de Casanova et Mariani, les principaux noms ronflants de l'île sont tués : Jean-Claude Colonna, Ange-Marie Michelosi, Daniel Vittini, Pierre-Marie Santucci, Francis Guazzelli, Charles-Philippe Paoli (militant nationaliste, proche de Charles Pieri, dit le Vieux), Christian Léoni (tué en réplique par le FLNC), Benoît Grisoni, Maurice Costa, sans doute, lui, dans une vendetta intrafamiliale au sein de la Brise de mer avec les Mattéi[14].

Alain Orsoni est victime d'une tentative de règlement de compte le 29 août 2008 à Ajaccio. Un ancien de ses proches, Alain Lucchini (ex-Conculta), est également visé fin 2008. La guerre déclenchée entre le *Petit Bar* et les fils Orsoni/Codaccioni fait une dizaine de morts, dont Thierry Castola, fils de feu Francis Castola, et les gardes du corps de son autre fils, Francis[15].

---

14. La famille Costa de Moltifao, cinq frères, « historique » de la Brise de mer, a enclenché une vendetta (alliée aux Federici) avec les Mattéi de Corscia.

15. Francis Castola père a été tué le 14 septembre 2005 devant chez lui. Le clan Castola s'est estimé lésé par Alain Orsoni suite à son expulsion du Nicaragua. Il réclamait un remboursement de son investissement. Thierry Castola, fils de Francis, est tué le 3 janvier 2009. Les deux gardes du corps (Jean-Noël Dettori et Nicolas Salini) de son autre fils, Francis Castola sont tués le 10 avril 2009. Francis Castola Jr, alors gérant du café *Le Petit Bar*, a été victime d'un guet-apens à son tour le 22 juin 2009 dont il réchappera.

La Chambre de commerce et d'industrie (CCI) de Corse du Sud – ses 50 millions d'euros de budget et ses centaines d'emplois – est le principal enjeu des groupes mafieux. Le conflit annexe, autour d'une société de sécurité d'Ajaccio, la SMS, opposant deux associés désormais en froid se termine par la mort des protagonistes : Antoine Nivaggioni, ex-MPA, proche du Bel Alain, le 18 octobre 2010, et Yves Manunta, en juillet 2012[16].

« C'est une période horrible, qui m'a terriblement marquée, témoigne une journaliste en poste à Ajaccio. Notamment les assassinats de Dettori et Salini en avril 2009 : il a eu lieu en plein jour, dans la région ajaccienne, à un rond-point, près d'un collège, il y avait même un barrage de gendarmes pas loin. Malgré tout, les quatre tireurs ont sorti les fusils de leur camionnette et arrosé la voiture des deux hommes en les tuant sur le coup. Le résultat n'était pas beau à voir. Une vraie scène de guerre, comme en Sicile. »

La vendetta corso-corse prend des proportions médiatiques considérables dans ces années 2010 car les morts sont également issus de la société civile. La signature du grand banditisme à coups de 11.43 : l'avocat du MPA Antoine Sollacaro, tué en octobre 2012, le président de la CCI de Corse du Sud, Jacques Nacer, en novembre 2012, un an plus tôt : le maire de Sant'Andréa-di-Cotone Dominique Domarchi, pilier de l'exécutif régional de Paul Giacobbi en mars 2011, la maire de Porticcio, Marie-Jeanne Bozzi, femme d'Antoine Bozzi et sœur d'Ange-Marie Michelosi,

16. Les jumeaux Pantalacci, fils de Francis, ex-MPA, proche d'Alain Orsoni, ont été inquiétés dans la tentative, le 8 novembre 2011, concernant Yves Manunta, sa femme et sa fille, mais innocentés. Marie-Françoise Stefani (journaliste à France 3 Corse), *Une famille dans la mafia*, Plon, 2020

en avril 2011, le chef d'entreprise (chantiers navals) Fabrice Vial en août 2011. Puis en 2014, en mars, Jean Leccia, directeur général des services du conseil général de Haute-Corse, et en avril Jean-Luc Chiappini, maire du village de Letia et président du Parc naturel régional de la Corse. Des meurtres restés impunis.

Durant ces années sanglantes en Corse, le conflit îlien s'étend sur Aix-Marseille et même à Paris, pour le contrôle de cercles de jeux [lire « Tensions sur les cercles »], où les clans mafieux en bisbille veulent reprendre la main sur le pactole au gré des soudaines disparitions et des séjours en prison.

Aix, terra corsica

À Aix-en-Provence, au tournant du siècle, le clan Mariani se sent comme chez lui. Racket de discothèques et exploitation de réseaux de machines à sous sont leur quotidien sur les cendres de l'empire du Belge. Dans la famille Mariani, il y a le père, Francis, et le fils, Jacques. Tous les deux ont le sang chaud et ont échappé à des règlements de compte avant de répliquer. Le père a été tué en 2009 dans la vendetta interne à la Brise de mer et le fils passe sa vie en prison, 35 ans dont sept à l'isolement. Mêlé à la fratricide guerre d'indépendance de la Corse, où se côtoient natios et truands dans la brûlante décennie des années 1990[17], le rejeton de la Brise de mer, objet d'une tentative de *flingage* non élucidée,

17. Jean-Michel Rossi et François Santoni, *Pour solde de tout compte. Les nationalistes parlent*, entretiens avec Guy Benhamou, Denoël, coll. « Impacts », 2000.

part en prison en 2001, accusé du meurtre de trois jeunes nationalistes. Il écope en 2008 de 15 ans de réclusion criminelle pour assassinat.

Ses proches (José Menconi, Alexandre Chevrière, le relais marseillais de la Brise de mer, visé par des tueurs en 2004, Alexandre Vittini, fils de Daniel) et ses soutiens actifs sur Aix (les braqueurs Nino Merlini, dit Bibendum, et Christian Oraison, le Grand Blond, de la Dream Team[18]), plongent eux aussi au début des années 2000. Leur allié marseillais Farid Berrahma est également au mitard. La place semble libre sur Aix et sa grande périphérie où s'engouffre, avec la force d'*u Libeccio*, la bande des Bergers-Braqueurs de Venzolasca, dès la sortie du cachot de leur chef, en octobre 2003, après huit ans de pénitence ! L'éternelle théorie des vases communicants du mitan !

À Aix-en-Provence, les adresses de prestige restent les mêmes, autour du cours Mirabeau. *Les Deux-Garçons* – les 2G –, la discothèque *Le Mistral* et la brasserie chic *La Belle Époque*, propriété d'un « cousin » de Venzolasca, Pierre Paul Alfonsi, figure locale, syndicaliste influent car président des cafetiers provençaux. Le patron de l'Umih (union des métiers et des industries de l'hôtellerie) en PACA, qui a fondé la « BE » en 1976, a été inquiété dans la longue cavale du braqueur Bernard Barresi, figure du milieu méridional, et ses affaires sur Aix pour lesquelles le Corso-Marseillais est revenu à la barre d'un tribunal en 2020 [lire « Des pontes

18. Ex-membres de la Dream Team des frères Bellanger, Crutel, Oraison et Merlini sont les auteurs du casse de la Brink's à Gentilly en 2000 avec Antonio Ferrara. Brendan Kemmet et Mathieu Suc, *Antonio Ferrara. Le roi de la belle*, Le Cherche-Midi, 2012.

oui, mais des Barresi »]. En 2009, Alfonsi, Aixois d'un jour mais Corse pour toujours, avait publié une lettre ouverte pour soutenir le domaine de Murtoli, situé en Corse du Sud, dans un litige juridique opposant Paul Canarelli à Anne de Carbuccia. Il est décédé d'une longue maladie en juin 2016. Son fils a repris « la BE » avant de la revendre à deux jeunes patrons aixois. Mais la plus belle pièce du puzzle corse reste *La Rotonde*.

ATF arrêté à Paris

« Qui tient *La Rotonde*, au centre du jeu, tient Aix », dit un vieux dicton du milieu. Les Corso-Marseillais s'y accrochent avec force outil de persuasion, depuis que Dominique Venturi, gros bras de Gaston Defferre, y a investi beaucoup d'argent. Paul Lantieri, dit le Grand, en est le patron, placé par Nique, l'officieux proprio. Issu d'une famille influente de Bonifacio dans le sud de l'île, avec ses frères hôteliers Antoine et Jean-Baptiste (dit Titi), son cousin Jean-Baptiste (dit Ati), maire de la cité touristique pendant vingt ans, Paul Lantieri a dirigé la boîte l'*Amnesia*, l'une des plus grandes d'Europe, avant que celle-ci ne fasse boum en 2000. Plastiquée par le clan rival. Le Grand est un homme de poids de l'imposante famille corse, toujours à la tête de *La Rotonde*, où la crème locale vient prendre le thé depuis toutes ces années.

ATF, lui, est arrêté, avec son lieutenant Jacques Buttafoghi, le 12 janvier 2007 à Paris. Dix mois après la tuerie des Marronniers. Les chefs (ATF et Jacques Mariani, à nouveau lourdement condamné en 2008, son père s'est mis en cavale) sont partis pour de longs séjours derrière les barreaux. Cela n'empêche pas les affaires d'extorsion, dont les Corses sont les spécialistes mondiaux, de se poursuivre autour d'Aix-en-Provence, dans les deux camps, même avec leur tête de pont en prison. « Pendant que le "patron" (ATF) purge une peine de 30 ans pour triple assassinat, ses proches Paul Bastiani et Toussaint Acquaviva sont suspectés d'avoir racketté une dizaine de boîtes d'Aix – *Le Pearl*, le *Studio*, le *Key Night*, et on en passe », écrit *L'Express*[19].

Jacques Buttafoghi, 43 ans, libéré sous contrôle judiciaire, a pris la place du patron. Il gère l'extorsion sur Aix et ses environs. Peut-être un peu trop, au goût de certains. Ce voyou fiché au grand banditisme est flingué le 19 novembre 2009, dans son village corse de Calenzana. Au départ, les enquêteurs pensent à une réplique après le meurtre de Francis Guazzelli, cador de la Brise de mer, quelques jours avant. Mais la piste d'un règlement de compte interne sera au final privilégiée, car Jacques aurait « pris le boulard ».

Les Bergers-Braqueurs sont les premiers pris par la patrouille à cause d'un collecteur d'enveloppes de feu Buttafoghi : le garçon s'est mis à table, de peur lui aussi d'être liquidé. L'opération policière est baptisée « Calisson », la spécialité sucrée locale. Dans cette affaire de racket des boîtes de nuit aixoises, entre 2008 et 2012, les enquêteurs et les juges de la Jirs[20] démontent le réseau mis en place par des lieutenants d'ATF, *via* des restaurateurs et fonctionnaires locaux. La justice condamne à 7 ans de prison Toussaint Acquaviva et Jean-Pierre Anastasio, « organisateurs de premier rang »

---

19. Delphine Saubaber et Xavier Monnier, « Aix-en-Provence sous l'emprise du milieu », *L'Express*, 26 février 2013.

20. Juridiction interrégionale spécialisée de Marseille.

et leurs complices de 18 mois avec sursis à 4 ans ferme, dont Bernard Fischetti, abattu le 18 mai 2015 à Marseille après être sorti de prison. Petit Ber a été supprimé en descendant de son scooter alors qu'il se rendait à son boulot du service des sports de la ville, pas loin du stade Vélodrome.

Merlini tombe avec Mariani

Dur boulot que celui de patron de boîte à Aix-en-Provence : racketté de toutes parts et obligé de lâcher les dollars. Car les Corses « font peur », pour reprendre le terme du procureur. En février 2012, Jacques Mariani, la cinquantaine, habitué des prétoires, repasse à son tour devant les tribunaux, prévenu d'extorsion de fonds et de recel d'abus de biens sociaux pour la période de 2006 à 2009 dans son fief aixois. Il aurait reçu 30 000 euros de mandat en prison. Jacques Mariani[21] est condamné à 7 ans pour racket, la peine maximale ! Dans le box, sa complice Aurélie Merlini a écopé en première instance de 3 ans de prison dont 18 mois avec sursis, de 30 000 euros d'amende et d'une interdiction de gérer.

Aurélie Merlini est la fille de Daniel Merlini, *alias* Bibendum, tombé sous les balles le 17 mars 2010 dans cette

21. Jacques Mariani a été condamné en appel le 8 juillet 2020 à Aix-en-Provence à 3 ans de prison ferme dans une affaire de subornation de témoin (dans la tuerie du bar des Marronniers) pour laquelle il avait écopé de 5 ans de prison dans un jugement annulé par la Cour de cassation. Il s'est pourvu en cassation. Déjà condamné en 2008 à 15 ans de réclusion criminelle pour assassinat, puis à 4 ans de prison en octobre 2018 pour la corruption d'un surveillant de prison, Mariani a aussi été mis en examen en juin dans l'enquête portant sur les tentatives d'évasion de prison du braqueur multirécidiviste Redoine Faïd.

guérilla aixoise, à l'environnement local chaud bouillant, sur contexte de rivalités corses. Avant lui, son ami de la Dream team, Christian Oraison, a été éliminé le 3 août 2008. Puis, en réplique, l'Aixois Jean-Claude Tasso, spécialiste des bingos, représentant local de Casanova, dont « il était un intime », et Germani en ville, succombe le 12 octobre 2008[22]. Lorsqu'il est ciblé, Bibendum, Marseillais de la bande de Saint-Gabriel, exilé à Manosque, gérant des boîtes aixoises et des Alpes proches pour le clan Mariani, vient tout juste de sortir de prison.

Sa fille Aurélie a repris les affaires du papa défunt et sera elle aussi victime d'une tentative de règlement de compte peu de temps après, en octobre 2013. Décrite comme une maîtresse femme, Aurélie Merlini est « la femme de confiance de Jacques Mariani sur Aix, chargée de superviser le racket », ainsi que l'écrit le journaliste Mathieu Grégoire dans *Le Parisien*[23]. Sévèrement touchée aux jambes, Aurélie Merlini s'en est sortie de justesse. La jeune maman a pu compter sur l'amicale protection d'anciens équipiers de son père, deux beaux voyous rescapés de la Dream Team, Daniel « Babar » Bellanger et Karim Maloum, et du père de son enfant, Jean-Marie Struffi, un Corse bien connu des services de police.

---

22. « Repenti » autoproclamé mais n'ayant pu bénéficier de la protection accordée par la loi, Claude Chossat, ancien membre de la bande criminelle corse de la Brise de mer, a été condamné en première instance le 11 mai 2021 à 7 ans de prison pour association de malfaiteurs en vue de la préparation d'un assassinat. Il était jugé pour avoir notamment fourni des armes ayant pu servir au meurtre de Jean-Claude Tasso abattu le 12 octobre 2008 à Aix-en-Provence par le passager d'un scooter (AFP).

23. Mathieu Grégoire, « Le crime en héritage », portrait d'Aurélie Merlini, *Le Parisien*, 6 mars 2014.

Mais la marraine, ainsi que la surnomment les condés, est dans l'œil de la justice depuis son alliance avec son encombrant « parrain » Jacques Mariani, huit condamnations définitives inscrites à son casier judiciaire, de l'outrage à l'assassinat en passant par l'extorsion[24]. La jeune femme, « figure du banditisme corse » selon la presse, enchaîne les condamnations : après avoir été inculpée en 2014 avec un autre fils de, Ange-Marie Michelosi junior, dans une affaire de drogue, elle a été mise en examen, en 2016, dans une tentaculaire affaire de machines à sous qu'elle aurait, selon les enquêteurs, fait « installer de gré ou de force dans son bastion des Alpes-de-Haute-Provence… »

De manière plus anecdotique, le « couple » Mariani-Merlini a été suspecté d'être impliqué dans le vol de 75 kg d'huiles essentielles d'immortelle, commis en 2016 à Manosque, au préjudice de L'Occitane. Pour une valeur estimée de la marchandise à 300 000 euros, « mais *a priori* ils ne sont même pas parvenus à les refourguer », se gaussait un proche de ce dossier dans *La Provence*. Le couple a été relaxé le 15 janvier 2019 par le tribunal correctionnel de Bastia. En octobre 2020, Aurélie Merlini, entendue par visioconférence depuis les Baumettes où elle était détenue jusqu'en 2021 dans le cadre d'un autre dossier, a été condamnée pour escroquerie à la Sécurité sociale à 9 mois de prison. Une condamnation loin des standards du grand banditisme corso-marseillais. Très loin même de son image de *Mafiosa* véhiculée dans les médias…

24. Jacques Mariani est à ce jour détenu dans un dossier de trafic de stupéfiants et dans la procédure dite du « double homicide de l'aéroport de Bastia Poretta », il est placé en détention provisoire. Il a réclamé sa mise en liberté en mars 2021 (*JDD*).

Tensions sur les cercles

À Paris, les affaires se corsent, pour reprendre un titre de *Mafiosa*, qui cartonne à l'époque sur Canal +. Les scénaristes de la série culte sont même loin de s'imaginer ce qui se trame autour des cercles de la capitale, où l'on croise un seigneur des jeux vieillissant, un ministre de l'Intérieur qui a le goût du risque, des bergers corses, un juge de paix marseillais, un grand restaurateur corso-aixois, un banquier suisse, une veuve de voyou éplorée, une ex-pointure du GIGN, un Petit Marcel, des porte flingue insulaires à la mine patibulaire, un voyant qui n'a rien vu venir, un producteur d'huile d'olive AOC, des seconds couteaux des tapis verts et même le meilleur acteur de… *Mafiosa*.

Martin Scorsese ou Quentin Tarantino auraient pu écrire le scénario, original et pimenté, de cette bataille rangée autour des blanchisseuses préférées du milieu corso-marseillais. Bandes insulaires, déjà en guerre sur leur île préférée et équipe de poids venue de la Canebière se retrouvent opposées à la fin des années 2000, dans cette miniguerre des cercles : d'abord, au Concorde, près des Champs, spécialisé dans le poker, où ça chauffe entre le clan Cassone et les Bergers-Braqueurs, de 2007 à 2009. Puis, en 2011, quand l'équipe de Germani, à nouveau à l'air libre, tente le coup de force à l'Eldo et au Wagram pour virer la direction mise en place par les frères Guazzelli de la sphère Mariani.

Dans ces cercles privés, au parfum suranné, ne se jouent pas des comédies de boulevard. Ne pas se fier aux apparences. Il y a beaucoup d'argent en jeu, propre et sale, des morts, des condamnations et au bout du compte des fermetures administratives. « Comme du temps de la French

Connection, nous sommes dans ces affaires en présence non pas d'une mafia, au sens italien du terme, mais d'un système politico-mafieux typiquement français fait d'échanges de services permanents », dit Thierry Colombié.

Le spécialiste de la grande criminalité a décrypté dans un livre, *Star et truands*[25], les liens étroits entre milieu et show-business, ses ramifications parfois surprenantes jusqu'aux plus hautes sphères politiques, en consacrant deux chapitres aux cercles Concorde et Wagram, où intervenait un mystérieux mage :

> « Ce mage posséderait un pouvoir de guérisseur, doublé d'un talent divinatoire qui en a bluffé plus d'un – en premier lieu Jean-Claude Darmon, le pape du foot business, ou Rachida Dati. Depuis le Var, le mage est monté à Paris avant d'intégrer le cercle Wagram. Pendant des années, il a fait venir des wagons de stars autour des tables de poker. Jusqu'au jour où les policiers l'ont interpellé, le soupçonnant d'avoir été mandaté par une équipe de gangsters corses pour tenir le cercle. »

Au Concorde, rouvert en 2006, à la suite d'un arrêté du ministère de l'Intérieur dirigé par Nicolas Sarkozy, le propriétaire Edmond Raffalli, seigneur des jeux, digne héritier de Marcel Francisci, lui aussi proche de Charles Pasqua et des réseaux RPR, a fait appel aux Bergers-Braqueurs pour assurer sa protection *via* leur société Sisis. Dans l'association

25. Thierry Colombié, *Stars et truands*, Fayard, 2013.

loi 1901, en plus d'autres Corses proches de la galaxie Jean-Jé Colonna, on retrouve un nom qui chante, Paul Lantieri : l'homme d'affaires corse apporte les fonds avec son associé de *La Rotonde*, un banquier suisse, François Rouge. L'enquête policière mettra au jour que le cercle, après le décès du parrain de Corse du Sud, est financé en sous-main par un fidèle ami, le Marseillais Roland Cassone, « un vieux monsieur » selon le dossier de l'instruction. Les écoutes établissent sans surprise que le cercle est une « lessiveuse », destiné à blanchir de l'argent illicite.

Comme au temps du Grand Cercle, l'alliance entre les Raffalli et Lantieri, accusé de gourmandise, tourne au vinaigre. Les hommes de l'ombre sortent du bois : Cassone met en garde le clan adverse, affecté par l'arrestation de son chef, ATF, en janvier 2007 pour son rôle dans la tuerie du bar des Marronniers où il avait été blessé et soigné dans une clinique grâce à l'entregent de… Paul Lantieri. En mai 2007, les Bergers-Braqueurs virent le duo Lantieri-Rouge sans sommation pour conforter les Raffali. La bande de la Casinca perd dans la foulée son « recouvreur de créances » Marcel Ciappa, tué au fusil de chasse en septembre 2007 dans une clinique d'Aubagne. La police arrête tous les protagonistes, sauf Paul Lantieri, parti rejoindre le maquis. Jean-Toussaint Giorgi et son ami Jacques Buttafoghi, deux Bergers qui auraient voulu voler de leurs propres ailes, sont éliminés en Corse en septembre et novembre 2009 avant la tenue d'un premier procès fin 2011, puis un autre en 2013, en présence cette fois du Grand Paul.

Les peines prononcées ne retiennent pas l'attention. Roland Cassone prend 10 mois pour port d'armes, qu'il aura effectué en préventive. Non, ce qui a frappé les observateurs, c'est le coup de pression adressé aux Bergers de Venzolasca par le « vieux pizzaïolo » (comme il est décrit dans une audition !), qui les traite de « porcs[26] » : « Roland Cassone, présumé parrain du milieu, s'est offert le luxe, en plein tribunal, de défier une bande criminelle qui est en réalité une firme trafiquante, observe Thierry Colombié. Une firme car elle obéit aux mêmes mécanismes industriels qu'une entreprise, trafiquante car elle puise ses ressources dans des secteurs criminels (jeu, vols à main armée, extorsion et trafics en tout genre), criminalisés (contrebande, corruption) et légaux (jeu, tourisme, sécurité, énergie verte). »

*19 janvier 2011 – Avenue de Wagram, Paris 17e*

À *L'Eldo* et surtout au Wagram, où la Brise de mer a « des parts » depuis le début des années 1990, ce sont Germani et ses amis qui mettront un vrai coup de pression au mage et ses nouveaux patrons. La famille Guazzelli, Francis et Jean-Angelo, a profité du décès du « proprio » du Wagram, Casanova, en 2008, pour changer les directeurs des jeux, se gaver et oublier de redistribuer une partie du magot aux héritiers du Menteur, alors en prison. À leur sortie de zonzon, Germani et ses proches débarquent en force au Wagram, le 19 janvier 2011, et mettent tout le monde dehors, mage y compris, sans recours à la violence, simplement par des mots forts.

---

26. Thierry COLOMBIÉ, *Les Héritiers du Milieu. Au cœur du grand banditisme, de la Corse à Paris*, La Martinière, 2013, chapitre 2, « La Diagonale du Fou ».

Le producteur d'huile d'olive et survivant du clan, Angelo Guazzelli, ne demande pas son reste et ne réplique pas. Le coup de force a été suivi en direct, comme au cinéma, par la maison poulaga et les putschistes corses se mettent en cavale. La police mettra la main sur ces grosses pointures du banditisme corse, un à un, *pianu pianu* : Stéphane Luciani, le 16 septembre 2014 à Bastia, Jean-Luc Germani, le 26 novembre 2014 à La Défense à Paris, Frédéric Federici, chez lui, à Venzolasca, le 14 janvier 2015, et Antoine Quilichini, le 7 septembre 2015 sur une route de Haute-Corse.

Germani sorti de prison

« Quilichini évitera la prison après sa condamnation à 2 ans et demi de prison ferme le 18 janvier 2013 pour son rôle de guetteur lors du putsch du Wagram, en étant embauché en avril 2016 par le maire de Calvi, ce qui peut paraître surprenant, mais n'a rien d'étonnant en Corse », explique le major Mario.

Jean-Luc Germani, considéré comme le cerveau du putsch, a été le plus lourdement sanctionné en juin 2015 à Paris : 6 ans de prison ferme. En février 2016 à Marseille, JLG a pris 6 ans pour association de malfaiteurs en vue de la préparation du meurtre de Jean-Claude Colonna, cousin de l'ancien parrain Jean-Jé Colonna. Cette figure du banditisme corse, longtemps fugitif le plus recherché de France, a été condamnée le 23 juin 2017 à 4 ans de prison pour avoir braqué un viseur laser sur un gendarme, lui permettant de poursuivre sa période de cavale pendant trois ans. Jean-Luc Germani, 54 ans, a purgé ses multiples condamnations à la maison centrale d'Arles[27], dont il est sorti le 22 mai 2021, à la suite d'une mesure de confusion de peine prévue par la loi, selon une information de France 3 Corse. « Il en est sorti après avoir purgé l'intégralité de sa peine, sans mesure de libération conditionnelle », d'après le média télévisé.

En novembre 2020, le parquet de Paris avait requis le renvoi en correctionnelle de Germani pour usage de faux papiers durant sa cavale entre 2011 et 2014, une information révélée par *Médiapart*. Paul Canarelli, patron du Domaine de Murtoli, à Sartène, était soupçonné d'avoir hébergé durant l'été 2014 le fugitif sur le spot sublime de 2500 hectares sis au large du lion de Roccapina. Par l'entremise de son avocat, cet homme d'affaires aux allures de play-boy, fils de Jean-Toussaint Canarelli, ex-maire de Figari, niait les faits. « Et, à supposer que Jean-Luc Germani se trouvât bien sur le domaine durant l'été 2014, mon client n'était absolument pas au courant », a affirmé Me Philippe Dehapiot à *Corse-Matin*. Le propriétaire de ces bergeries de luxe louées à prix d'or est pourtant réputé trier lui-même sur le volet sa clientèle issue du gotha[28]. Personne ne sait où Jean-Luc Germani, très surveillé, s'est installé après sa liberté retrouvée.

---

27. Brendan Kemmet, « Un parrain corse à la barre », *Aujourd'hui en France magazine*, 22 mai 2015.

28. Xavier Monnier et Olivier Jourdan-Roulot, « À Murtoli, la jet-set prend le maquis », *GQ*, 5 octobre 2016.

La fin d'une époque

Les Bergers-Braqueurs, l'argent des cercles, ce n'est pas le cadet de leur souci. Même avec son chef en prison, le clan Federici a continué de ponctionner un cercle, dénommé Cadet, l'ancien Concorde où le clan avait ses habitudes, « il est à nous » a même dit en 2012 Jean-François Federici, le frère d'ATF, au nouveau proprio Serge Kasparian, dit Le Beau Serge, Arménien et titi Parisien. Ce restaurateur de métier et amateur de ballon rond, il présidera de manière fugace Nîmes Olympique alors en ligue 2 – il sera condamné dans l'affaire des soupçons de matches arrangés autour du club en 2014 – s'est plaint d'être racketté entre 2012 et 2014, à hauteur de 120 000 euros par mois. Ce fan de foot et de roulette n'a pas non plus été écouté par le gouvernement Valls au moment où les cercles de jeux étaient dans le collimateur des socialistes nouvellement élus.

Cercles de jeux, nuits parisiennes, voyous, Corse, réseaux, Marseille, ancien flic, « brigade des aveugles » (l'ex-section courses et jeux des RG puis de la PJ), mafia, blanchiment, enveloppe d'argent liquide, fraude fiscale : les pouvoirs publics passés à gauche ont, en effet, dit stop aux « banques du banditisme, ces machines à argent sale et blanchiment », selon les mots d'un officier de police, après les multiples affaires mettant en cause flics et voyous insulaires. La fin d'une époque. Depuis 2008, neuf cercles ont été fermés sur les dix que comptait Paris. Dont le Cadet et le prestigieux Aviation Club de France (ACF), situé sur les Champs-Élysées, propriété de Marcel Francisci, vice-président d'Air Corsica et du conseil général de la Corse du Sud. Le président UMP de l'association des Amis de

Sarkozy avait hérité de ce temple du poker de son père Roland, décédé en 2006, frère de feu Marcel Francisci, l'empereur des jeux, assassiné en 1982 [lire « Marcel Francisci, "Mr Heroin" ? »].

Petit Marcel, 45 ans, s'était entouré, question de respectabilité, de Charles Pellegrini, ancien chef de l'antigang pour présider le conseil d'administration de l'ACF. Son frère Xavier était directeur du cercle Gaillon, fermé en 2012. L'ACF, à l'origine club privé réservé aux aviateurs lors de son ouverture en 1907 sur le modèle des clubs anglais, c'était le cercle le plus prestigieux de Paris, le temple du poker, avant le boom des jeux en ligne : plus de 6 000 membres, et un chiffre d'affaires annoncé à 23 millions d'euros.

Marcel Francisci a été mis en examen pour « travail dissimulé et abus de confiance ». Le 20 février 2015, le tribunal de grande instance de Paris a prononcé la mise en liquidation judiciaire de l'établissement. Le bout de la piste pour l'Aviation Club de France. L'avocat de la famille, Me Éric Dupond-Moretti s'est demandé si « [mon] client (Marcel Francisci) n'est pas victime de sa généalogie ». Lourde hérédité en effet : sur le Petit Marcel, pourtant homme de grande taille, plane l'ombre de son parent homonyme, assassiné en 1982. Marcel Francisci a annoncé se retirer de la vie politique en 2019[29].

Lieux mythiques de la nuit parisienne depuis plus de soixante ans, soumis à une législation souple et ancienne,

---

29. Éric Pelletier et Pascal Ceaux, « Jeux : ces cercles où rien ne va plus », *L'Express*, 8 mars 2015.

les cercles de jeux ont fait leur temps[30]. En 2015, le gouvernement socialiste, à coups de décrets du ministère de l'Intérieur, a assaini le secteur. Depuis le 1er janvier 2018 et la mise en place d'un nouveau cadre légal, avec une juridiction et une fiscalité encadrées (ce sont des sociétés et plus des associations, machines à sous, roulette et black jack sont proscrits), plusieurs clubs « à la londonienne » ont ouvert dans la capitale, tenus pour la plupart par des casinotiers ayant pignon sur rue (le n° 1 Barrière, Tranchant, Raineau, Ardent). À deux pas de l'Arc de Triomphe, dans les anciens locaux de l'Aviation Club de France, le club Barrière 104 Champs-Élysées a, par exemple, redonné vie au temple du poker parisien juste en face du *Fouquet's*, propriété du même groupe.

Des incidents demeurent toujours possibles. Mais les voyous corses ne seraient plus dans le jeu. À l'instar des Bergers-Braqueurs. En mai 2020, Jean-François Federici, 62 ans, et deux de ses proches ont été renvoyés devant le tribunal correctionnel dans l'affaire du cercle Cadet. Ils avaient déjà été mis en examen en 2017. Federici avait été arrêté en 2016, après quatre ans de cavale, soupçonné d'avoir participé au double assassinat commis en Haute-Corse en 2011 de François-Antoine Mattei, 63 ans, et de son cousin, Jean-Baptiste Mattei, 43 ans, dans le cadre d'une vendetta à laquelle ils sont associés aux Costa de la Brise de mer[31]. En avril 2018, la cour d'appel d'assises

---

30. « Corsa nostra (mafia, clans, natios et sable chaud… la nouvelle enquête corse », les dossiers du *Canard enchaîné* juillet 2013.

31. Stéphane Sellami et Brendan Kemmet, « L'argent du cercle de jeux parisien était caché dans une bergerie en Corse », *Le Point*, 29 novembre 2017.

d'Aix-en-Provence a condamné Jean-François Federici à 30 ans de réclusion criminelle, confirmant le verdict rendu en première instance le 27 janvier 2017. Jean-François Federici a rejoint son frère Ange-Toussaint pour un long séjour derrière les barreaux[32]...

32. Le 11 septembre 2021, onze personnes dont Serge Kasparian, Jean-François Federici et un ancien commissaire ont été renvoyées devant le tribunal correctionnel, notamment pour « extorsion » et « blanchiment en bande organisée », dans l'affaire du cercle de jeux parisien Cadet, fermé en 2014. Au fil des investigations, les enquêteurs ont découvert un système rodé de détournement et de blanchiment de fonds, issus notamment des tables de poker et du bar, et soupçonnent Serge Kasparian d'avoir transféré une partie de cet argent au Maroc. L'avocat de ce dernier, Me Julien Pinelli, a déclaré à l'AFP que son client contestait « formellement » les faits. « Ce dossier repose essentiellement sur des interprétations et des suppositions, en l'absence de tout élément objectif. Nous nous attacherons à le démontrer le moment venu, devant le tribunal », a-t-il ajouté.

La guerre du shit

Dans ces années 2000, pendant qu'à Aix-en-Provence, les truands corso-marseillais s'astiquent à coups de calibre au sein du milieu traditionnel, à Marseille, les délinquants du shit s'arrosent dans les quartiers avec des kalachnikovs pour préserver leurs plans stups. « C'est la guerre des Balkans implantée dans les cités, il n'y a plus de codes, plus de règles, les médias parlent plus de ces règlements de compte sauvages qu'à notre époque : cela nuit franchement à la réputation de Marseille, déjà guère favorable », argumente, pince-sans-rire, Gaspard.

« On se tue moins dans le milieu du grand banditisme, dans le cadre de trafic des machines à sous ou pour se répartir le butin de braquages, tandis que depuis le début des années 2000, il y a une hausse des meurtres dans les cités liée au trafic de stupéfiants, avec deux caractéristiques : le rajeunissement des victimes et l'utilisation d'armes de guerre comme la kalachnikov, qui n'est pas l'arme classique du milieu », dit, en mars 2013, Jacques Dallest, procureur de la République de Marseille (de 2008 à 2013). « Aujourd'hui, entre 85 et 95 % des règlements de compte sont liés à ce trafic ou bien dénotent une vengeance dans la lutte pour les territoires », confirme, en 2020, Éric Arella, directeur de la PJ à Marseille.

Ces néovoyous, localisés dans les quartiers nord, véritables labyrinthes populaires et multiculturels, ensemble de cités-dortoirs isolées, aux noms champêtres (Marronniers, Lauriers, Oliviers, Rosiers, etc.) où il est aisé de se cacher, n'ont pas franchement l'accent corse : Adrar, Ahamada, Benissam, Berrahma, Berrebouh, Bengler, Chorfia, Djeha, Djouhoud, Larribi, Merabet, Rahrah, Remadnia, Tir, Toxhi, Zerrifi sont les ronflants de ce nouveau mitan spécialisé dans le trafic de cannabis (résine et herbes) et autres drogues (cocaïne, de synthèse, héroïne), etc. On assiste à une « ubérisation » du crime organisé : les têtes sont de plus en plus petites, mais de plus en plus nombreuses dans « la cité de la came ».

C'est un bouleversement majeur dans le milieu. Et pour les forces de l'ordre, dans cette ville très étendue : « Ces cités abritent entre 300 000 et 400 000 personnes et sont difficiles à planquer. Ce sont des univers fermés, comme dans les banlieues parisiennes et lyonnaises. La main-d'œuvre y est abondante, les bandes recrutent très jeune, or on ne peut pas mettre en prison un mineur, ils le savent bien. Et dès qu'un est arrêté, un autre prend tout de suite sa place, c'est un cercle infernal. C'est un travail de longue haleine… », prophétise Jacques Dallest en 2013.

Vingt morts par an dans les cités

Les policiers, dont une affaire de ripoux au sein de la brigade anticriminalité (Bac) Nord va sérieusement entacher le travail de départ au début des années 2010[1], assistent à l'essor de ce néobanditisme des caïds de cités. Leurs repères sont déboussolés. Ils doivent s'adapter. Très vite, la direction centrale de la police judiciaire (DCPJ) donne un nom à cette nouvelle forme de « mafia » : le narcobanditisme. La guerre du shit fait entre 20 et 30 morts par an. Motifs : s'approprier les points de vente de drogue (cannabis, cocaïne, etc.), contrôler les réseaux d'approvisionnement, ou venger la mort d'un proche. Ces règlements de compte intercités ont même une page Wikipédia !

Une spirale infernale tragique décrite avec réalisme par Karim Dridi dans le film *Chouf*, sorti en 2016 au cinéma. Entre drame social et thriller. Le réalisateur, installé à Marseille, expliquait à *Télérama* en octobre de la même année que la ville lui avait servi bien plus que de décor :

> « Il y a d'une part la cité, tout ce béton, tous ces murs. Je voulais qu'on sente l'enfermement, le côté cocotte-minute. Mais dès qu'on en sort, on est saisi par cette lumière, ces paysages extraordinaires. Et tout cela sans quitter la ville. Il n'y a pas de banlieue à Marseille, mais des quartiers de la ville qu'on a tout fait pour isoler, enclaver, rendre difficiles d'accès. Mais même si les médias parlent beaucoup du milieu marseillais, et de ces fameux quartiers nord, les situations que

1. Frédéric Ploquin, *Vol au-dessus d'un nid de ripoux*, Fayard, 2012 et Sébastien Bennardo, avec Patricia Tourancheau, *Bac, racket, pots-de-vin, corruption...*, Flammarion document, 2013. Le 22 avril 2021, le tribunal correctionnel de Marseille a rendu un jugement « clément » dans le dossier de la Bac Nord de Marseille, prononçant 7 relaxes et condamnant les 11 autres policiers à du sursis pour des vols de cigarettes et de drogue.

> j'évoque existent partout. Ces jeunes qui achètent une Kalachnikov pour presque rien, peut-être 100 euros, et qui tuent, pour un oui, pour un non. Ces guerres fratricides, ce manque total de perspectives. Cette désespérance. Ils savent qu'il n'y a pas d'avenir, et ils s'en foutent. C'est ça, la prison, ou la servitude. Alors qu'il y a dans ces quartiers des talents, des énergies, des gens qui pourraient se construire un avenir si on leur en donnait les moyens. »

Depuis 2012, et la création d'un préfet de police des Bouches-du-Rhône, la moyenne s'établit à 22 règlements de comptes par an pour une vingtaine de victimes. Avec, selon les années, des hauts (29 morts en 2016) et des bas (14 en 2017, 12 en 2020, dont deux derniers corps carbonisés retrouvés le 29 décembre aux Pennes-Mirabeau). Les chiffres sont en baisse, c'est un constat. Mais les tentatives, « les meurtres ratés », sont toujours plus nombreux. « On peut même parler de contagion », dit un grand flic. La police ne reste pourtant pas les bras croisés, grâce à la mise en commun des renseignements de la sécurité publique et de la PJ. Incarcère à tour de bras sur la base du délit d'associations de malfaiteurs. Et a déjoué 24 règlements de comptes, depuis 2016, dont 12 cette année-là, parfois juste avant le passage à l'acte.

Marseille coupée en deux

En 2013, Marseille est capitale européenne de la Culture : pendant un an le port méditerranéen doit briller de mille feux. Cette guerre du shit et ses macchabées sur le macadam font mauvais genre. Surtout avant les élections municipales de 2014. L'effet loupe, *via* la surenchère de la... guerre à l'information, n'est pas du goût de Jean-Claude Gaudin. Le sénateur-maire UMP de la deuxième ville de France dénonce une « surmédiatisation des règlements de comptes ». « Ce focus permanent sur la cité phocéenne donne une vision tronquée de la réalité », estime sur son blog l'ex-commissaire devenu écrivain George Moréas.

José d'Arrigo, à l'occasion de la sortie de son livre *Marseille mafias*[2], parmi une dizaine d'autres sur le sujet, remet le contexte explosif en perspective : « Marseille a une vieille tradition en la matière, du temps de la guerre entre Gaétan Zampa et Francis le Belge puis du Mat, c'était encore pire, dit l'ex-grand reporter du *Méridional*, journal de droite époque Defferre. Ce qui a changé, c'est que les voyous des cités, des zones de non-droit, commettent des assassinats plus impulsifs, ce sont des vengeances anarchiques entre bandes rivales, issues des diverses vagues d'immigration qu'a connues la ville. Ils se flinguent entre eux, à coups de kalach ou de barbecue. »

Au début de ces années 2010, le milieu marseillais, à l'image de la ville, un peu comme en Corse [lire « Vendetta Nord-Sud en Corse »], est coupé en deux. Au nord, pauvre et ghettoïsé, la délinquance des cités. Au sud, plus riche, plus *clean* aussi, le grand banditisme corso-marseillais, « qui tient les rênes de la ville depuis des lustres, sans remonter à Carbone et à Spirito », selon d'Arrigo. Ces deux mondes,

2. José d'Arrigo, *Marseille mafias. Ce que personne n'ose dire*, Le Toucan, 2013.

tout en s'ignorant – « les rupins du Roucas-Blanc ne vont pas au centre commercial du Merlan, et inversement », dit Doudou –, cohabitent alors tant bien que mal dans cette agglomération de villages sans mémoire, aujourd'hui de cités naufragées, se sont réparti « les affaires » et les routes de la drogue : cocaïne, depuis la Colombie, pour les héritiers de la French, et cannabis, produit dans le rif au Maroc, pour les caïds des cités.

« Leur organisation est très mouvante, les équipes changent souvent, il y a beaucoup de main-d'œuvre dans les quartiers, tout le monde est au chômage : les principaux employeurs de cette jeunesse déscolarisée et oisive, ce sont les trafiquants de drogue, et leurs petites entreprises qui ne connaissent pas la crise avec gérant, vendeurs, guetteurs, ravitailleurs, explique un retraité du mitan. Le milieu et les règles que j'ai connues n'existent plus. C'est comme si on proposait à un agriculteur qui a toujours cultivé la vigne de faire du soja [...] ! Il n'y a plus de caïd dominant un clan structuré, comme à notre époque, ce sont des petits groupes d'une violence extrême, qui ne respectent plus rien, n'ont plus de règles et ne font même pas attention aux enfants, ni aux parents. Je les comparerais au phénomène des gangs américains, même si Marseille est loin des chiffres et de la violence de Chicago, "la ville du sang[3]" ! N'empêche, cette culture des armes à feux chez les délinquants prend de plus

3. Chicago a battu un record en 2020 avec 774 meurtres enregistrés. Entre janvier 2016 et août 2020, il y eut 3 000 homicides et près de 12 000 blessés par balles dont 11 % avaient moins de 18 ans. Lors du long week-end du 4 juillet 2021 (jour de la Fête nationale), la ville a déploré 104 personnes visées par des tirs dont 19 morts *(Chicago Sun Times)*.

en plus de place dans les quartiers nord. Une Kalachnikov se négocie autour des 300 euros, donc ces armes sont faciles à se procurer. »

*

« Le milieu traditionnel a laissé le cannabis aux cités, un "business" qui rapporte beaucoup moins d'argent et qui est moins bien organisé que celui de la French Connection. À l'époque, les Corso-Marseillais tenaient tout, production, exportation, et il n'y avait pas de morts », explique Xavier Monnier, ex-rédacteur en chef fondateur du site Bakchich et auteur de l'excellent bouquin d'enquête au plus près du terrain, *Marseille, ma ville*, où, déjà, il raconte « les affaires sans dénoncer, en nuançant : à Marseille, tout se sait, mais rien ne se dit sur la place publique[4]... »

En ce début de XXIe siècle, la donne criminelle a changé : les cités, pas seulement à Marseille, s'enflamment pour le contrôle du marché de la drogue, sous le regard du milieu « tradi », qui régit l'approvisionnement, *via* le fret, depuis le Maroc, l'Algérie et l'Espagne. *Go fast*, *fly fast* (avionnettes, hélicoptères et même drones géants !), *slow fast* (transport de la résine autour de la taille d'une personne ou tout simplement dans une valise) et bien sûr transport par containers : tous les moyens sont bons pour acheminer le cannabis.

4. Xavier Monnier, *Marseille, ma ville*, Les Arènes, 2013.

En 2020, les douanes ont saisi plus de 60 tonnes de cannabis en France, en hausse de 15 % par rapport à 2019, une drogue qui est essentiellement transportée par la route quand la cocaïne l'est davantage par voie maritime, selon l'AFP. En 2020, en France, 77 personnes ont été tuées lors d'un règlement de comptes, d'abord et avant tout des trafiquants de drogue. Les réseaux allant de Lille à Marseille en passant par Paris, Lyon et Grenoble, visent désormais le marché de province et s'invitent dans les villes moyennes.

Reste que le « supermarché de la drogue » phocéen fait toujours les gros titres dans les médias, avec 5 règlements de compte entre janvier et mars 2021 et une reprise des hostilités dans les quartiers au début de l'été 2021 avec une douzaine de victimes tombées dans le cadre du trafic de stupéfiants [lire la conclusion]. « Des luttes de territoires, de points de deal, qui vont parfois jusqu'à la cage d'escalier », note un grand flic. C'est la loi du Talion dans les cités. Avec des victimes de plus en plus jeunes, « des délinquants moins aguerris », loin des cadors du crime organisé éliminés il y a tout juste 10 ans. « Ils ne sont pas dans une logique de construction d'empire comme le grand banditisme classique, ils veulent vivre vite et dépenser beaucoup », dit Alain Bauer.

« Des beaux mecs sont tombés, Roland Gaben, Saïd Tir, les parrains des quartiers nord, en 2011, ou Joël le Turc [lire "Coup de mistral en 2011"], mais c'est vrai que les règlements de comptes concernent surtout les petits dealers des cités », confirmait déjà Philippe Pujol, journaliste à *La Marseillaise*, dont la série de reportages sur ces quartiers sera multiprimée[5]. À cette époque, « il y avait des accords entre les deux milieux, comme un pacte de non-agression, dit José d'Arrigo. Chacun joue dans son secteur, et tout le monde sera tranquille. Farid Berrahma s'y était essayé et on a vu le résultat. »

La route de la drogue

Le business du chichon, toujours aussi florissant, alimente une économie souterraine devenue indispensable au quotidien de ces quartiers « où le taux de chômage dépasse les 50 % et où l'absentéisme scolaire bat des records », souligne Jacques Dallest, le procureur de la République de Marseille. « Aujourd'hui, ce sont les toxicos, le shit et la coke, qui font vivre toutes ces cités », affirme alors Philippe Pujol, prix Albert-Londres 2014 pour sa série d'articles « Quartiers shit » publiés dans *La Marseillaise*. Ce marché de la drogue est constitué pour 60 % environ de consommateurs des quartiers et pour 40 % du Tout-Marseille, essentiellement à usage festif. La fameuse théorie de la paix sociale obtenue avec l'argent de la drogue dans les banlieues et quartiers défavorisés n'est pas une galéjade à Marseille...

« La vérité, enchaîne José d'Arrigo, c'est qu'on ne harcèle plus les toxicomanes, il y a une sorte de tolérance sociétale. Qui vient acheter de la drogue dans les cités ? On ne pose

5. L'ex-grand reporter du journal communiste de Marseille a obtenu le prix Varenne 2012 de la presse quotidienne régionale pour son reportage en dix volets « French deconnection, au cœur des trafics » paru à l'été 2012 dont un livre du même titre a été tiré chez Robert Laffont (2014).

jamais la question dans les médias. La bourgeoisie locale, la belle clientèle sait où trouver la meilleure came et vient se servir [...]. Les flux financiers engendrés par ce trafic sont considérables ! Ils offrent des opportunités impensables en temps de crise, surtout dans une ville pauvre comme Marseille. Grande distribution, automobile, immobilier, restauration, monde de la nuit, tout le monde y trouve son compte. Et, de l'autre côté de la Méditerranée, c'est pareil. Des tonnes de cannabis arrivent dans le port, on sait que la marchandise provient du Maroc et de Tanger, où les immeubles poussent comme des champignons ! La route de la drogue, exploitée par les cartels marocains, on la connaît mais on laisse faire[6]... »

Coup de mistral en 2011

Pour les vieux de la vieille, c'est le crépuscule des truands ! 2011 marque clairement une année de renouvellement dans la recomposition du milieu marseillais, après l'arrestation en juin 2010 de Bernard Barresi et des frères Campanella [lire « Bombellus et Canari »], des figures de premier plan

6. Les saisies de drogues en France ont bondi au cours du premier semestre de l'année, a souligné mi-août 2021 le ministre de l'Intérieur Gérald Darmanin. Sur les six premiers mois, 57 tonnes de cannabis ont été saisies, soit 37 % de plus par rapport à la même période en 2020, déjà une année record. « Depuis le début de l'année, la marine nationale a saisie à elle seule 29 tonnes de drogue, essentiellement dans l'océan Indien et aux Antilles, soit deux fois plus qu'en 2019 », a précisé à l'AFP le commandant Thibault Lavernhe, chargé de communication à la Prémarmed : « En Méditerranée, la route la plus préoccupante part du nord du Maroc » (« Méditerranée : 4,2 tonnes de drogue saisies par les douanes françaises », dépêche AFP du 23 septembre 2021).

du grand banditisme corso-marseillais : la PJ relève trois cadavres de pointures des quartiers nord, Saïd Tir, Souhel Hanna-Elias et Rolland Gaben, *a priori* tous d'ex-membres du clan du Belge, et l'on note la mise en retrait progressive d'anciens caïds du milieu historique de la ville, à l'instar du Matou, de Tony l'Anguille ou du Chinois, mis sous les verrous.

Quant au présumé juge de paix Roland Cassone, « le dernier représentant d'un milieu qui n'existe plus », d'après la sentence prononcée en 2007 par l'ancien juge d'instruction Michel Debacq, il observerait les manœuvres depuis les hauteurs aixoises. À l'époque, un barbecue a même été allumé près de son fief de Simiane-Collongue. Quand ça commence à péter dans les quartiers nord, les « pontes » d'un milieu familial en perte de vitesse restent prudemment en retrait, « craignant qu'un jeune ne les fume pour se faire un nom », dit Xavier Monnier. Aujourd'hui, Roland Cassone serait « rangé des voitures, c'est un grand-père de 78 ans qui n'aspire qu'à la tranquillité », selon le journaliste marseillais José d'Arrigo.

L'ex-braqueur Raymond Mihière, né en 1951 d'une mère vietnamienne, d'où son surnom, qu'il déteste, a tenu le haut du pavé dans les années 1990. Le Chinois est arrêté en 1996, puis condamné en 2001, enchaîne les peines de prison et les séjours en Espagne où il gère des sociétés d'olives et de savon. Avant de tenter un dernier baroud d'honneur en 2012 à la tête d'un trafic international de cocaïne méchamment surnommé la « Papy Connection » !

Il n'y a plus de respect et le Chinois, *alias* le roi de la relaxe, repart à l'ombre avec Robert di Tosto, son ex-lieutenant, Ange Buresi, Serge Navarro ou les anciens de la French,

Laurent Fiocconi et Jo Signoli, 74 et 78 ans ! L'ex-boss de la bande de l'Opéra a perdu sa place. Le meilleur pote de Fiocconi, Jean-Claude Kella, fidèle du Belge, refait parler de lui dans l'affaire Topaze, associé à son vieil ami Tony Cossu, revenu des activités illicites après sa condamnation à 18 piges, malgré une escapade rocambolesque en Autriche, qui a failli lui coûter cher[7]. Kella est mort en 2014 des suites d'un cancer, à 68 ans, après avoir passé 25 ans de sa vie en prison[8]. Cinq de moins que l'Anguille, condamné une dernière fois « pour la légende » à 5 ans ferme en 2016, sans mandat de dépôt, et désormais paisible retraité du Milieu entouré de sa famille du côté de l'étang de Thau dans l'Hérault…

*

29 juillet 2011 – Cybercafé de la place Castellane, Marseille 6ᵉ

Le Chinois, à ne pas confondre avec le commissaire N'Guyen Van Loc, flic marseillais de légende, avait fait ses armes dans le clan Zampa avant de voler de ses propres ailes à la fin des années 1980, de se rapprocher du Belge, à la tête d'une solide équipe spécialisée dans les machines à sous

---

7. « Parties fines en Autriche », p. 137 dans Xavier Monnier, *Les Nouveaux Parrains de Marseille*, Fayard, 2016.

8. Jean-Claude Kella, *Au cœur de la French Connection*, La Manufacture de livres, poche, 2018.

et le racket. Le Chinois formait un duo redouté avec son lieutenant Joël le Turc, Souhel Hanna-Elias, parti ensuite rejoindre le Belge sur Paris [lire « Le Belge se fait friter »]. Le Turc était le voyou à avoir le plus d'*alias* dans le milieu : on l'appelait le Cobra, le Serpent, le Turc, le Libanais (sachant qu'il était né au Tchad en 1956). Le Bouc, un autre de ses blazes, a été flingué, à l'arme de guerre, sur les coups de 11 heures dans un cybercafé de la place Castellane, dans le 6e, à Marseille le 29 juillet 2011.

Qui a flingué le Turc, réputé proche du clan corso-marseillais dominant ? Un vieil allié du Belge ? Ou un jeune baron de la drogue ambitieux ? Et qui a supprimé son ami, le parrain du Panier, une semaine avant, le 20 juillet 2011, Rolland Gaben ? Difficile à dire. Les principaux chefs de cités nouent des alliances avec les barons du milieu traditionnel pour mettre au point les filières de trafic de drogue. Les deux milieux sont devenus perméables, même si, quelques années plus tard, la DCPJ entérine « la victoire des chefs de clan issus des quartiers » sur le milieu marseillais[9]. En attendant, des beaux mecs tombent dans ces quartiers en 2011…

Le Turc et Gaben s'étaient rapprochés dans les quartiers nord. Rolland Gaben, 46 ans, braqueur et proxénète notoire, a été tué, quartier Saint-Antoine, dans le 15e, alors qu'il circulait à scooter pour rejoindre son domicile. Ce n'est pas « du caïdat de cité », souligne une source policière. Les quatre tueurs à gage ne lui ont laissé aucune chance : un règlement de compte dans les règles de l'art, car Gaben appartenait à la pointe haute de ce milieu, naviguant entre

9. Élise Vincent, « Le nouveau visage du banditisme », *Le Monde*, 19 et 20 juillet 2015.

Panier, d'où sa famille était originaire, et quartiers nord où il avait pris de l'envergure. Ancien membre de l'équipe du Belge puis de Jacky le Mat, Gaben était réputé proche du clan Cassone. Le caïd du Panier a pas mal bourlingué dans sa carrière, « sous le signe de l'échec », selon son avocat, il avait de nombreuses affaires (bars, restaurants, boîtes) et dirigeait en sous-main le groupe des supporteurs de l'OM des MTP, dont son épouse était la présidente[10].

Le jour du meurtre de Gaben, on dit que son bras droit Bernard Fischetti se trouvait avec lui. Petit Ber, 50 piges, décrit comme un lieutenant de Jean-Pierre Anastasio, du clan des Bergers-Braqueurs [lire « Aix, *terra corsica* »] a été tué le 19 mai 2015 dans les suites de ces anniversaires[11] qui n'en finissent pas entre bandes rivales. Un autre de ses proches, Thierry Street, a lui aussi été éliminé en 2014, cinq balles de 9 mm, à domicile, rare pour être signalé. Autre anniversaire souhaité dans le milieu traditionnel, le 5 septembre 2016, au Panier, où deux hommes ont été tués dont Patrick Esposito, 41 ans, une figure du coin, qui venait de sortir de zonzon : « quatre balles de calibre 9 mm, à l'ancienne », précise le journaliste de faits divers Romain Capdepon dans *La Provence*. Ici, on évoque une réplique, cinq ans après, à la mort de Gaben dans « son » quartier, à 200 mètres de l'Évêché !

---

10. Portrait haut en couleur de Roland Gaben dans *La Marseillaise* : « Certains de mes amis sont morts ? », 21 juillet 2011.

11. Règlement de compte chez les voyous.

L'exécution de Petit Jeannot

11 octobre 2012 – Terrasse d'une brasserie des Chartreux, Marseille 4e

En 2012, un autre voyou à l'ancienne, Petit Jeannot, tombe dans cette nouvelle guerre du narcobanditisme. Le 11 octobre 2012, deux hommes masqués à scooter tirent à plusieurs reprises à coups de 9 mm et de 11.43 sur un homme attablé en terrasse dans un bar du 4e arrondissement, en plein centre de Marseille. Jean Marano, 53 ans, a été touché de plusieurs balles, dont certaines à la tête. Petit Jeannot était connu pour des affaires de banditisme datant de la fin des années 1970, il avait été arrêté en avril 1978 pour une série de braquages d'agences postales dans les Bouches-du-Rhône et dans le Var. C'était un habitué du bar, où sa fille travaillait.

Petit Jeannot était encore actif, la police retrouvait son nom dans le trafic de stups et d'armes et il assurait de sa « protection » plusieurs adresses dont le *Red Lion*, à la Pointe rouge. Les limiers ont attribué son règlement de compte à la bande de la Capelette, de Jean-Louis Grimaudo, qui avait des visées dans le sud de la ville. Marano était l'oncle de la femme de Christophe Anziani, autre jeune aux dents longues du Milieu, alors incarcéré et en guerre avec une autre équipe de Corso-Marseillais, composée des frères corses Moretti, de Sartène, et du Marseillais Alain Esposito. Le début d'une bataille de territoire entre « jeunes » ambitieux de la Capelette [lire « La bande de la Capelette »] et l'équipe chapeautée par une figure du milieu traditionnel corso-marseillais tombé sur le front de ce nouveau conflit…

Les liens criminels entre l'île de Beauté et le Vieux-Port restent d'actualité. Les Corses Anto-Simonu et Ghjuvan Battista [lire « Du Vieux-Port à Sartène »] trafiquent avec le groupe d'Alain Esposito, pointure du Panier, lequel est en conflit ouvert avec l'équipe de Christophe Anziani associée à des descendants de la Brise de mer, des fils de regroupés au *Masters café* autour de Petru-Pa Micheli. Cette bande du *Masters café*, de Lucciana en Haute-Corse, est composée d'héritiers des familles Costa, Mariani, ayant des liens avec les Federici où l'on retrouve Pierre-Paul Micheli, Patrick et David Costa, Jean-Pascal Battaglia.

L'équipe du *Master's*, qui contrôle le marché de la drogue en Haute-Corse, avait un relais de poids à Marseille, Christophe Anziani, ainsi que le décrypte le journaliste marseillais Xavier Monnier dans son livre paru en 2016[12]. Les deux bandes avaient mis au point un trafic d'armes et de stups, *via* un transport dans les soutes de l'ex-compagnie maritime la SNCM. Ils ont été arrêtés. Quelque 80 000 euros en liquide, un kilo de cocaïne, des armes à feu et des munitions avaient été retrouvés lors de perquisitions. Le procès a eu lieu en juillet 2015 devant le tribunal correctionnel de Marseille. Parmi les plus impliqués, l'ex-syndicaliste Camille Abboche a écopé de 7 ans ferme, Pierre-Paul Micheli de 8 ans, Christophe Anziani de 9 ans[13].

12. Xavier Monnier, *Les Nouveaux Parrains de Marseille*, *op. cit.*

13. Christophe Catta, éleveur corse de 30 ans, avait été condamné à trois ans de prison ferme en juillet 2015 dans cette affaire. Blessé par balle le 6 septembre 2021 à Lucciana en Haute-Corse, il est décédé des suites de ses blessures à l'hôpital de Nice où il avait été transféré.

Duel à trois bandes à Font-Vert

27 avril 2011 – Chemin du Littoral, Marseille 15ᵉ

En 2011, Saïd Tir, 60 ans, dit Tintin, fiché au grand banditisme, parrain présumé des quartiers nord de Marseille, est abattu de deux tirs de fusil à pompe à un feu rouge du 15ᵉ, le 27 avril, alors qu'il devait être jugé pour sa participation à un trafic de drogue. À un moment très proche de Farid Berrahma, Saïd Tir, réputé sanguinaire selon son petit-fils Eddy[14], avait pris l'air pour Paris, se rapprochant du clan Hornec puis de celui des frères Bengler.

Les enquêteurs s'orientent très vite vers un duel à trois familles du côté de Font-Vert, révélateur de la guerre de la drogue à plusieurs bandes qui se joue dans les cités marseillaises. De vraies guerres, avec armes lourdes et morts au combat, entre des familles liées par le sang, comme celle impliquant les Tir-Berrebouh aux Remadnia, mais aussi une bataille plus vaste encore, celle opposant les Blacks de la famille Ahamada, d'origine comorienne, aux gitans des frères Bengler.

> « S'il y a plus de tentatives aujourd'hui, explique alors le criminologue Alain Bauer[15], c'est d'abord parce que le contrôle des armes à feu n'est plus le fait du seul crime organisé. » Et le spécialiste de poursuivre :

---

14. Luc LEROUX, « Eddy Tir, jeune caïd au QI à 133 », *Le Monde*, 29 novembre 2016.

15. Entretien à *Sud-Ouest*, 8 octobre 2015.

> « Auparavant, les petits voyous n'y avaient pas accès ou bien alors avec l'interdiction d'en jouer. Mais l'assassinat de Farid Berrahma en 2006 a sonné la révolte des petites mains contre les parrains corso-marseillais. D'autant que l'augmentation massive de la consommation de stupéfiants leur permet de s'armer lourdement. »

À Font-Vert, dans le 14e, l'affrontement oppose les Tir-Berrebouh aux Remadnia, pourtant amis d'enfance dans leur quartier. « Cette lutte féroce pour le contrôle du trafic a démarré avec le meurtre de Karim Seghier le 3 août 2010. Il était affilié au clan Remadnia, dit une source policière. Depuis, ce sont 18 règlements de compte et cinq tentatives qui ont été recensés. En tout, 19 morts et 10 blessés. C'est une des oppositions les plus sanglantes à Marseille. »

Dans ces quartiers marseillais, c'est une guerre de territoire, un banditisme de terrain. « Tu défends ta cité, quelle que soit ton origine, ton ethnicité, y a pas de narcobandit ou tradi, c'est la même chose, les mêmes racines du mal », dit Philippe Pujol. « Ce qui est sûr, c'est que les hommes de terrain sont de plus en plus jeunes. Avant, on avait affaire à des semi-grossistes et des clients, comme du temps de la French. À l'époque, aux États-Unis, les bandes se flinguaient pour l'héro, les jeunes se zigouillaient à Harlem, le même phénomène est arrivé à Marseille avec quarante ans de retard ! »

*

Dans les deux camps, on pleure des dizaines de vies brisées depuis la disparition du Vieux Saïd, puis son beau-frère, 42 ans, tué deux mois plus tard. En 2012, Ilias Remadnia *alias* Jojo meurt, six jours avant Farid Tir, 39 ans, cousin de Saïd et figure du milieu. En 2014, c'est l'escalade : Hichem Tir subit une tentative, puis le chef de clan Mehdi Berrebouh, Lakhdar Medjou, Karim Tir, 30 ans, dit Charly, manager du rappeur Jul, sont tués, ainsi que Zakary Remadnia, 23 ans, le 10 août.

Les chefs de clan sont en prison : Eddy Tir, *alias* Barabas, est condamné pour le meurtre de Zakary à 20 ans de taule. Mehdi Remadnia, dit l'Ours de Font-Vert, en sort en mai 2016 après 14 ans de cachot et est tué de plus de 50 balles de kalach en février 2017. Le caïd de la drogue Farid Tir, petit-fils de Saïd et frère d'Eddy, est à son tour abattu en août 2019 : la sixième victime d'une famille d'origine berbère algérienne qui compte plus de 300 membres. Hichem Tir doit être jugé en appel après avoir été condamné, en octobre 2019, à 15 ans de prison pour complicité de meurtre en bande organisée sur un membre de la famille Remadnia…

Le 18 février 2021, un Berrebouh, Hakim dit Marcassin ou La Baleine, est arrêté à Dubaï, le nouvel eldorado des narcotrafiquants et des blanchisseurs d'argent sale. Une belle prise pour la Jirs et la police marseillaise. Ce trafiquant marseillais de haut vol, âgé de 40 ans, avait fui Marseille après l'assassinat de son frère Mehdi et trouvé refuge au Maroc, son pays d'origine, avant de migrer vers les Émirats arabes unis, place financière opaque, fin 2020. Marcassin figurait dans le « top 5 » des narcotrafiquants de la zone sud et dans le « top 12 » du classement national des « barons » de la drogue, à l'instar de « Tic » et « Tac », les frères marseillais qui approvisionneraient la ville et sa région en cannabis depuis le sud de l'Espagne[16]. Un mois plus tard, le trafiquant numéro 1 du cannabis dans l'Hexagone, Moufide Bouchibi, était arrêté lui aussi à Dubaï, devenu le paradis de l'argent sale et des comptes clandestins. Son réseau, qui *a priori* n'agissait pas à Marseille, écoulait, chaque année, en France entre 50 et 100 tonnes de shit…

« La justice manque de moyens »

Dans cet affrontement sanglant à trois bandes dans les quartiers nord de Marseille, qui a fait une trentaine de morts, les clans sont clairement identifiés. Cela a permis, fait rare pour être signalé, des arrestations et des condamnations. Car dans la plupart des cas, la police fait chou blanc. Et la justice de Marseille manque de moyens, humains et matériels, un constat dressé à l'AFP par Olivier Leurent, le nouveau président – depuis août 2020 – du tribunal de la deuxième ville de France qui évoque « un risque de déni de justice ». La 7e chambre spécialisée dans les affaires de trafic de drogue « n'arrive même plus à audiencer » certains dossiers graves d'associations de malfaiteurs, déplore Olivier Leurent[17].

En 2013, le procureur de la République de l'époque Jacques Dallest admettait, déjà, la difficulté de la tâche :

16. Violette Lazard et Vincent Monnier, « Les narcos français », *L'Obs*, 18 au 24 mars 2021.

17. Entretien à l'AFP le 25 mars 2021.

« Dans les cités, ces règlements de comptes sont des gestes prémédités, les auteurs ne laissent pas de traces. Nous avons des interpellations, mais cela reste compliqué judiciairement de les identifier : les bandes sont nombreuses, très dispersées. Ces jeunes ne sont pas bien connus de nos services [...] Et puis, dans ces cités, les gens ne parlent pas. Il y a aussi des dossiers jamais élucidés parce que les auteurs sont tués à leur tour. Dans ce type de criminalité, le taux d'élucidation est bien inférieur à celui des homicides. Le taux d'élucidation policière tourne autour des 50 % – la notion policière signifie la mise en examen par un juge et pas forcément la condamnation du mis en cause. Le nombre de personnes condamnées pour un règlement de comptes est faible, environ 10 %[18]. »

Les Blacks contre les gitans

La guerre la plus « médiatique » dans ces cités a lieu dans le 13e, aux Lauriers, Cyprès, Cèdres et oppose le clan des gitans, des redoutés frères Bengler (des Cèdres), spécialisés dans le vol de nourrices, « de vrais fadas, puisqu'ils voulaient même monter sur les Campanella ! » selon radio Canebière, à celui des Blacks de la famille Ahamada (des Lauriers), d'origine comorienne. Les clans en guerre sont sans pitié, utilisent des tueurs professionnels, lesquels usent de méthodes dignes des meilleurs services secrets de la planète

18. Propos recueillis par l'auteur en 2013. À lire Jacques Dallest, *Mes homicides. Un procureur face au crime*, Robert Laffont, 2015.

avec balises GPS, tablettes numériques, téléphones cryptés et armes dernier cri. Le procès des frères François et Nicolas Bengler, âgés d'à peine une petite trentaine d'années, « par qui tout a commencé dans les quartiers », selon un flic, s'est déroulé en 2016, six ans après les faits qui leur sont reprochés, un règlement de compte cité du Clos la Rose le 19 novembre 2010, un adolescent de 16 ans avait été tué à la kalach[19].

19 novembre 2010 – Cité du Clos la Rose, Marseille 13e

À l'été 2008, la police ramasse les corps de Frédéric Tapia et Foued Sayah (proche des Ahamada). François Bengler, le boss, au sang chaud, échappe à une tentative. En janvier 2009, c'est le « match retour », la tuerie de Sainte-Marthe : trois morts et deux blessés dans le camp des gitans ! À coups de kalach et de pistolets automatiques. Le 19 novembre 2010, au Clos la Rose, Jean-Michel dit Michou, 16 ans, est tué, assis dans son fauteuil de guetteur, d'une rafale de kalachnikov, un enfant de 11 ans blessé, en réplique à Francky Notta, chargé de l'approvisionnement en drogue du clan des gitans depuis l'Espagne[20]. Le lendemain, le ministère de l'Intérieur lance l'opération Brémus, un stock « tout à fait

19. Laetitia Sariroglou, Romain Capdepon et Sophie Manelli, « Le jour où Marseille a basculé dans la "guerre des kalachs" », *La Provence*, 29 septembre 2016.

20. *Les Minots. Une enquête à Marseille*, de Romain Capdepon, J.-C. Lattès (2018). Le chef de la rubrique Police-Justice à *La Provence*, lauréat « Enquête » du prix Varenne 2016, revient sur l'assassinat du guetteur de 16 ans au Clos la Rose.

exceptionnel » d'armes est saisi. Les Bengler sont arrêtés par le Raid le 14 décembre 2010. Mais cela n'empêche pas les règlements de compte de se poursuivre.

Le 1er novembre 2012, Nasseri Mhoumadi et Jimmy Itrisso sont tués, réponse à la disparition de Foued Bounaas, qui aurait voulu venger son frère mort en mars. Le 25 octobre 2015, c'est le triple homicide des Lauriers – dont deux ados de 15 ans –, fief des Blacks, puis en réplique la mort de l'un des chefs gitans Mohamed Mhoumadi dit Babouin (frère cadet de Nasseri) et d'Anthony Costa, tués dans leur BMW, à la sortie d'un tunnel sous le Vieux-Port ! Les frères Bengler, considérés comme des figures centrales de la guerre de la drogue à Marseille, qui inspirent même la crainte dans le milieu traditionnel, « de par leur volonté de tout fracasser », ont été condamnés, le 13 octobre 2016, à 20 ans de prison pour un violent enlèvement. Mais ils ont été acquittés pour le règlement de compte mortel commis en 2010 au Clos la Rose. Leurs trois coaccusés, dont l'un ne s'est pas présenté à son procès, ont été condamnés à des peines allant de 5 à 15 ans de prison.

En novembre 2017, les frères Ahamada, Djoussouf et Oukoutoub, ont eux aussi été lourdement condamnés, à 10 et 12 ans de prison. La journaliste marseillaise Clara Martot a couvert le procès et écrit pour le site *édj*[21] un long format révélateur des mœurs et coutumes du « charbon » au sein de la cité des Lauriers :

---

21. Clara Martot, « À la cité des Lauriers, le charbon a remplacé Pôle Emploi », site *Épris de justice*, 16 novembre 2017.

« Seuls deux hommes seraient en droit de donner des ordres au “lieutenant” Younes : Oukoutoub Ahamada, 28 ans, et Djoussouf Ahamada, 44 ans. Deux frères, dont le patronyme sonne comme le Graal aux oreilles des enquêteurs depuis des années.
“Les frères Ahamada, ce sont les patrons qui ne se déplacent pas. Ils ne vont pas aller se salir les mains”, dénonce la procureure. Quasiment absents des surveillances et des écoutes relevées, que reste-t-il à l'accusation ? Des gestes “paranoïaques”, comme celui de posséder trois téléphones portables. “Un train de vie hors du commun”, comme l'étrange habitude de se rendre aux Lauriers par “véhicule-relais”, c'est-à-dire en changeant de voiture à mi-parcours.
Contre Oukoutoub Ahamada, il a été requis 12 ans de prison. Retiré dans une petite commune tranquille, il ne va aux Lauriers que pour y “vérifier sa boîte aux lettres”, accuse la procureure. “Sur les écoutes, Oukoutoub Ahamada parle effectivement de boîte aux lettres. Alors qu'il s'agisse d'un code, ou s'il y met des choses, on ne sait pas. Mais c'est étrange : ces gens sont obsédés par leur boîte aux lettres !” »

*

Les tentatives et règlements de compte s'enchaînent toujours à coups de kalachnikov. Et les « barbecues » ont repris à Frais-Vallon, Félix-Pyat, après le confinement post-Covid : des corps d'hommes tués par balles sont retrouvés dans des voitures carbonisées en mai 2020. Pour marquer les esprits. Avec des cibles toujours plus jeunes et violemment tuées comme, le 18 novembre 2016, cet adolescent de 15 ans : ce modeste « chouf » d'un réseau de cité a été exécuté d'un tir dans le thorax et d'un second dans la tête une fois au sol, avant que son corps, avec les mains ligotées, ne soit incendié. Ses auteurs présumés devaient être jugés en 2021. Dans le barbecue de l'Estaque, en janvier 2021, le corps de l'une des victimes a même été démembré : « La peur s'est instillée dans les cités, dit ce localier marseillais, car les très jeunes, les petites mains des réseaux, se demandent de plus en plus si le jeu en vaut la chandelle[22]… »

« Quand les trafiquants veulent mettre un coup de pression sur un réseau, ils arrivent, ils tirent soit en l'air, soit sur les gens et forcément, les premiers qui prennent, ce sont les guetteurs et les charbonneurs (revendeurs, NDLA) […] Ils ont une peur terrible, ils voient ce que les mecs se font dans une bagnole, ils savent de quoi ils sont capables », raconte à France 3 Provence-Alpes-Côte-d'Azur (le 14 septembre 2021) un enquêteur de la brigade des stupéfiants de Marseille qui souhaite rester anonyme. « Même très jeunes, ils voient les grands qui amassent de l'argent, qui roulent dans de belles voitures, qui ont de l'influence, et ils ont des modèles qui ne sont pas les bons. » Une fois dans la combine, c'est l'impasse : « Un charbonneur, le jour où il veut partir du réseau, on ne le laisse pas partir, on va lui dire qu'il manque 3 000 euros

22. Après trois mois d'enquête, la PJ de Marseille a arrêté dix personnes, auteurs ou complices, soupçonnées d'avoir participé à des degrés divers aux trois assassinats, en décembre 2020 et janvier 2021. Trois hommes ont été mis en examen pour ces trois « barbecues ».

dans la sacoche - alors que c'est faux - que maintenant il va travailler deux mois gratuits. C'est très récurrent. La seule porte de sortie, c'est de quitter la région. »

Quartiers nord impénétrables

Les narcotrafiquants importants – « 40 à 50 caïds tiennent le haut du pavé dans les quartiers avec une surface financière inouïe » – ne reculent devant rien, cherchent à pérenniser le rentable trafic de stupéfiants tant les sommes en jeu sont considérables jusqu'à « contrôler » certains quartiers, devenus des zones de non-droit, et fouiller les véhicules de passage pour s'assurer qu'il n'y a pas de policiers cachés dans les coffres ! Ces quartiers nord sont impénétrables. Y compris par des équipes de cinéma : la minisérie choc et ultraréaliste de Netflix *Caïd* (Ange Basterga, Nicolas Lopez, 2021) a été tournée en mode caméra à l'épaule dans une cité de Martigues. Et le long-métrage d'action survitaminé de Cédric Jimenez, *Bac Nord* (2021) avec un épatant Gilles Lellouche, tiré de l'affaire de 2012 [lire « Vingt morts par an dans les cités »], a été filmé du côté de Port-de-Bouc. « Personne n'entre dans ces cités ! dit ce journaliste marseillais. Un, parce qu'elles sont interdites aux "étrangers". Et deux, parce qu'un tournage, ce serait trop de manque à gagner pour le business ! »

« Aujourd'hui, ça fume toujours plus, chez les adultes surtout, et pas qu'à Marseille, partout[23] ! confie cet éducateur social croisé dans une cité en mai 2021. Moi, je milite depuis

23. Il y aurait 5 millions d'usagers annuels en France, 900 000 fumeurs quotidiens.

longtemps pour une légalisation contrôlée du cannabis, dans le cadre d'une économie légale, comme avec l'alcool, interdit aux mineurs, mais bon, on pisse dans un violon. Les trafics illégaux, une véritable industrie, bien établie, ont encore de beaux jours devant eux... »

Le Sirasco, service d'analyse de la PJ, estime à 15 millions d'euros le chiffre d'affaires mensuel du trafic de drogue à Marseille. « Ces cinq dernières années, 10 tonnes de cannabis et 950 kg de cocaïne ont été saisis dans le département des Bouches-du-Rhône. Si la police continue de multiplier les offensives – 91 réseaux démantelés et 209 personnes écrouées en 2019 –, elle semble vider la mer avec une petite cuillère. Les magistrats, eux, jugent à tour de bras ces affaires où les réseaux renaissent à peine interrompus. En presque dix ans, ce sont 8 500 personnes qui ont été mises en cause, dont 3 500 incarcérées », écrivent, en décembre 2020, les journalistes du *Monde*[24].

Dans ce dossier, le quotidien national révèle un « conflit à mort », selon les termes d'un procureur de Marseille, entre deux clans rivaux : d'un côté Mohamed Djeha (cité de la Castellane), associé aux Boughanemi et de l'autre les frères Djouhoud[25]. L'un de ces caïds aurait « retourné » l'avocat

24. « Le narcobanditisme des cités de Marseille », « Avocat-star, voyous marseillais et téléphones cryptés : plongée inédite dans la grande criminalité », *Le Monde,* 16 décembre 2020.

25. Hamza Djouhoud, Marseillais d'origine comorienne de 33 ans, a été tué à Paris le 12 avril 2021. Il est mort sous le statut de mis en examen pour assassinat de Saufiane Hammami, en 2014, à Aix-en-Provence. Il était considéré « comme l'un des narcotrafiquants importants et craints » dans le sud de la France, selon *L'Obs* du 13 avril 2021. Les enquêteurs ont découvert que la victime entretenait des liens avec des figures du milieu corse.

le plus célèbre du barreau aixois, l'ancien bâtonnier Jean-Louis Keita. Cette figure aixoise est soupçonnée de lui avoir transmis des informations confidentielles sur plusieurs enquêtes concernant des trafiquants marseillais. Une méthode digne des vieux truands corso-marseillais…

« Les minots se charclent pour survivre »

En 2013, le journaliste marseillais Philippe Pujol arpente déjà depuis de nombreuses années cette gigantesque métropole de 1,5 million d'habitants, qui compte 144 cités. Les bandes des quartiers se disputent des territoires, selon des règles bien établies, qui restent malheureusement d'actualité quelques années plus tard.

« Les bandes sont organisées par cités, réseaux de proximité, avec un vrai brassage ethnique, je ne crois pas au communautarisme des bandits. Les équipes sont liées à la cité, elles sont mixtes, on y trouve Italiens, Chaouis algériens, Africains, Gitans, Comoriens, etc. », raconte Philippe Pujol[26]. « Ces bandes ne doivent pas déborder sur d'autres cités, sinon c'est la guerre. Les cités les plus importantes, tenues par des réseaux puissants comme Air Bel, la Cayolle, la Castellane, alimentent les plus petites. Il y a une hiérarchie classique. La famille Bagdad, par exemple, est éclatée sur trois cités. Ces gros réseaux sont pacifiés. C'est chez les petits réseaux, pressés par les gros, que ça s'entre-tue, car les minots sont pris au piège, on les fait fumer dès 12 ans, et on les endette […]. »

26. « Marseille, l'empire du milieu coupé en deux », enquête de l'auteur, *Sud-Ouest dimanche*, 31 mars 2013.

« À la Castellane, gros point de vente, où une demi-douzaine de réseaux coexistent, c'est 65 euros la vacation pour huit heures de boulot. Il suffit de compter : les jeunes dépensent entre 30 et 40 euros de shit par jour pour leur conso personnelle, ils se payent des baskets à 300 euros et des boucles d'oreilles dernier cri pour être dans le coup, sinon ils se font fracasser dans la cité, où le clinquant à la Tony Montana reste une valeur ; en plus d'être agressés physiquement, ces gosses ressentent une vraie pression consumériste. Ils s'endettent vite auprès du réseau, qui les tient à la gorge. Ils vivent chez leur mère, ne sont pas gavés de fric... Ces choufs, charbonneurs, petits dealers, travaillent pour les réseaux, et une fois qu'ils ne servent plus à rien, on les jette. Perdu pour perdu, certains tentent le coup et font venir 50 kg de shit, qu'ils tentent d'écouler seuls pour gagner plus. S'ils sont pris, ils se font charcler (trucider) par les gros, ce sont les fameux barbecues. »

Un autre phénomène exacerbe la concurrence en 2013 : « Il y a une baisse de la consommation, car les clients ont peur d'aller dans les cités, alors les gros points de vente cassent les prix. Du coup, aux Micocouliers, une cité mal placée pour la vente, il y a eu une bagarre entre petits qui a fait sept morts ; dans les journaux, on a parlé de 35 000 euros par jour. J'y suis allé pour vérifier, je suis resté une heure, il y avait *dégun* (personne), pas de clients ! C'est parce qu'ils galèrent qu'ils se tirent dessus... » « Ces gens dans les cités sont névrosés. Le premier médoc, c'est le shit, "tu en prends, tu vas mieux", tu es pris dans un engrenage. C'est là qu'il faut agir. La consommation festive, celle de la petite bourgeoisie du 8e, on ne la fera pas baisser[27]… »

La bande de Marignane

« Autour de l'étang de Berre, ça schlingue et ça flingue ! » prévient Doudou. À Lavera, Martigues ou Berre, les usines pétrolières empestent la zone. L'étang de Berre, l'un des plus grands étangs salés d'Europe, accueille des villes réputées calmes comme Istres, et sa BA 125, Martigues, la Venise provençale, mais aussi d'autres plus agitées du calibre, Vitrolles, Gignac et Marignane qui, en plus d'être la base de l'aéroport de Marseille-Provence est aussi celle de la bande de Gignac-Marignane. Celle-ci, mixte, au départ spécialisée dans les braquos et les bingos, ferait la loi dans les quartiers nord à grands coups de carottage (vol de drogue) à la suite du décès soudain de leur mentor le Rôtisseur : les morts, à partir de 2010, autour de Marseille, ce serait à cause d'elle !

La police marseillaise a mené un an d'enquête et réalisé un gros coup de filet fin novembre 2020. Les enquêteurs de l'antenne locale de l'Office antistupéfiants (Ofast) ont arrêté 14 individus, de « vrais voyous qui défraient les chroniques du narcobanditisme depuis plusieurs années », tous de la bande de Gignac-Marignane, selon les informations de France 3 et *La Provence*. Les flics ont saisi un demi-million d'euros, en liquide, chez des nourrices, somme qui leur

27. « Il est temps que l'État aide Marseille » : dans un entretien à *Corse Matin*, du 25 août 2021, Philippe Pujol décrypte l'escalade de violence dans les quartiers nord durant l'été 2021.

permet de racheter de la drogue et des armes. Deux fusils d'assaut kalachnikov et deux fusils à pompe, « avec leurs munitions et prêts à l'emploi », ont été saisis. Une précédente rafle d'armes, en juin 2020, avait déjà touché cette bande…

En remontant un caïd du clan, 37 ans, chargé de superviser plusieurs points de vente de drogue[28] sur la ville, les policiers ont mis sous l'éteignoir une dizaine de membres de ce réseau qui alimentait plusieurs points stups des cités marseillaises, le parc Kalliste, le plan d'Aou, Font-Vert et les Aygalades. La bande de Marignane, « composée de types expérimentés », selon un policier, récupère par l'intimidation les lieux de trafic : ils déboulent cagoulés, à plusieurs dans des voitures armés de kalach pour faire pression sur les points de vente, comme ce 10 novembre 2020 au *drive* de la cité Bassens. Les quatre gus en question, vêtus de noir et cagoulés, seront arrêtés par le Raid, après avoir tiré sur les forces de police, chez eux à… Gignac.

Entre membres de la même bande, la charclade a été sévère ! L'équipe de Marignane, au départ du côté du clan Remadnia, décimé dans la guerre contre les Tir [lire « Duel à trois bandes à Font-Vert »], s'est pris la tête, *as usual*, et s'est scindée en deux factions pour une raison non identifiée. Mais toujours est-il que dans les deux camps, on n'était pas contents : à tel point qu'un des chefs a été tué, en septembre 2018, devant l'hôpital de Martigues alors qu'il venait de déposer sa femme pour accoucher !

---

28. Du cannabis, sous forme de résine et d'herbe, et de cocaïne, les deux stupéfiants les plus écoulés à Marseille.

4 février 2018 – Parking de OK Corral, Cuges-les-Pins

Le point de départ de la guerre entre ex-comparses, selon une source locale, c'est le double assassinat, début février 2018, d'Antonio Martinez, surnommé Tonio, et de son chauffeur Oussama Slimane, dit l'Ours. Les corps carbonisés des deux victimes, tuées à bout portant, ont été découverts devant l'entrée d'un parc d'attractions à Cuges-les-Pins, à une trentaine de kilomètres de Marseille ! Un vrai règlement de compte à OK Corral. Un horrible barbecue en guise d'introduction à une guerre sur les cendres du réseau Remadnia qui a peut-être pris fin, provisoirement, avec l'arrestation d'une bonne partie de la bande de Marignane en mai 2019 puis, donc, en novembre 2020.

« Le shit, un commerce comme un autre »

Début septembre 2020, les flics de l'Ofast, toujours en mode *go fast*, avaient déjà démantelé un autre réseau d'envergure, surveillé de longue date, cité des Oliviers, dans le 13e[29]. Avec toujours le même pactole : des trafiquants connus,

29. Le 26 mai 2021, *La Provence* révélait une nouvelle descente de l'Ofast, cette fois à la Castellane. La PJ a démantelé le réseau des Ombrelles, « l'un des 5 plans stups qui cohabitent tant bien que mal dans la cité » avec 18 interpellations dont les têtes de pont, deux frères. Selon le quotidien, « des comptabilités saisies laisseraient penser que le chiffre d'affaires quotidien pouvait atteindre entre 30 000 et 40 000 euros. Après plusieurs heures de perquisitions, notamment dans de nombreux appartements nourrices, les enquêteurs ont mis la main sur un peu plus de 160 kg de résine de cannabis, 11 kg d'herbe de cannabis, 650 gr de cocaïne, 5 pistolets-automatiques, une kalachnikov et 225 000 euros en liquide ».

plus forcément très jeunes, de la drogue, du cannabis surtout, des fusils d'assaut, des munitions et de l'argent liquide. Un « bizness » qui rapporte gros – avant que la PJ ne frappe à la porte d'entrée –, jusqu'à 80 000 euros par jour !

En avril 2021, le président de la République Emmanuel Macron a lancé un « grand débat » sur la consommation de stupéfiants. Le ministre de l'Intérieur, Gérald Darmanin, veut aussi agir sur la prévention, trente ans après la dernière campagne nationale sur le sujet. En mai 2021, il a également annoncé une nouvelle amende, « qui sera à la main du policier », pour les guetteurs. Le gouvernement a fait de la lutte contre les stupéfiants une priorité absolue. À Marseille, début 2021, la nouvelle préfète de police, Frédérique Camilleri, 36 ans, a entrepris une stratégie de pilonnage dans les cités. Des renforts de CRS sont arrivés dans le secteur nord[30].

L'objectif des pouvoirs publics est de briser le cercle vicieux, « harceler les points de deal », en place depuis des années dans ces cités. « Sans éradiquer le trafic, faut pas rêver », dit l'éducateur de cité. Car ici, « dans la ville aux 156 plans stups » (les points de vente), la vie des jeunes délinquants est un éternel recommencement. Toujours le même laïus[31]. Les voyous jouent aux traders, « le shit, c'est un commerce comme un autre, rien de plus facile à monter, faut juste une bonne logistique, c'est pas digne du grand banditisme : ces caïds, ce sont des VRP, c'est de l'argent facile », lâche Gaspard.

30. *Le Monde*, mardi 30 mars 2021.

31. Philippe Pujol, *La Fabrique du monstre*, Les Arènes, 2016.

Puis les apprentis du shit sont invariablement coffrés par les forces de l'ordre, vite remplacés dans le réseau, ils partent pour un court séjour en prison, entre 4 et 5 ans, avant de se charcler à leur sortie pour reprendre possession du territoire. Une stratégie de reconquête qui mène soit à la morgue, soit à un retour précipité derrière les barreaux. Une histoire sans fin… Jusqu'à la légalisation du cannabis? Dépénaliser la consommation ne résoudrait pas tout. « Mais ça serait un début, même si les dealers se mettraient à vendre plus de cocaïne et d'autres drogues… », pense l'éducateur marseillais.

Pour l'enquêteur de la brigade des stups interrogé, en septembre 2021, par France 3 Alpes-Provence-Côte-d'Azur *(op.cit.)*, le passage par la crise prison n'est guère efficace. « Aujourd'hui, la prison c'est un lieu de rencontre! La répression comme elle est faite ne fonctionne pas. J'entends parler de guerre contre les stupéfiants, nous, à la brigade des stups, on est tous morts de rire. » La stratégie de pilonner les quartiers pour faire tomber des points de vente, saisir des stups, reste indispensable mais n'est pas décisive. Et de citer une opération coup de poing qui a permis de saisir 30 kg de drogue à Campagne-Lévêque l'été 2021. « Combien d'interpellés? Zéro! ça ne sert à rien, on leur a pris 30 kg mais ils font 70 000 et 100 000 euros par jour… ils n'en ont rien à faire. Même si vous interpellez le guetteur qui a 15 ans et le charbonneur qui en a 17, ça ne va pas casser le réseau… Derrière, la réponse pénale est très faible, quand il y en a une. »

« En fait, pour lui, la saisie de stups n'est pas le plus important, écrit la journaliste Annie Vergnenegre de France 3

PACA[32]. Pour frapper fort et désorganiser un réseau, il faut identifier et « taper » tous les maillons de la chaîne, du livreur jusqu'au gérant de point. « Dernièrement sur Tarascon, on a pris 11 personnes, du guetteur au jusqu'au patron, le point n'a pas rouvert à ce jour », assure l'enquêteur, qui ne se fait pas pour autant d'illusion. « Bien sûr qu'il va rouvrir, mais là, vous avez de l'impact ». À Marseille, un point de vente qui tombe rouvre… quasi instantanément. « Ma plus grosse saisie, c'est 324 kg sur une cité, une heure et demie après, le point était rouvert parce qu'on a tapé que dans les approvisionneurs pas dans la hiérarchie », raconte l'enquêteur de la brigade des stups. « Si vous enlevez les têtes, pour se réorganiser c'est très compliqué. Je ne dis pas que ça ne se remontera pas, mais ça va prendre du temps . » Si les descentes régulières sont à ses yeux nécessaires, la vraie solution pour lui, c'est une présence policière permanente au pied des immeubles. « Si on veut faire la guerre, il faut se donner les moyens, mettre une compagnie de CRS, à l'année, nuit et jour, 365 jours par an, 24 heures sur 24, dans chaque cité, et il n'y a plus de réseaux, plus de deals. Aujourd'hui, on met des CRS mais de 10 heures à 16 heures, et à 16 heures quand ils s'en vont, le point de vente rouvre… » La guerre contre les trafics de drogue doit se livrer à la source. » À Marseille, les trafics s'organisent principalement autour de l'herbe et de la résine de cannabis. 90 % du shit arrivent du Maroc.

« Tout le monde sait que ça vient de là-bas, alors qu'est-ce qu'on attend ? interroge l'enquêteur, c'est bien de faire une

32. Extrait du reportage « Trafic de drogue : lutte de territoires sanglante à Marseille, les dessous de la guerre des stups », France 3 Provence-Alpes-Côte d'Azur, publié le 14 septembre 2021.

guerre contre les stups, mais si on ne va pas à la source, ça ne sert à rien… c'est de la com. Si on veut vraiment s'attaquer au fond du problème, il faut verrouiller les frontières, c'est diplomatique. »

La guerre entre les deux rives

Loin des quartiers nord de Marseille, à Sartène, sous-préfecture du sud, « la plus corse des villes corses », avait écrit Prosper Mérimée, la guerre fait rage depuis l'ouverture des hostilités à la mort du parrain local Jean-Jé Colonna et de son cousin Jean-Claude Colonna en juin 2008 [lire « Vendetta Nord-Sud en Corse »]. Ici aussi, le trafic de stupéfiants bat son plein. Et l'immobilier est au centre des luttes sanguines entre clans liés à feu Georges Moretti (ex-FLNC), victime d'un règlement de compte mortel le 14 avril 2014, opposé à la bande du Valinco, fidèle à Jean-Jé.

Corse Matin a noirci ses pages de faits divers en comptant 11 morts et une demi-douzaine de tentatives liés à cette rivalité[1]. Mais c'est surtout à Ajaccio que la drogue, essentiellement la cocaïne, « véritable fléau », selon un policier,

1. Les victimes entre 2010 et 2019 sont Jean-Toussaint Giorgi, Cyril Lucchini, Charles Giacomoni, Jean-Pierre Giaccomoni (tentative), Pierre Balenci (tentative), Michaël Minighetti (tentative), Jacques Ettori, Adrien Chilini, Francis Sorba (tentative), Patrick Sorba, Jérôme Salvadori, Anthony Moretti (tentative), Georges Moretti, Paul-Dominique Nicolaï (tentatives en juin 2013 et 11 juillet 2014), Roger Sialelli (tentative), Adrien Susini (tentative), Christophe Minighetti, Humbert Danti et Nicolas Kedroff.

causent des dégâts irrémédiables, non seulement au sein de la jeunesse corse, mais aussi dans les rangs du milieu insulaire.

Du Vieux-Port à Sartène

À Sartène, comme dans de nombreuses autres micro-régions de l'île, la vendetta entamée en 2006 a provoqué des ondes de choc. Ici, sur les hauteurs de Propriano, les fils de Georges Moretti, les jumeaux Batti et Anthony, sorti indemne d'un règlement de compte en juin 2013, ont effectué un séjour en prison pour association de malfaiteurs et tentative d'homicide sur Patrick Sorba, mort le 24 octobre 2012. En septembre 2010, Pierre Balenci, un proche du clan Moretti, connu des services de police a été la cible des frères Ettori sur la place Porta, jour de marché à Sarté : il a tué en ripostant Jacques Ettori. En mai 2014, son frère François, défendu par Me Mariaggi, a été condamné à 18 ans, Balenci, soutenu par Mes Paul et Anna-Maria Sollacaro, fils et fille de feu Antoine Sollacaro, a pris 4 ans pour port d'arme.

Début 2019, la rivalité, après un cessez-le-feu de plusieurs années, s'est rallumée avec le décès coup sur coup de proches des Moretti, un restaurateur sartenais, âgé de 36 ans, en janvier, et son témoin de mariage, connu défavorablement des services de police, le 22 mai 2019. Ce dernier a été tué à l'arme lourde pour percer le blindage de sa BMW. Les règlements de compte entre bandes rivales ont repris, selon les enquêteurs, en raison de l'association des jumeaux de Sartène avec Guy Orsoni junior, 36 ans, sur Ajaccio. Le fils d'Alain Orsoni, qui porte le même nom que son oncle disparu en juin 1983[2], membre présumé du banditisme corse, est soupçonné d'être à la tête d'une équipe en guerre ouverte avec celle du *Petit Bar* sur Ajaccio et ses alentours pour le contrôle du trafic de stups et des machines à sous.

« Cette accalmie ne doit pas faire oublier la présence endémique d'un grand banditisme aux dérives mafieuses, insiste le Sirasco. Les clans se reconstituent à la sortie de prison de leurs membres incontournables. » Depuis la reprise des tensions entre clans opposés du sud de l'île, police et gendarmerie ont arrêté les principaux acteurs du grand banditisme local. « Mais les rivalités ne sont pas éteintes pour autant, raconte ce journaliste ajaccien. Toujours à cause de la drogue, débarquée en force sur l'île il y a une quinzaine d'années et dont la consommation a explosé ces derniers temps ! La cocaïne a fait la fortune et la puissance du *Petit Bar*. Dès 2006, ils avaient mis en place une filière d'approvisionnement de drogue (du cannabis marocain) en hélicoptère depuis la Corse, *via* le Maroc et l'Espagne, jusqu'aux cités parisiennes. La justice a condamné des membres du *Petit Bar* (Mikaël Ettori et André Bacchiolleli) associés à un ancien président de la CCI d'Ajaccio, ex-MPA (Gilbert Casanova), un bien drôle d'équipage ! »

2. Le petit frère d'Alain Orsoni est kidnappé par une bande de voyous de la bande du Valinco de Jean Alfonsi, dit Jeannot le Long et porté disparu en juin 1983. Les nationalistes ont estimé qu'il s'agissait d'une action de barbouzes à la solde de l'État français, lequel a parlé de guerre de droit commun entre clans rivaux. Le FLNC a éliminé les présumés complices de la bande (Félix Rosso, le sous-préfet Pierre-Jean Massimi) avant qu'un commando composé de Pantaléon Alessandri, Noël Pantalacci, Pierre Albertini, tue le boss, le chimiste Jean-Marc Leccia et Salvatore Contini, un tueur sarde dans la prison d'Ajaccio ! Paul Andreani et le fils de Jean Alfonsi sont épargnés. Guy Orsoni est vengé le 17 juin 1984, l'année où naît Guy Orsoni junior.

Alain Lucchini visé

En 2016, de nouvelles alliances se créent sur le front ajaccien. « Guy Orsoni se serait rapproché de Marco Mattei, le boss du clan de Corscia, par l'entregent des frères Luciani d'Evisa, pour tenter de faire le poids contre leurs adversaires. Les trois équipes se sont échangé trois cibles pour brouiller les pistes, mais ça n'a pas marché et tout le monde a été condamné[3] », raconte ce membre du milieu corse.

Une tentative de règlement de compte, le 23 août 2018 sur Alain Lucchini, présenté comme un homme de poids à Ajaccio, réputé proche de la CCI, rallume les flammes de l'enfer. Cet ancien nationaliste, surnommé Le Sombre est méfiant, ne se déplace qu'en voiture blindée et serait toujours calibré. L'homme d'affaires ajaccien, dans la restauration et le monde de la nuit, habite une maison isolée de Bastelica, dernier village d'une route escarpée. Qu'il quitte en principe aux aurores pour se rendre en ville. Bref, difficile de l'approcher, d'autant que son village est truffé de caméras placées par ses soins.

Le 23 août 2018, deux « tueurs », équipés de perruques blondes et de fusils de chasse, à bord d'un Renault Scénic

---

3. L'un des derniers survivants du clan Mattéi, le chef, Marc Marie, dit le Vieux, a été jugé en juin 2019 par le tribunal correctionnel d'Ajaccio dans le cadre d'une association de malfaiteurs destinée à commettre un crime où l'on retrouve trois clans qui se sont entendus pour éliminer des voyous concurrents. Verdict : 8 ans pour Marc-Marie Mattei, David Taddei et Jean-Baptiste Ottavi, 7 ans pour Noël Luciani, 5 ans pour Maxime Luciani. Des peines qui sont supérieures au réquisitoire. Julien Napoleoni et Julien Bonevalle, eux, ont été condamnés respectivement à 2 ans de prison ferme et à 6 mois avec sursis.

immatriculé en Italie, selon le quotidien local, ont voulu le tuer et se sont trompés de cible : même voiture, un gros 4x4 noir de marque japonaise, courant en Corse, mais pas la bonne plaque et surtout pas la bonne personne à l'intérieur. Dans l'île, la mort d'un innocent, Jean Livrelli, dans cette guerre déroulée à l'infinie, a fait grand bruit[4].

13 septembre 2018 – Avenue de la Grande-Armée, Ajaccio

Le 13 septembre 2018, la réplique ne tarde pas : Guy Orsoni est victime d'une tentative de règlement de compte sur les hauteurs d'Ajaccio. Ses réflexes et son 4x4 Mercedes blindé – moyen de locomotion devenu très prisé en Corse – lui ont sauvé la vie. Cinquante étuis de kalachnikov ont été retrouvés sur les lieux ! Présenté par un enquêteur de police comme « une personnalité saillante du banditisme corse », le fils du Bel Alain, surveillé de près par les condés, est interpellé quelques jours plus tard à Ajaccio, le 19 octobre 2018, alors qu'il circulait sur une moto volée, en compagnie d'Anto Simonu Moretti. Les deux hommes, en treillis, portaient des sacs contenant des carabines à lunettes, dont une Steyr HS 460, et des cagoules : ils se trouvaient à proximité du domicile de Pascal Porri, membre présumé de la bande criminelle du *Petit Bar*.

---

4. Antoine Albertini, « "Je n'ai jamais fait de mal à personne et on me tue" : l'histoire tragique d'un retraité corse assassiné par erreur », *Le Monde*, 16 novembre 2020.

Déférés à Marseille, les fils des anciens nationalistes ont été mis en examen le 25 octobre 2018 avec deux autres hommes pour association de malfaiteurs en vue de commettre un crime, infraction à la législation sur les armes et recel en bande organisée. Ils ont été placés en détention provisoire jusqu'en février 2020 dans cette affaire, restant détenus depuis dans le cadre d'une autre affaire. Leurs avocats ont déposé plusieurs requêtes en nullité. L'une estimant par exemple que la Jirs de Marseille avait mis en examen leurs clients alors que le réquisitoire supplétif élargissant le champ de son enquête aux faits de crime en bande organisée n'était pas dans le dossier mis à disposition de la défense.

Partir au Nicaragua

Guy Orsoni, Anto Moretti et deux autres hommes ont également été mis en examen en décembre 2019 pour « assassinat en bande organisée » dans l'enquête sur le meurtre de Jean Livrelli, le retraité tué par erreur en août 2018. Au total, neuf personnes de la bande ont été mises en examen pour leur implication à des degrés divers dans ce meurtre. En octobre 2020, coup de théâtre, la chambre de l'instruction de la cour d'appel d'Aix-en-Provence annulait des mises en examen pour association de malfaiteurs datant d'octobre 2018 de Guy Orsoni, Anto Moretti et de deux autres hommes pour « irrégularité » de procédure.

Le fils de l'ex-leader nationaliste, 36 ans, a été condamné le 22 février 2021 en appel à 4 ans de prison pour association de malfaiteurs en vue de la délivrance de faux documents administratifs. Il avait été condamné pour ces faits le 30 juin 2015 en première instance à 8 ans de prison par la cour d'assises des Bouches-du-Rhône, qui l'avait dans le même temps acquitté – ainsi que ses coaccusés – de deux meurtres en bande organisée commis en Corse en 2009 et visant des membres du clan dit du Petit Bar. Devant la cour d'assises siégeant sans jurés, Guy Orsoni a contesté toute appartenance à une quelconque association de malfaiteurs. Comme il a contesté toute implication dans le meurtre de Jean Livrelli[5].

Dans son réquisitoire, l'avocat général Pierre Cortès a estimé que « Guy Orsoni n'[était] pas sorti de cette logique de règlements de comptes ». En octobre 2018, un mois et demi après avoir été blessé au bras alors qu'il circulait dans sa voiture blindée, « Guy Orsoni est arrêté la cagoule sur le visage et les armes à la main, à proximité du domicile de celui qui aurait essayé de le tuer », a rappelé l'avocat général, des propos rapportés par l'AFP. Inscrit à l'université en deuxième année de langues étrangères appliquées, Guy Orsoni a assuré vouloir rejoindre son père au Nicaragua, « pour éviter à mon fils de grandir dans ce contexte que je ne connais que trop »…

5. Un exploitant agricole de 27 ans a été assassiné le 24 février 2021, alors qu'il travaillait sur un terrain difficile d'accès, situé entre Carbuccia et Ucciani. Il avait été mis en examen en septembre pour avoir apporté un soutien logistique aux assassins de Jean Livrelli.

Deux morts à l'aéroport

5 décembre 2017 – Aéroport de Bastia-Poretta

Double règlement de compte à l'aéroport de Bastia-Poretta : deux figures du grand banditisme insulaire sont abattues, le 5 décembre 2017, en plein jour : Jean-Luc Codaccioni, 54 ans[6], et Tony Quilichini, 49 ans, dit Tony le Boucher, mort sur le coup, deux hommes très proches de Michel Tomi et Jean-Luc Germani. Une semaine après, les enquêteurs arrêtent Christophe et Richard Guazzelli, fils de feu Francis Guazzelli, tué en novembre 2009, un des membres fondateurs de la Brise de mer de Bastia, clan le plus puissant et le plus respecté durant plus de trente ans[7].

« Le double assassinat de Poretta a immédiatement fait ressurgir l'époque de la fin des années 2000 et des assassinats successifs des principaux fondateurs de la Brise de mer, que certains croyaient révolue, confie Marion Galland, journaliste en poste en Corse (à France Bleu) depuis dix-sept ans. Et l'enquête avançant, l'organisation et la préparation de ce double assassinat nous a tous stupéfaits. L'histoire des fils, la minutie et les années de préparation, l'implication presque insensée d'une gardienne de prison qui a joué un rôle actif

6. Cet ancien responsable de la sécurité du PMU au Gabon avait été condamné en février 2016 à 4 ans de prison pour association de malfaiteurs en vue de la préparation du meurtre en bande organisée de Jean-Claude Colonna, cousin de Jean-Jé Colonna. Quilichini avait été condamné dans la même affaire à 4 ans de prison dont 18 mois avec sursis.

7. Jacques Follorou, *Parrains corses. La guerre continue*, Plon, mai 2019.

et qui devait même empoisonner un détenu. Cette histoire était aussi tragique que hors norme. »

Marion Galland et Violette Lazard, journaliste d'investigation à *L'Obs*, ont enquêté sur la réplique des fils d'un baron de la Brise de mer associés à Ange-Marie Michelosi, fils d'un ex-chef du *Petit Bar*[8]. Huit ans après la mort de leurs pères. « Une vendetta, précise Marion Galland, c'est une vengeance qui se transmet d'une génération à l'autre ou d'un membre de la famille à un autre. Dans la vendetta, il y a souvent une question d'honneur. Il ne faut donc pas confondre cela avec les règlements de compte qui endeuillent la Corse depuis de nombreuses années et qui sont souvent liés à des guerres de territoires, ou des rivalités économiques. » « Les fils sont dans une vengeance pure, poursuit Violette Lazard. Mais leurs ennemis sont dans un système de fonctionnement mafieux. Leurs pères également. Ce fonctionnement les rend très puissants – mais non moins violents – évidemment. »

Les policiers ont appelé le trio le Clan des orphelins. Cette vendetta commencée en 2006 est une guerre pour l'honneur : cesseront-elles un jour ? « C'est un peu la question que pose ce livre, avec des fils que les pères ont pourtant tenté d'éloigner de ce monde du grand banditisme, en vain. Ils ne voulaient pas qu'ils aient la même vie qu'eux. Christophe Guazzelli, jusqu'à la mort de son père, semblait destiné à une tout autre vie. Plutôt doué pour le football, il avait même signé un contrat professionnel au FC Nantes. Sa vie a basculé le jour de l'assassinat de son père. Les gens qui le fréquentaient alors l'ont vu changer du jour au lendemain »,

---

8. Violette Lazard et Marion Galland, *Vendetta. Les héritiers de la Brise de mer*, Plon, 2020.

dit Marion Galland. « Une des femmes que j'ai rencontrées, devenue veuve au cours de cette guerre fratricide, m'a confié être très inquiète car elle a un fils. Il serait naïf de croire que cette histoire est terminée, évidemment », estime Violette Lazard, la première à avoir eu accès à l'enquête de police qui révélait les dessous de cette vengeance.

Les deux journalistes, au cours de leur enquête « sérieuse et d'intérêt général[9] » ont analysé les écoutes policières de Jean-Luc Germani en prison, où « la sonorisation de sa cellule montre que Germani a des vues sur des marchés publics par exemple, il évoque la construction de l'hôpital d'Ajaccio ou encore les marchés de la Chambre de commerce et d'industrie. » Elles ont aussi montré l'incroyable retournement d'une matonne de la prison de Borgo, qui donne l'accolade de la mort aux deux victimes de Bastia.

« Si on avait réalisé une fiction avec ce personnage, on aurait trouvé cela trop « gros », dit Marion Galland. Cette surveillante de prison, mère de cinq enfants, qui va basculer dans le crime après s'être éprise d'un détenu corse est à peine croyable. Car elle ne se contente pas d'être une exécutante, qui rendrait des services contre de l'argent. Elle se sent « membre du clan », elle prend des initiatives, se sent investie d'une mission, d'une vengeance qui n'est pas la sienne. Cette fan de polars au parcours atypique, qui a suivi des cours de

9. Les avocats de Jean-Luc Germani ont demandé de supprimer un chapitre où elles dévoilent des écoutes en prison avec un autre « fils de », Guy Orsoni junior : « La requête des avocats de Jean-Luc Germani nous a surprises à plusieurs titres : comment a-t-il pu obtenir le livre avant sa parution ? Nous aimerions bien le savoir. Par ailleurs, ce genre de démarche est très rare, donc non évidemment on ne s'y attendait pas. Mais le tribunal a tranché en notre faveur ce qui est un bon signal pour la liberté d'expression et la liberté de la presse. »

criminologie, n'a à l'origine aucune attache avec la Corse, va devenir une pièce maîtresse du projet criminel des héritiers. C'est une tragédie dans la tragédie[10]. »

Marion Galland et Violette Lazard ont rencontré l'ennemi présumé de Germani, Jacques Mariani, présenté comme l'héritier de la Brise de mer [lire « Merlini tombe avec Mariani »]. A-t-il soif de vengeance, lui aussi, comme ses *fratés*, les fils Guazzelli ? « En prison, il est comme un fauve en cage », lance cet observateur du milieu corse. Les deux journalistes sont plus nuancées : « Jacques Mariani a passé les deux tiers de sa vie en prison, il n'est pas adapté à la société. Mais lors d'une courte période de liberté il a découvert son fils. Il est quelque part devenu père d'un coup (son fils avait 6 mois à son entrée en prison, 17 ans à sa sortie). Comme son père avant lui, il souhaite désormais éloigner son fils de ce monde. Le protéger. Arrivera-t-il pour cela à définitivement mettre de côté ses rêves de vengeance, il est bien difficile de répondre à cette question. »

Deal de stups à Ajaccio

Si, à Marseille, le milieu dit traditionnel ne s'entre-tue plus et laisse la chronique mortifère aux gangs des quartiers, en Corse, les règlements de compte restent l'apanage du grand banditisme insulaire. Avec cette particularité îlienne, dans quelques microrégions (plaine Orientale, Balagne), où

10. Violette Lazard, « "Je suis une tueuse" : les mystères de Cathy la matonne "corsicalisée" », *L'Obs*, 16 mai 2021.

ça défouraille entre « natios », « natios voyous » et voyous. Un énième projet de crime a été déjoué en Costa Verde début mai 2021. À Moriani, dans l'ouest de l'île, policiers et gendarmes, dans une enquête pilotée par un juge de la Jirs de Marseille, après l'assassinat de Stéphane Leca, ancien militant nationaliste tué à San-Nicolao-di-Moriani le 19 octobre 2020, ont interpellé 5 personnes avant leur passage à l'acte. Ces hommes « très défavorablement connus des services de police et de la justice » ont été mis en examen pour association de malfaiteurs en vue de commettre un crime, selon les informations de France 3 Corse Viastella.

« Il y a aussi des règlements de compte à Paris, Nantes, Grenoble, etc. ceci n'est pas spécifique à la Corse, analyse Marion Galland. La particularité du banditisme insulaire est ailleurs : ses groupes criminels ont su tisser leurs toiles dans les sphères économique, politique, touristique, etc. C'est pour cette raison qu'elles sont parfois apparentées à des mafias ou que l'on parle de dérive mafieuse. »

Depuis le déclenchement de la lutte finale en 2006, et quelque 375 homicides en vingt ans, de l'eau a coulé sous le pont du Ricanto à Ajaccio : l'affrontement entre le *Petit Bar*, ses équipes associées au gré des business, et le clan rival regroupé autour du fils du Bel Alain, s'est mis en sommeil au rythme des morts et des arrestations, à commencer par celle de Guy Orsoni en fin d'année 2019. Même si le coup de filet orchestré sur le *Petit Bar*, en septembre 2020, n'a pas eu l'effet immédiat escompté, trois gros poissons de la bande,

Mickaël Ettori, Pascal Porri, André Bacchiolelli[11] ont pris le maquis, avertis par un mouchard d'une descente de police imminente.

« Certaines personnes sont mortes ou en prison et le milieu a horreur du vide, dit Marion Galland. La Corse est un petit territoire avec une densité criminelle peut-être plus forte qu'ailleurs. C'est l'une des régions les plus pauvres de France où le rêve de l'argent facile peut vite entraîner une jeunesse en mal de repères. »

Cette jeunesse désœuvrée a toujours existé. Les clans mafieux n'ont jamais eu de mal à recruter leurs « soldats » sur l'île de Beauté où la violence et les armes à feux font, quelque part, partie de la tradition. Cette « précarisation

11. André Bacchiolelli a été interpellé lundi 5 juillet 2021 sans violence sur un scooter à Bastelicaccia, en périphérie d'Ajaccio, et a été placé en garde à vue à la section de recherche de la gendarmerie de Corse. Puis il a été mis en examen dans le dossier de la tentative d'assassinat contre Guy Orsoni « des chefs de tentative d'homicide volontaire en bande organisée, d'association de malfaiteurs et de recel en bande organisée. Il a été placé sous mandat de dépôt le 9 juillet », a précisé à l'AFP la procureure de Marseille Dominique Laurens. Pascal Porri a été interpellé mercredi 15 septembre 2021 « sans heurt » vers 20 h 30 par le GIGN au restaurant d'un hôtel cinq étoiles de Porto-Vecchio. Il était attendu le jour même à la cour d'appel de Bastia pour être rejugé dans une affaire d'abus de biens sociaux impliquant l'ex-PDG de Corse-Matin, Antony Perrino, dans laquelle il a été condamné en première instance à 16 mois de prison ferme. Le procès a été renvoyé à janvier 2022. Porri a été mis en examen mardi 21 septembre par un juge d'instruction de la JIRS de Marseille dans deux enquêtes : pour tentative d'assassinat de Guy Orsoni le 13 septembre 2018 à Ajaccio et pour avoir pratiqué des activités financières présumées occultes avec la bande criminelle du Petit Bar. Ces mises en examen « vont être contestées dans le délai de la procédure », a indiqué dans un communiqué transmis à l'AFP son avocat Emmanuel Molina, jugeant « que de très faibles et hypothétiques indices ne peuvent valablement et à terme constituer le socle procédural solide que tout justiciable est en droit d'exiger d'une justice rigoureuse et équitable ».

avancée d'une large frange du banditisme corse, prolétarisé » a été confirmée par Antoine Albertini dans une enquête du *Monde*, parue le 16 novembre 2020, à propos de la mort de Jean Livrelli. Le journaliste corse du quotidien national a eu accès aux milliers de pages du dossier et lève un coin de voile sur « une réalité méconnue » :

> « Loin des caïds d'antan, des patrons de cercles de jeux, des parrains, "aussi à l'aise au bordel qu'aux ministères", selon la formule d'un policier, la plupart des suspects de l'affaire Livrelli et leur entourage fantasment le gros coup, mais pointent au Revenu de solidarité active (RSA) et enchaînent les séjours en prison après chaque braquage raté, chaque trafic de stups éventé. Des "tocards du crime", résume un enquêteur dans un PV. »

Génération Scarface

Été 2020, à Ajaccio, une « petite bande de copains, des dealers surtout, a voulu jouer dans la cour des grands », selon le gendarme Mario. Profitant d'arrestations dans le conflit entre le *Petit Bar* et les associés d'Orsoni Jr, la bande a défrayé la chronique des faits divers. Ici, on retrouve à la fois des jeunes en manque de repères, illustrant cette paupérisation du milieu corse décrite dans l'article du *Monde*. Des fils d'hommes connus des services de police mais aussi de notables, « la génération *Scarface* », comme les décrit ce journaliste insulaire pour parler de la nouvelle lignée de voyous ajacciens.

Alexandre Giacopelli, 28 ans, gérant d'un chenil, a été tué sur le coup le 18 juin 2020 à la mi-journée à la terrasse d'un snack du centre-ville, tenu par sa tante. Membre d'une bande identifiée par la police[12], il avait été condamné dans le passé « à plusieurs reprises pour des faits de vols aggravés, d'extorsion et de violences aggravées », d'après la procureure de la République d'Ajaccio Carine Greff. Selon une source proche de l'enquête, deux tireurs arrivés en courant l'avaient atteint à plusieurs reprises et « achevé » à bout portant d'une balle dans la tête.

Quelques jours avant, le 7 juin 2020, un tireur casqué avait tué par balles un homme, directeur des sports à Ajaccio, *a priori* par erreur, et en avait blessé un second, connu des services de police (François-Xavier Salini-Ricci) dans une brasserie de la périphérie d'Ajaccio, l'*Aktuel*. L'assassinat de Giacopelli est, selon la justice, une réplique à ce règlement de compte en partie raté. Pour la Jirs, l'origine possible de ces assassinats est un différend au sein de cette bande de malfaiteurs qui se seraient divisés.

Dans cette affaire, Yohan de la Foata, 35 ans, fils de Philippe, fratrie bien connue à Ajaccio[13] a été mis en examen le 12 décembre 2020, pour assassinat en bande organisée et association de malfaiteurs. Le gérant de l'*Aktuel* a été

---

12. Alexandre Giacopelli avait été condamné avec Jonathan Gambarelli, Wilfried Bourgeaud, Pierre Dominique Rutili, Anthony Tolla, Sébastien di Datto. Dans une autre affaire avaient été cités Jérémy Giarizzo, Majid Hirsch, Thomas Rosano, François-Xavier Salini-Ricci (*Corse Matin*).

13. De la Foata, fratrie redoutée de braqueurs chevronnés proche du clan Polverelli. Jean-Jacques de la Foata et son frère Joël (dans une affaire de droit commun) ont été tués en 2006 et 2010. Philippe, père de Yohan de la Foata, a échappé à trois tentatives de règlements de compte.

incarcéré à la maison d'arrêt de Luynes. Il nie les faits qui lui sont reprochés, selon son avocat maître Jean Comiti. Le 9 février 2021, la cible supposée de l'*Aktuel*, François-Xavier Salini-Ricci, a été tuée par un tir de riposte au cours d'une opération policière à Grosseto-Prugna, en Corse du Sud…

*

Vendetta à Cargèse

12 septembre 2019 – Paillote 1768, plage du Pero, Cargèse

D'Ajaccio à Cargèse, il n'y a qu'un saut de bateau : le village, dont sont originaires deux membres du commando qui a tué le préfet Claude Érignac (Pierre Alessandri et Yvan Colonna), est le terrain d'une terrible vendetta enclenchée avec la mort de Maxime Susini, 36 ans, militant écologiste et nationaliste à Core in Fronte, le 12 septembre 2019 sur la plage du Pero, où il tenait une paillote. Il a été tué au fusil à lunette en ouvrant la cuisine de sa cabane. Son mouvement a dénoncé des « groupes mafieux qui se permettent de tuer et de faire la loi pour l'argent ». « L'État français qui a mené la guerre aux nationalistes ces 40 dernières années porte une responsabilité importante dans cette situation de ruine. Et ne peut pas faire semblant de ne pas le savoir », ajoute le mouvement nationaliste.

Adam Nossiter, envoyé spécial du *New York Times* sur l'île de Beauté, écrit, le 19 janvier 2020 :

> « Dans une région dont l'économie dépend en grande partie des touristes séduits par l'âpre beauté des côtes, tous ceux qui, à l'instar de Massimu Susini, osent s'élever publiquement contre le bétonnage des côtes, les constructions sauvages ou le trafic de drogue local s'exposent aux représailles de forces apparemment omniprésentes mais obscures qui terrorisent les Corses au point de les contraindre à une conspiration du silence.
> "Il y a des gens qui savent mais qui ne veulent rien dire", confie François Susini, s'arrêtant sur la plage où des sympathisants ont planté un drapeau à la tête de Maure à l'endroit où son fils est tombé. »

L'oncle du défunt, Jean-Toussaint Plasenzotti, dont le fils tenait la paillote avec Massimu Susini, a clamé sa douleur dans *Le Parisien* : « Ils ont tiré comme à la fête foraine. Nous savions qu'il était menacé de mort. Et lui aussi en était conscient. » Et le professeur de corse de désigner clairement les assassins de son neveu :

> « Une petite bande locale impliquée dans le trafic de drogue et le racket, adossée à un groupe d'Ajaccio. Massimu s'était opposé physiquement à eux. Il a fait savoir son désaccord. Mais il n'a pas voulu s'armer, refusant de vivre lui-même comme un voyou. Nous ne sommes pas face à une mafia constituée, mais face

> à une mafia en voie de constitution. Elle avance. Si on ne l'arrête pas, elle fera encore un pas de plus… »

Plus d'un millier de personnes étaient présentes aux obsèques, signe que le deuil cette fois était partagé au-delà du cercle nationaliste.

Dans le viseur de la famille de Susini et de Core in Fronte, une « bande de crapules qui sévissait à Cargèse » : cette équipe fait régner sa loi autour de la famille Carboni, dont le père Louis, 64 ans, fiché au grand banditisme depuis 1976, a déjà été condamné une quinzaine de fois, notamment pour meurtre, vol, recel, port d'arme, trafic de stupéfiants ou évasion, pour un total de 46 ans de prison. Son fils Mickaël Carboni, 29 ans, a été condamné pour trafic de stups avec son ami Ange-Marie Gaffory, 35 ans. Soupçonnés d'être impliqués dans l'assassinat de Jean-Michel German en 2016 à Alata, les deux hommes ont été acquittés de ce meurtre, le 31 mars 2021, et se sont vus infliger des peines de 4 ans de prison pour des faits connexes (AFP).

« Chjami e rispondi »

Cette bande de Cargèse-Sagone est, selon la PJ, en connexion avec une équipe d'Ajaccio adossée à un clan plus puissant : un des leurs, Karim Absi, a été abattu en juin 2017. Absi était le cousin de Nizar Feddaoui, membre du milieu ajaccien, proche des jumeaux Pantalacci, « fils de bonne famille qui roulent pour eux à Ajaccio » : il a été acquitté pour le crime d'Yves Manunta, mais condamné à 15 ans de réclusion criminelle pour l'incendie de la voiture utilisée par les tueurs.

En novembre 2020, le patriarche du clan Carboni, Louis, a été arrêté à Vero, armé d'un 357 magnum chargé et un gilet pare-balles dans un 4x4 blindé[14]. « J'avais une arme parce que j'ai eu un malheur dans ma famille et que j'ai été désigné comme la prochaine victime », a-t-il dit lors d'une audience de comparution immédiate, faisant référence à l'assassinat en août 2020 de son fils Tony Carboni, 36 ans, inconnu des services de police, à Ota (Corse du Sud).

À la suite de cette probable réplique, les deux « camps » se sont affrontés par voix de communiqué, *« chjami e rispondi »*, faisant craindre le pire aux autorités. La famille Carboni a dénoncé « une campagne médiatique organisée à dessein dans le but de désigner à tort des coupables », regrettant entre les lignes d'avoir été pointée du doigt dans l'assassinat de Maxime Susini. Le collectif antimafia Maxime Susini s'est alors senti visé par les propos de la famille Carboni, qu'il assimilait à des « menaces de mort », s'estimant « en droit de se défendre si la vie de ses membres se voyait menacée ».

En janvier 2021, policiers et gendarmes ont arrêté, à Ajaccio, une équipe proche du clan Carboni « en train de monter sur une cible du camp adverse ». Trois personnes munies d'une kalachnikov et de gilets pare-balles à bord de voitures volées. « L'association de malfaiteurs du rond-point d'Afa début janvier fait suite à plusieurs actes de procédures qui s'emboîtent, confie une source proche de l'enquête : le

14. Le 11 décembre 2020, Louis Carboni a écopé de 4 ans de prison ferme pour détention et transport d'arme, de 15 ans d'interdiction de port d'armes et d'une amende douanière de 1 060 euros. Incarcéré à la prison des Baumettes à Marseille, il a été extrait de sa cellule le 7 janvier 2021 pour répondre aux questions des enquêteurs dans ce nouveau dossier.

comportement et les rendez-vous de Louis Carboni après la mort de son fils Tony, l'interpellation de Louis Carboni par la douane, les filatures par les services de police des personnes au contact de Carboni, les "Arabes", Jean-François S. entre autres… Le personnage central Yassine A. est un voyou condamné pour attaque à main armée, séquestration et trafic de stupéfiants. Il était proche d'un autre clan, mais a changé de bord. »

Le *Petit Bar* dans la tourmente

C'est curieux, chez les journalistes, ce besoin de donner le nom de leur bistrot préféré aux bandes de voyous corses ! *Le Petit Bar*, nom du troquet tenu autrefois par Francis Castola et Pascal Porri, a pris de l'épaisseur depuis la guerre déclenchée en 2006, « ce groupe criminel est l'égal de la Brise de mer de Bastia », selon un suiveur du milieu corse. Le « Petit », dans le sillage de son chef Jacques Santoni, 43 ans, « héritier d'un système mafieux insulaire[15] », cloué sur un fauteuil roulant depuis un accident de moto en 2002, est devenu grand en écartant les rivaux du MPA puis en frayant avec les mondes économique, franc-maçonnique et politique de l'agglo corse, et bien au-delà. Le parcours du *Petit Bar* d'Ajaccio, entre jeux, braquages, stups et football, est révélateur du grand banditisme corse[16].

---

15. Jacques Follorou, « Jacques Santoni, le cerveau de la Corse du Sud », 30 juillet 2020.

16. Jacques Follorou et Simon Piel, « Le *Petit Bar*, une saga corse », *Le Monde*, 20 février 2018.

« Quand j'étais préfet de police à Marseille, je me disais que ce qu'écrivaient les RG en Corse sur le rôle de la bande du *Petit Bar* dans les années où, manifestement, cela n'intéressait personne, cela aurait pu servir. Pendant dix ans, on a laissé courir le *Petit Bar* alors que l'on avait identifié le rôle très malsain de cette équipe. Et il fallait donc savoir lire, ce qui n'a pas été le cas », dit, dans *Corsica* en février 2014, le Corse Bernard Squarcini, ex-patron des renseignements généraux, directeur de la DGSI sous Nicolas Sarkozy avant d'être éjecté *manu militari* par le pouvoir socialiste.

Le *Petit Bar* est sous les feux de la rampe médiatique depuis quinze ans. Son ascension est décryptée à intervalles réguliers dans les journaux et les magazines parisiens, les enquêtes et articles de fond sur les réseaux du clan s'enchaînent avec la régularité des arrestations et de leur comparution devant les tribunaux dans leur participation présumée à la guerre avec le clan d'en face, notamment dans les meurtres des deux Antoine, Sollacaro[17] et Nivaggioni[18].

---

17. Dans le cadre de l'enquête sur l'assassinat du bâtonnier Antoine Sollacaro, tué le 16 octobre 2012, Pascal Porri avait été interpellé en décembre 2013 avec trois membres présumés de la bande Petit Bar : Mickaël Ettori, André Bacchiolelli et Jacques Santoni. Porri avait été mis en examen « pour association de malfaiteurs en vue d'assassinat » et « recel de moto », mais ces mises en examen ont été annulées par la chambre de l'instruction de la cour d'appel d'Aix-en-Provence en juillet 2014.

18. Eric Coppolani, fils de Gavin Coppolani, braqueur ajaccien tombé dans la guerre entre Corses et Italiens à Grenoble dans les années 1970, a été condamné à 30 ans de réclusion pour le meurtre d'Antoine Nivaggioni. Coppolani (dont on avait retrouvé l'ADN sur un bouchon d'une camionnette ayant servi à surveiller la victime) était dans le coffre de la voiture et a été désigné comme le tireur principal (l'autre, dans la malle arrière, n'a été jamais identifié) par un repenti, Patrick Giovannoni, petite main du *Petit Bar*.

« Il n'y a jamais eu autant d'articles sur un clan en Corse que sur eux, cette exposition, ce n'est pas bon pour les affaires, dit un membre du milieu. C'est même une situation inédite dans une île où d'habitude personne ne parle. Là, c'est encore l'omerta. Mais à Ajaccio, 70 000 habitants, un gros village corse quoi, tout le monde se connaît, se côtoie, depuis les bancs de l'école, autour des terrains de foot et a dans ses relations plus ou moins éloignées des membres de l'entourage du *Petit Bar*, qui font partie de la société locale… »

À commencer par Antony Perrino, promoteur immobilier à l'ascension fulgurante, ex-P-DG de *Corse-Matin,* inquiété en mars 2019 par police et justice pour ses liens avec Pascal Porri, membre présumé du *Petit Bar*, à qui il louait à prix d'ami… d'enfance un appartement de 200 mètres carrés au dernier étage d'un immeuble ajaccien construit face à la mer par le groupe immobilier… d'Antony Perrino. L'homme d'affaires affirmait alors louer cet appartement à un copain de jeunesse « sans aucune relation contraignante ». Il a été condamné à une amende de 15 000 euros en première instance pour abus de biens sociaux, et a fait appel[19]. Le début des ennuis pour le *Petit Bar* et ses affidés. Avec le lancement de la plus grande enquête judiciaire financière jamais menée en Corse contre le crime organisé.

L'héritier d'une des plus grosses fortunes de Corse, toujours actionnaire du quotidien local, a été arrêté,

19. Le procureur avait requis 8 mois de prison contre Perrino. Lequel a fait appel, ce procès a été renvoyé au 5 janvier 2022 (*AFP* du 15 septembre 2021). Il a été libéré en octobre 2021 après neuf mois de prison. Il reste mis en examen et placé sous contrôle judiciaire.

avec vingt autres personnes, en janvier 2021. C'était un dimanche. Cette rafle en Corse et sur le continent a été effectuée dans le cadre de l'enquête financière menée par un juge d'instruction de la juridiction interrégionale spécialisée de Marseille sur des membres du *Petit Bar*. Jacques Santoni, le chef présumé de la bande, « homme au teint mat et au cheveu court » (*Le Monde*), surnommé Tahiti, a été placé en garde à vue à Paris et écroué. Les compagnes et des proches de plusieurs membres présumés du *Petit Bar* ont été visés par ces arrestations, dont au moins huit ont été effectuées à Ajaccio par la gendarmerie.

Ces nouvelles interpellations faisaient suite à une vague d'arrestations et de perquisitions effectuées le 28 septembre 2020 en Corse et en Suisse, dans le cadre des deux volets de l'enquête visant la bande criminelle la plus puissante de Corse. D'abord au plan criminel pour une tentative d'assassinat contre Guy Orsoni. Puis, sur le plan financier, les enquêteurs cherchent à démanteler les réseaux de blanchiment de fonds du Petit Bar à l'international. D'après *Le Monde*[20], quelque 48 millions d'investissements offshore et immobiliers auraient permis au groupe criminel de blanchir son argent sale. Selon la présidente de la chambre de l'instruction de la cour d'appel d'Aix-en-Provence, « Jacques Santoni pourrait avoir un rôle d'organisateur dans différents projets immobiliers dans des stations de ski réputées ».

---

20. Les journalistes spécialisés du *Monde* Jacques Follorou et Yves Bordenave ont publié plusieurs enquêtes sur le *Petit Bar*, le « gratin de la mafia corse » en octobre et novembre 2020. À lire aussi, toujours dans *Le Monde* : « Gang du Petit Bar : Antony Perrino, héritier d'une des plus grosses fortunes de Corse, rattrapé par ses amitiés », 31 mai 2021.

« Comme à chaque fois, vu que tous les homicides en Corse sont effectués par des pros du grand banditisme et ne laissent pas de traces, les autorités vont les accrocher pour le fric, le blanchiment, dit l'ancien gendarme Mario, pas peu fier du travail de ses collègues. Il n'y a que ça de vrai, l'argent, tu tapes le portefeuille du clan, tu les mets à sec ! Les forces de l'ordre ont saisi des appartements, des bijoux, des voitures et fermé des comptes bancaires. Le *Petit Bar* s'est fait Alcaponiser ! »

Le trio du Petit Bar *prend le maquis*

Au départ de l'enquête au long cours, avec des mois de filatures, sur le *Petit Bar*, la police judiciaire est à la manœuvre. Nom de code de l'opération menée depuis deux ans sur le gang corse, « Émail diamant ». La PJ transmet à la justice, le 4 septembre 2020, « un vrai guide pratique du blanchiment d'argent sale », selon *Le Canard enchaîné*[21] où l'on retrouve sous la plume enjouée des journalistes les termes « espèces, billets de 500 euros, les mauves, hommes de confiance, banque occulte, bureau de change parisien, trésor de guerre, loto, ticket gagnant (en l'espèce 4 115 700 euros !), immobilier, col blanc, facilitateur, patron du BTP, amateur de foot, Courchevel, Hong Kong, Johannesburg et… Ajaccio ».

Dans l'autre volet du dossier, l'enquête sur la tentative d'homicide de Guy Orsoni, Jacques Santoni, a déjà été mis en examen après le coup de filet du 28 septembre. Ce jour-là,

21. Didier Hassoux et Christophe Labbé, « Corse, la lessiveuse à millions de la bande du Petit Bar », *Le Canard enchaîné*, mercredi 28 octobre 2020.

c'était un lundi, trois membres importants de la bande du Petit Bar avaient échappé au coup de filet de la PJ et du Raid. Un fiasco. Les lieutenants de Santoni, Mickaël Ettori, dit Canapé, Pascal Porri, « l'homme au calibre apparent », pour Violette Lazard dans *L'Obs* (« L'insaisissable clan du *Petit Bar* », 14 janvier 2021) et André Bacchiolelli « ont tranquillement pris le maquis grâce à des poulets complices », écrit *Le Canard*. Porri et Bacchiolelli ont été repris par les gendarmes alors qu'ils effectuaient leur cavale en… Corse !

En Corse en général, et à Ajaccio en particulier, la porosité entre flics et voyous ne fait pas seulement penser à un film avec Jean-Paul Belmondo. « Cette corruption passive est réelle », dit l'ex-pandore. « On parle là d'associés », selon cette autre source. La juge de la Jirs n'a pas aimé les méthodes de la PJ insulaire et de l'Office central de lutte contre le crime organisé (OCLCO) basé en région parisienne. Elle a dessaisi la PJ pour confier les deux volets de l'enquête à la gendarmerie corse. Un camouflet pour les condés et leur nouveau chef, Lucien Arleri, débarqué d'Angers quelques mois plus tôt. Et exfiltré de l'île sans gants à l'issue d'une enquête judiciaire pour « violation du secret de l'enquête » et une enquête administrative de l'Inspection générale de la police nationale menées tambour battant.

Dans un *Zoom* de la rédaction de France Inter (« Criminalité organisée en Corse : le petit bar "calmé", une forme d'omerta toujours très profonde », vendredi 9 juillet 2021), Jean Leandri, le délégué régional de l'Union syndicale des magistrats à Ajaccio, se félicite de ce changement radical dans les modes d'enquête : « Je me réjouis de ce que, apparemment, il y ait une évolution notable qui est de faire un travail en amont sur des gens qui sont identifiés puisqu'on a des surveillances, des filatures, des écoutes et ça, c'est un travail de bonne police. » Et le magistrat de rappeler dans le reportage que « durant des années, le travail de la police judiciaire aura été "pollué" par les enquêtes sur les attentats et les pseudo-rackets sous couvert d'entreprises nationalistes où l'on se contentait de chercher des indices, des traces ADN (généralement bien effacées par les malfrats) après coup ».

Placé en garde à vue, un major de police soupçonné d'être « la taupe » de la bande du Petit Bar a été mis en examen lundi 12 avril 2021 pour violation du secret professionnel et corruption passive, selon une information révélée par *Le Point*. Policier de la Direction départementale de la sécurité publique (DDSP) d'Ajaccio, le major Yves Robert est soupçonné d'avoir communiqué des informations à Jean-Laurent Susini, beau-frère de Jacques Santoni. Il a été placé sous contrôle judiciaire avec « interdiction de se rendre en Corse ».

Contacté par l'AFP, le juge Gilbert Thiel, aujourd'hui à la retraite, a indiqué avoir dessaisi pour « manque de loyauté » la PJ de Corse en avril 2014, après des révélations de ce même Yves Robert, qui travaillait alors à la PJ d'Ajaccio sur une enquête dont le magistrat avait la charge sur des attentats à la roquette contre des casernes de gendarmerie en 2013. L'enquête avait permis de découvrir l'ADN d'Antoine Pes, un nationaliste déjà condamné et « bien connu de la justice », dans un « box conspiratif » à Ajaccio, selon le juge. Mais, « surprise ! », « le major Robert était venu dire, "ce n'est pas possible, j'étais avec lui, c'est un informateur des services", sauf que cet informateur n'était pas enregistré conformément à la réglementation interne de la police nationale », a affirmé le juge Thiel. Le policier n'a fait l'objet d'aucune sanction judiciaire ou administrative dans ce dossier, a indiqué son avocat à l'Agence France presse[22].

« Ce n'est pas la première, ni la dernière fois que des policiers en poste sur l'île jouent avec le feu, en faisant donnant-donnant avec des indics et des gens du milieu, estime ce militant d'association corse. Les compromissions avec les nationalistes sous Joxe puis Pasqua, les longues cavales de Casanova et de Nivaggioni, le mélange des informations entre voyous et services… Bon, *a priori*, ça, c'est fini, c'était l'ancien monde ! (sourire) Le ministère de l'Intérieur en a assez et là, en plus, le CV du truand (José Menconi) a dû faire chauffer les juges ! Menconi, un ancien pistolero de la Brise de mer, bien implanté dans le Var et à Paris, c'est du lourd, et peut-être que le nouveau patron de la PJ, récemment arrivé dans l'île, ne le connaissait pas. C'était un Corse pourtant[23]… »

---

22. Plusieurs sources proches du dossier ont également indiqué à l'AFP que les éventuelles fuites au bénéfice de la bande criminelle pourraient ne pas être le fait d'une seule personne. M. Robert travaillait en septembre à la DDSP, située dans le même commissariat que la PJ mais à un étage différent, la PJ ayant un « accès sécurisé », ont précisé ces sources. Lors d'écoutes policières de membres du Petit Bar citées par *Le Monde*, Jacques Santoni parlait, le 28 mai 2019, d'« un contact policier à la BRI [Brigade de recherche et d'intervention : NDLA], qui doit partir à la retraite dans deux ans » et qui l'informait sur les enquêtes en cours. Il évoquait aussi un juge.

23. José Menconi est la cinquième personne mise en examen – écroué le lundi 5 octobre 2020 – dans l'enquête sur la tentative d'assassinat de Guy Orsoni, pour « association de malfaiteurs en vue de la commission d'un crime et de recel en bande organisée ». Acquitté en appel en 2009 pour le braquage d'un fourgon de la Brink's fin 2000 et en 2006 pour un double assassinat commis en Corse en 2001, Menconi s'était évadé en 2003 de la prison de Borgo armé d'un faux lance-roquettes et était considéré comme proche du gang bastiais de la Brise de mer.

Au terme de l'enquête sur l'assassinat du bâtonnier Antoine Sollacaro, le 16 octobre 2012 à Ajaccio[24], le parquet de Marseille a requis en mars 2021 un procès aux assises pour trois membres présumés du *Petit Bar* : André Bacchiolelli, Mickaël Ettori et Jacques Santoni, décrit comme « le commanditaire » et le « cerveau » de l'assassinat de Me Sollacaro, l'avocat du duo Alain Orsoni-Antoine Nivaggioni en « rivalité », selon le mot du parquet, avec le *Petit Bar* pour « la volonté de mainmise économique sur la Corse du Sud ». Santoni, dont la demande de mise en liberté pour raisons médicales a été rejetée le 7 juillet 2021 par la cour d'appel d'Aix-en-Provence avant d'être validée le 10 septembre 2021 par la chambre d'instruction de cette même cour d'appel « car son état de santé est incompatible avec la détention[25] », devrait être jugé pour complicité de

24. Le 29 octobre 2015, l'avocat Jean-Michel Mariaggi, qui a défendu notamment des proches du *Petit Bar* et l'ancien nationaliste Yves Manunta, a été blessé par balles dans son véhicule près d'Ajaccio.

25. Selon son avocat, Me Pascal Garbarini, « 17 experts judiciaires se sont prononcés sur le cas de Jacques Santoni et ont tous dit, de manière individuelle ou en collège, que l'état de santé est incompatible avec la détention ». Santoni est soumis à un contrôle judiciaire lui interdisant de se rendre en Corse et d'entrer en contact avec ses co-mis en examen, a précisé son avocat. Il doit aussi verser un cautionnement de 300 000 euros, l'obligation de fixer son domicile à Paris et d'y pointer de façon hebdomadaire, l'interdiction de détenir une arme et de quitter le territoire national, a précisé à l'AFP une source judiciaire (10 septembre 2021).

meurtre avec préméditation et association de malfaiteurs en vue de la préparation de ce crime[26].

« Fait rare pour être signalé, précise un journaliste ajaccien, le parquet s'est appuyé sur les déclarations de Patrick Giovannoni, une petite main de cette bande, qui a obtenu, en 2015, le statut de repenti. Il était le gestionnaire du stock d'armes du Petit Bar, et a affirmé avoir reçu les confidences de Santoni, lequel aurait déclaré après la mort de l'avocat : "C'est nous qui avons tapé". »

La « mafioïsation » de l'île

Le 7 avril 2021, le parquet de Marseille annonçait six nouvelles personnes mises en examen, dont trois pour des opérations de blanchiment « *via* des virements bancaires en Chine », dans le volet financier de l'enquête mené par la Jirs sur la bande criminelle corse du *Petit Bar*. Selon le

26. La tentative d'assassinat de Charles Cervoni, réputé proche de l'ex-leader nationaliste Alain Orsoni, le 1er septembre 2012 à Ajaccio, avait été jointe à cette instruction concernant l'assassinat de l'avocat (AFP). Dans ce volet, le parquet a requis la mise en accusation de Jacques Santoni pour « complicité de tentative d'assassinat et association de malfaiteurs » et celle d'André Bacchiolelli pour « tentative d'assassinat et association de malfaiteurs ». Le repenti assure avoir reçu la confidence de Bacchiolelli qu'il était sur la moto ayant servi contre Cervoni. Bacchiolelli a nié s'être jamais confié à Patrick Giovannoni, « un témoin sorti du chapeau ». Pour avoir remis une kalachnikov peu de temps avant ces faits, Giovannoni est également visé par des réquisitions de mise en accusation pour association de malfaiteurs. Dénonçant « un dossier vide de preuves », Jacques Santoni a reproché au juge d'instruction d'avoir « manipulé un malheureux, pour fabriquer un repenti, un don Camillo venu colmater le dossier ». Bacchiolelli et Mickaël Ettori ont toujours nié appartenir à une bande criminelle. Les éventuelles mises en accusation finales doivent être décidées par la juge d'instruction.

parquet, ces faits auraient été commis en France, mais aussi, « par lien d'indivisibilité », à Hong Kong, Singapour, en Suisse, au Luxembourg et à Panama. Parmi eux figurent « trois individus originaires d'Aubervilliers », en région parisienne, impliqués « dans des opérations de blanchiment par compensations *via* des virements bancaires en Chine », a indiqué le parquet.

Selon une source proche du dossier, Philippe Porri, le frère de Pascal Porri, considéré par la justice comme un des lieutenants du chef présumé du Petit Bar Jacques Santoni, dont il s'occupe au quotidien, fait aussi partie de ces mis en examen et a été écroué, comme deux autres personnes. Les trois autres ont été placés sous contrôle judiciaire. L'un des mis en examen, Stéphane Raybier, s'est suicidé à la prison de Toulon à la mi-février 2021.

En Corse, l'inquiétude grandit. À l'ombre d'une recomposition du milieu insulaire, « naturelle, cyclique, avec des héritiers qui pointent le bout de leur nez », sous couvert d'enjeux territoriaux colossaux, la société civile et les Corses, dont de nombreuses femmes[27], impliqués dans des mouvements citoyens et des collectifs antimafia, s'élèvent contre la « mafioïsation de l'île », pour reprendre l'expression du journaliste d'investigation Jean-Michel Verne[28] : « Les vrais maîtres de la Corse sont ceux qui tiennent l'économie [...].

---

27. Caroline Laurent Simon, « Elles se dressent contre la mafia corse », *Marie-Claire*, février 2021. « C'est lunaire ce qui se passe ici, s'exclame la jeune femme (Sonia). Ce territoire a tellement de potentialités, de ressources, on ne peut pas rester otages de bandes mafieuses au XXIe siècle ! »

28. Entretien dans *Ouest France* du 6 juin 2021. Jean-Michel Verne a écrit *Juges en Corse* (2019) et *Résister en Corse* (2021).

La Corse vit des heures extrêmement tendues. Si on ne fait rien, elle va inexorablement s'enfoncer dans une tectonique mafieuse. »

« La Corse est déjà sous l'emprise mafieuse, et ça ne date pas d'aujourd'hui », estiment plusieurs témoins interrogés. Le banditisme insulaire, certes en plein redécoupage, « entre arrestations et sorties de prison », a gangrené depuis les années 1980 le monde économique, « dont une quinzaine d'hommes d'affaires font la pluie et le beau temps sur l'île », et politique, lequel n'a guère de pouvoir du fait de son instabilité. Et des distorsions de pensées entre indépendantistes et autonomistes. Les lanceurs d'alerte jouent leur rôle, mais n'ont pas les moyens de lutter contre le milieu (très bien) organisé sur l'île. Reste l'appareil étatique. Les récentes arrestations ont prouvé sa volonté de taper dans la fourmilière mafieuse. Pour cet autre journaliste ajaccien, ancien de *Corse Matin* qu'il a quitté au moment où Antony Perrino et ses associés du Consortium[29] arrivaient à la tête du journal, « l'île est une vraie cocotte-minute ».

29. « Groupe d'entrepreneurs constitué autour de la reprise de la Société nationale maritime Corse Méditerranée (SNCM) en 2015 et qui, petit à petit, a pris en main tous les leviers économiques de l'île », selon la définition de Jean-Michel Verne dans *Ouest France*. « Je ne dis pas que le consortium est mafieux, je dis que pas mal de questions se posent autour de lui. Avec quelques attentats commis durant plusieurs mois… »

La guerre en cols blancs

Le Grand milieu corso-marseillais, celui issu du Club des 21, pas vraiment un club bouliste ou de supporteurs de l'Olympique de Marseille[1], a enterré la hache de guerre, recyclé les millions en cash provenant de l'industrie du vice, intégré le monde du business légal et tente toujours de mettre son nez dans la classe politique locale, réputée corruptible : le système Guérini (2009-2017), histoire politico-marseillaise impliquant l'ex-sénateur socialiste Jean-Noël Guérini, des hommes d'« affaires » et le grand banditisme, a été stoppé net, après de longues investigations. La première lame, celle du fisc, est passée avant la deuxième, celle de la justice[2].

L'offensive judiciaire n'a pas refroidi les « beaux mecs » de la planète Marseille de se mêler de politique, puisque, avant

1. Le Club des 21 serait une association de malfaiteurs née entre Marseillais, les Cassone et Barresi et les Corses de la Brise de mer pour se partager le butin à la suite du règlement de compte du Belge sans se tirer dans les pattes. Bruno Aubry, *Parrains du siècle, destins et déclins*, L'Express, 2011.

2. En 2020, après plus de dix ans d'enquête, Jean-Noël Guérini et onze autres personnes sont renvoyés devant le tribunal correctionnel. Jean-Michel Verne, *Main basse sur Marseille et la Corse*, Nouveau monde éditions, 2012; et Olivier Bertrand, « L'affaire Guérini met le cap sur les ports », *Libération*, 22 octobre 2012.

les dernières élections municipales, en 2020, théâtre de nombreux rebondissements, des noms ronflants sont sortis dans la presse, où on retrouve la crème de la pègre corso-marseillaise tenter d'influer sur la succession de l'insubmersible Jean-Claude Gaudin (Les Républicains), après 25 ans de règne agité. « Ce sont les héritiers de la French Connection, liés de longue date à la droite marseillaise, des Corso-Marseillais qui ont commencé par les braquages avant de se lancer dans les stupéfiants et l'immobilier, pour ne parler que de la partie visible de l'iceberg. Aujourd'hui, ce sont plus des très riches patrons que des voyous *stricto sensu*. Ils essayent de contrôler les élus, de se sortir des embrouilles et de rendre plus respectable tout cet argent liquide en investissant désormais beaucoup à l'étranger », confie ce journaliste marseillais.

En juin 2020, la police a procédé aux arrestations « d'hommes influents du milieu », « des poids lourds du mitan », « des figures du grand banditisme » sans parler du « dernier parrain marseillais » pour reprendre les formules employées à tout-va par la presse : Michel-Ange Campanella et ses principaux lieutenants ont été arrêtés dans leur quartier aisé de Saint-Giniez pour participation à une association de malfaiteurs en vue de la préparation de crimes commis en bande organisée, extorsions, recel, blanchiment, et mis sous les verrous le temps d'être jugés. Bernard Barresi, le second d'une fratrie redoutée, présentée comme d'anciens lieutenants de Roland Cassone, s'est retrouvé devant le tribunal en décembre 2020 pour une affaire ancienne de blanchiment. Un an avant, loin de toute cette agitation, le vieux Matou s'éteignait…

Le temps des « voyous notables »

« Quelle a été la première série produite par Netflix en France? interroge Doudou Le Roucaou. *Marseille* (2016), une histoire mêlant délinquance et politique! Benoît Magimel, plus Parisien tu meurs, avec l'accent de Raimu, c'était quelque chose! Marseille, c'est un feuilleton à elle toute seule. Il n'y a pas de trafic sans corruption et ici on est servis : la guerre des cliniques, toutes ces histoires d'argent noir ou gris autour de l'OM (transferts, boîtes de sécurité, clubs de supporteurs, racket des joueurs, etc.), les morts suspectes au port autonome, les marchés truqués, les prises illégales d'intérêt des Guérini, le détournement de fonds de la députée de droite. Quand tu ouvres le journal, tu as l'impression qu'il n'y a que chez nous qu'il y a des magouilles politico-mafieuses! »

De manière moins ensoleillée, Thierry Colombié pose les enjeux de ce Grand milieu marseillais, qui a fait de cette porosité avec les secteurs économique et politique une spécialité : « Depuis plus d'un siècle, Marseille est le théâtre permanent d'une collusion flagrante entre truands et politiques autour de secteurs très lucratifs qui dépendent souvent de la manne publique. Quant au trafic de stupéfiants, à Milan ou à Londres, on cite comme modèles les quartiers sud marseillais et pas ceux du nord, où les règlements de comptes font un tel "bruit" médiatique qu'ils nuisent à la bonne marche des affaires. Au sud, c'est du lourd : des entreprises verticales, des dealers salariés, etc. Ces firmes trafiquantes gèrent leur business depuis trois ou quatre décennies sans faire de bruit. »

Marseille est un rouage, important, de cette économie trafiquante inspirée de la French Connection, période de prospérité inégalée du milieu français : « La criminalité organisée est très puissante et s'est mondialisée après l'ouverture des frontières, explique Gilbert Thiel, ancien juge antiterroriste au caractère bien trempé[3]. On recense plus de 3 600 organisations criminelles en Europe. En France, la décentralisation n'a pas aidé non plus à lutter contre cette gabegie. Il existe un système politico-mafieux, basé sur l'échange de pouvoirs, d'informations et de corruption, de gré ou de force. Ceux qui vivent en marge de la loi ont d'abord une puissance de feu inégalée qui date de Mathusalem. Et deuzio, ils ont la puissance de l'argent. Une fois le pactole mal acquis – trafic de drogue, braquage, racket, etc. –, c'est aujourd'hui un jeu d'enfants de le blanchir sans se faire prendre, en comptant sur des hommes de l'art (avocats, notaires, élus, banquiers, etc.), en investissant dans l'immobilier, les établissements de nuit, les marchés de travaux publics, les entreprises de sécurité. L'opacité du système bancaire favorise le transit de cet argent sale dans toute l'Europe. »

Clientélisme musclé

Cette autre face du banditisme phocéen, « celle des voyous notables aux puissants réseaux », selon le journaliste marseillais Xavier Monnier, est depuis longtemps dans l'œil du cyclone, ou plutôt de la Juridiction interrégionale

3. « La peur du gendarme », entretien de Gilbert Thiel avec l'auteur, à l'occasion de la sortie de son livre, *Mafias* (Fayard), dans *Sud-Ouest*, 25 mai 2014.

spécialisée (Jirs) de Marseille. Le tentaculaire dossier Guernica, autour des « frères combinards[4] », Alexandre et Jean-Noël Guérini, président du conseil général, avait déjà envoyé, en 2013, Bernard Barresi, « parrain présumé », et son lieutenant Michel Campanella derrière les barreaux à Luynes pour association de malfaiteurs, trafic d'influence, blanchiment, faux et usage de faux, extorsion, etc. « Des affaires, à Marseille, il y en a un paquet, assure Xavier Monnier. Par le biais de sociétés contrôlées en sous-main, le grand banditisme a intégré les marchés publics, à plusieurs millions d'euros, de la sécurité et du BTP. Ils ne sont pas fous : le deal de stups, ça coûte cher; le détournement de fonds publics, beaucoup moins; tu ne prends jamais 15 ans! »

« Ce clientélisme musclé, lâche José d'Arrigo, ce silence des élus sur le mélange des genres dans leur ville est insupportable, c'est un système fermé, totalement antidémocratique. » « Le drame de Marseille a toujours été là, convient Xavier Monnier. La ville a besoin de se développer, pas d'un parrain tout-puissant qui équivaut à la renonciation de toute forme républicaine! La ville tourne en rond depuis des décennies... Il faut changer le logiciel hérité de Defferre, en essayant de casser les baronnies. Ici, la question est rituelle : les politiques veulent-ils développer Marseille ou enchaîner un nouveau mandat? »

Dans une enquête parue en février 2021 dans *GQ*[5], Xavier Monnier et Olivier-Jourdan Roulot reviennent sur

4. Denis Trossero (journaliste fait-diversier à *La Provence*), *100 crimes à Marseille*, L'Écailler du Sud, 2011.

5. Xavier Monnier et Olivier-Jourdan Roulot, « Marseille, le parrain tenait table ouverte », *GQ*, février 2021.

ces liaisons ambiguës à l'occasion de l'arrestation de Michel Campanella l'été précédent.

> « À Saint-Giniez, quartier de la bonne société locale, le restaurant du parrain de Marseille, Michel Campanella, attire patrons, mafieux, journalistes et politiques. Mais promis, aucune porosité n'existe entre ce beau petit monde », écrivent les reporters, qui dévoilent le nom de clients de la *Villa Rocca* : « Le député LR Guy Tessier, l'ancien maire LR du secteur Yves Moraine et l'ancien maire LR de Marseille Jean-Claude Gaudin », sans oublier « les ex-sénateurs LR Bruno Gilles et PS Samia Ghali, égérie autoproclamée des quartiers nord, et la présidente LR du département et de la métropole, Martine Vassal, pour compléter le livre d'or d'une adresse très prisée du personnel politique. »

La gauche est revenue aux « affaires » à Marseille dans une mise en scène digne du théâtre de boulevard. Depuis le 21 décembre 2020, élu par le conseil municipal à la suite de la démission de Michèle Rubirola (EELV), Benoît Payan, 42 ans, est le nouveau maire socialiste de la ville. « Un guériniste, pas assez fou pour s'allier avec le milieu, mais qui devra faire avec, prévoit un localier provençal. De toute façon, les voyous marseillais cherchent depuis toujours à faire ami-ami avec les politiques, qui ont besoin d'eux. C'est dans leurs gènes, comme en Italie, ils aiment dépasser leur rôle de truand… »

« Marseille a ses vieux démons, lâche un brin fataliste Jacques Dallest, ce fameux système clientéliste où s'entremêlent bourgeois et bandits, les arrangements entre amis, des combines bien en place qui prospèrent dans une ville pauvre. Pour vaincre ces mauvaises habitudes au sens large, il doit y avoir un sursaut républicain, une implication des citoyens, des élus. Il ne faut pas compter que sur la police et la justice pour régler des problèmes aussi vastes et complexes qui gangrènent Marseille[6]… »

« L'argent sale a gagné la strate politique à Marseille depuis longtemps, pense Gilbert Thiel, parti à la retraite en 2014. Des enquêtes ont démonté des systèmes de corruption et de clientélisme, des élu(e)s ont été condamné(e)s. Mais les délais sont très longs et je suis souvent surpris par les peines très légères infligées. Il faut rétablir la peur du gendarme chez ces gens-là. »

Six ans pour M. Frère

Les juges marseillais semblent avoir écouté le juge Thiel dans l'affaire Guérini. Le 28 mai 2021, le verdict est tombé, lourd pour la maison Guérini : fustigeant de « graves atteintes à la confiance publique » dans un dossier de marchés publics truqués, le tribunal correctionnel de Marseille a condamné le sénateur Jean-Noël Guérini et son frère Alexandre à de la prison ferme, ajoutant 5 ans d'inéligibilité pour l'élu. « Vous n'avez eu de cesse de protéger les intérêts de votre frère », a lancé la présidente du tribunal

6. Propos recueillis en 2013. À lire, une enquête récente : « Drogue, violence, clientélisme : la ville reste minée par ses vieux démons », une enquête de Pierre Saint-Gilles, *Le Figaro*, 2 septembre 2021.

Céline Ballerini à Jean-Noël Guérini, ex-homme fort du parti socialiste des Bouches-du-Rhône.

Condamné à 3 ans de prison dont 18 mois avec sursis, l'élu de 70 ans pourra effectuer la peine ferme à son domicile sous bracelet électronique. Il a également été condamné à 30 000 euros d'amende et 5 ans de privation des droits civiques, et donc d'inéligibilité. Son frère cadet, Alexandre Guérini, personnage central du dossier, entrepreneur dans la gestion de déchets, écope de 6 ans de prison ferme et a été convoqué le 10 juin 2021 à la prison des Baumettes pour être incarcéré.

M. Frère s'est confié au nouveau média en ligne *Blast* le soir du verdict : « Ils ont été particulièrement durs contre mon frère, et contre moi, mais il faut l'accepter : la loi de la République, elle fonctionne pour tout le monde. C'est la fin d'une famille, voilà… Notre famille, elle disparaît[7]. » Les Guérini n'en ont pas fini avec la justice : un second volet, un procès « sur un système mafieux » mêlant élus, crime organisé et marchés publics, est en cours d'instruction et n'aura pas lieu, au mieux, avant 2022.

Le Matou s'est endormi

Le Matou – yeux bleus perçants, cheveux blancs – n'était pas de ceux à se coucher. Non, dans ces années 2000, l'Immortel a pris du recul, s'est rangé des voitures, dans le langage des voyous. Le Pacha a pris sa semi-retraite depuis

---

7. Xavier Monnier et Olivier-Jourdan Roulot, « La chute de la maison Guérini », *Blast*, 28 mai 2021.

son île du Frioul. Les *go fast* et les *drive-in*, les barbecues, les « Indiens » habillés en Lacoste au volant de leur Porsche Cayenne, les rodéos dans les cités, ce n'est plus sa came. L'époque manque de « panache », pour reprendre un terme cher à son (ex) ami Alain Delon.

« Jacky n'était pas homme à se faire refourguer du shit coupé au cirage, dit avec respect Gaspard, qui l'a croisé plusieurs fois. Il a continué à ramasser des enveloppes, on vient encore le consulter sur son île du Frioul, mais les règlements de compte en plein jour, c'est bel et bien fini depuis longtemps. Il a fait des investissements pourris à la fin de sa vie, il a vécu un temps au soleil, à Marrakech, mais il ne roulait plus sur l'or, mon Jacky. »

Souvent cité dans des affaires, Le Mat n'avait que rarement été condamné par la justice. « Les flics sont toujours venus me chercher pour les coups que je n'avais pas faits, a-t-il dit. Pour ceux que j'avais faits, je n'ai jamais vu personne... » Sa première comparution devant la justice datait de 1961 pour une affaire de proxénétisme. En 2003, c'est pour un projet avorté de contrebande de cigarettes en association avec la mafia russe, où l'on retrouve son vieil ami Richard Erman, du *Bus Palladium*, que Jacky les bons tuyaux a été condamné à 4 ans de prison avant d'être relaxé en appel l'année suivante. Lors de sa dernière comparution en 2008 devant la cour d'appel d'Aix-en-Provence, il avait écopé de 2 ans de prison ferme pour un délit d'extorsion de fonds remontant aux années 1990.

En prison, Le Matou entretient une correspondance avec Alain Delon. Jusqu'à la brutale rupture, à cause d'un film, semble-t-il. Dans sa nécrologie signée par l'AFP, « ce qui restera de lui c'est cette force de vivre, cette volonté », a réagi Franz-Olivier Giesbert, qui l'a longuement rencontré et s'est inspiré de sa vie pour l'un de ses romans, *L'Immortel*, adapté au cinéma en 2010 par Richard Berry, « le bandeur de voyou », selon une ex-amie de Jacky. « Il avait un regard incroyable, perçant, qui pouvait faire peur », poursuit le journaliste dans la dépêche. Seulement voilà, le Samouraï n'a pas décroché le rôle de l'Immortel. « Au lieu de filer le premier rôle à Fabio Montale[8], qu'on adorait à Marseille, les producteurs l'ont donné à Jean Reno. Et Zampa, c'était Kad Merad : ils avaient fumé quoi les Parigots là-haut ? », s'interroge à voix haute Le Roucaou.

Alain Delon, brouillé depuis 2014 avec son vieux complice rencontré pour la première fois dans une boîte de la rue Balzac, à Paris, début des années 1960, n'assistait pas à son enterrement le 14 novembre 2019. Triste clap de fin d'une amitié virile de cinquante ans.

> « On dit que s'il y a eu tant de monde à l'enterrement de Jacky Imbert, le 14 novembre, c'est qu'un tas de vieux truands attendaient, sur la tombe fraîche, la scène de la réconciliation. Elle n'a pas eu lieu. Et Alain, qui jadis n'avait pas eu peur de prendre son papier à lettres pour écrire à la prison de Luynes, est resté silencieux. Autour du cercueil, les gitans ont joué *My Way*. Le souvenir de Sinatra pour chanter la légende des gangsters, ce n'est pas si mal. Jacky le Mat s'en était bien sorti : mourir dans un lit

8. Alain Delon a repris le rôle de Fabio Montale, célèbre personnage de la trilogie du grand romancier marseillais Jean-Claude Izzo, dans une minisérie de trois épisodes pour TF1 en 2002.

à 90 ans, pour un "beau mec", c'est la vraie victoire, la preuve qu'il était le plus fort. » [*Paris Match* du 21 au 27 novembre 2019 Danièle Georget, enquête de Brendan Kemmet]

Des pontes oui, mais des Barresi

Dans la pègre corso-marseillaise, on travaille d'abord en « famille ». Entre frères. Fils de. Cousins. Ou, à défaut, les bandes de truands s'arrangent pour être originaires du même village, en Corse, ou du même quartier, à Marseille. Histoire d'éviter les trahisons et les coups de flingue par-derrière. Les exemples ne manquent pas dans la « cité » provençale : des frères Guérini (Antoine-Mémé, mais aussi les « politiques » Jean-Noël et M. Alex) aux frères Barresi et Campanella, en passant par les (demi-) frères Zampa-Toci ou la fratrie Regazzi, sans oublier Francis le Belge et son beauf Tony Cossu, le milieu se conjugue toujours au masculin pluriel. Histoires de fratries. À New York, Ajaccio, Palerme ou Napoli, c'est partout pareil, la même rengaine, les liens du sang avant ceux de l'argent.

Dans ces années 2010, les Barresi sont présentés partout, enfin dans la presse sérieuse, y compris un papier à rallonge dans *M, le Monde*[9] comme la famille dominante du milieu marseillais. Barresi et compagnie dans un premier temps, avec le « vieux » Cassone, les Campanella – avec lesquels ils prendront leur distance – et la Brise de mer tendance

9. Laurent Telo et Ariane Chemin, « Dans les pas des frères Barresi, légendes du milieu marseillais », *M, le Monde*, 28 mars 2014.

Rutily-Casanova, dans les années 1990. L'aîné Jean-Luc, *alias* La Tombe, Bernard, dit Boul ou Ber, et Franck, fils de Roger, pied-noir d'origine sicilienne, forment un trio redouté et redoutable, défavorablement connu des services de police depuis le début des années 1980[10].

Même si ces derniers temps, le duo leader apparaît un peu trop dans les gazettes : Bernard, « le n° 1 du milieu marseillais » selon les poulets qui l'ont topé en 2010 sur un yacht à Golfe-Juan après une cavale de vingt ans, a été rattrapé par les combines locales et l'agent de footballeurs Jean-Luc, secoué par les affaires (transferts de foot, port autonome de Marseille, etc.). Ces petits-fils d'Italiens du sud, « proches à un moment de Bernard Tapie et de Renaud Muselier, député et ancien maire adjoint de la ville, le copain de judo de Bernard », n'ont plus leurs réseaux du passé, dévoilent les journalistes locaux : « Des flics ripoux sont tombés et les frères Guérini, leurs principaux soutiens politiques, ont été rayés de la carte. »

Les frères B, qui ont investi dans le football, le port ou l'immobilier, illustrent bien la difficulté des truands marseillais, partis de rien, ou plutôt de rentables braquages, comme celui de Mulhouse en 1990 pour Ber et sa bande de l'Opéra[11], à se transformer en homme d'affaires respectable et respecté pour blanchir le cash empoché (en l'espèce 33 MF, 5 M€). « Impossible ! tranche Gaspard. Savonnette (Jean-Louis Fargette) à Toulon rêvait de devenir un homme

10. Frédéric Ploquin, *Parrains et caïds…*, *op. cit.*

11. Pour ce braquage dans le Haut-Rhin en 1990, Bernard Barresi, défendu entre autres par Me Éric Dupond-Moretti, a été condamné à 10 ans de réclusion criminelle le 2 avril 2014. Il n'a effectué que la moitié de sa peine, Ber a été libéré en juillet 2017.

d'affaires, mais il s'est fait buter au moment où il allait y arriver. Un malfaiteur reste un malfaiteur toute sa vie même s'il investit les mondes économique et politique, une fois qu'il a conforté son emprise. Il reste toujours dans la ligne de mire des condés, qui les feront plonger, comme Zampa, rarement pour un braquage ou un réglo, car les preuves manquent, mais pour leurs affaires légales, des histoires d'extorsions d'entreprises ou de fraudes fiscales. » « C'est sans doute là le tendon d'Achille de ces truands qui savent faire parler la poudre, mais ne l'ont pas inventée », résume, avec malice, l'ex-commissaire George Moréas.

Bernard Barresi condamné

Le trapu Bernard Barresi, né en 1962 à Toulon, regard océan, a beau se déclarer devant la justice comme « coordinateur de chantier en Corse » ou « père de famille, travailleur et discret », son train de vie le trahit. Sans parler de sa réputation de « parrain présumé de la Côte méditerranéenne ». « Dans la cité phocéenne, on parle (à mots couverts) des Barresi comme d'une famille régnante, avec porte ouverte chez bon nombre de notables », écrit sur son blog le toujours très informé Georges Moréas. La récente affaire de blanchiment en bande organisée qui l'a conduit devant la 6e chambre correctionnelle de Marseille, fin décembre 2020, témoigne de l'ampleur de la tâche pour Ber et ses avocats : ici, ce n'est pas une boîte comme le *Krypton*, mais un restaurant, *Le Grand Bleu*, situé à deux pas de l'ex-discothèque géante de Zampa, à Plan de Campagne, la plus grande zone commerciale d'Europe, qui a intéressé les policiers, entre 2005 et 2009.

Du grand classique : un restaurant acheté à petit prix, dirigé en sous-main, grâce à des prête-noms, une vente qui rapporte gros investie *via* plusieurs SCI, puis des dividendes placés dans une assurance vie, le tout combiné à des travaux d'envergure dans la maison familiale à Calenzana, le village corse des… Guérini, dans l'optique de mettre « ses filles à l'abri, de les placer à la tête d'un patrimoine considérable », selon la procureure Émilie Almero[12]. Un blanchiment en bonne et due forme pour l'accusation qui a requis 4 ans de prison dont 2 avec sursis et une amende de 100 000 euros contre la présumée figure du banditisme marseillais.

Le tribunal correctionnel de Marseille, le 8 mars 2021, a condamné Bernard Barresi à 18 mois de prison dont 10 mois ferme, 20 000 euros d'amende et une interdiction d'exercer une profession commerciale pendant cinq ans. Ber est reconnu coupable de blanchiment d'argent et est condamné pour avoir blanchi une partie du butin du braquage de fourgon de transport de fonds commis dans le Haut-Rhin. « Un vol à main armée spectaculaire qu'il nie toujours farouchement et pour lequel il avait écopé de 10 ans de prison en 2014 après des années de cavale », expliquait la presse locale le jour du verdict. Mince satisfaction pour le Corso-Marseillais : les 10 mois de prison ferme seront exécutés sous la forme d'un bracelet électronique à domicile.

Avec cette nouvelle condamnation, et depuis la fin de sa cavale, en 2010, durant laquelle Ber pensait s'être fait oublier entre Corse, Marseille et Maroc, son casier judiciaire, alors vierge, s'est considérablement alourdi. Ses frères Franck

12. Articles de *La Provence* et dépêches AFP du 15 décembre 2020.

(extorsion, fraudes à la TVA) et Jean-Luc (extorsion de fonds, recel d'abus de biens sociaux, blanchiment) n'ont pas non plus échappé aux radars. Compliqué dans ces conditions de tenir d'une main ferme le milieu, en pleine recomposition, même *via* des alliances de circonstances avec d'autres Corso-Marseillais, comme les amis d'enfance de Saint-Gabriel, ou des néovoyous des quartiers pour préserver l'extorsion, la « protection », cours Estienne-d'Orves ou sur La Corniche, les marchés des machines à sous et du trafic de drogue.

« Franchement, aujourd'hui, les activités traditionnelles du milieu sont en perte de vitesse sur le Vieux-Port, décrypte cet écrivain marseillais spécialiste de ces questions. La prostitution ? Trop compliquée, très fortement punie, ils laissent ça aux bandes de l'Est ou africaines… Le racket ? Il est moins présent car il y a moins de liquide qui circule, maintenant, tout le monde paye en carte bleue même dans les kebabs et les boîtes ! Les braquages ? Là aussi, les fourgons de la Brink's roulent des jours heureux. Reste les stups et les détournements de fonds publics, surtout dans les BTP, c'est le plus facile et le plus lucratif, et puis tu ne prends rien. Il faut juste de l'argent d'avance, ça ils l'ont, et des réseaux de blanchiment, ça aussi ils l'ont… »

Un milieu à l'horizontale

Au pied de la Bonne Mère, loin des standards calabrais, napolitains et siciliens d'une « aristocratie criminelle » où l'usure est reine[13], le milieu marseillais s'appuie sur une organisation dite horizontale. « Il n'y a pas de mafia à l'italienne, avec une structure hiérarchique verticale et des parrains, estime Frédéric Perri, auteur de *Carrières criminelles dans le milieu marseillais* (sorti en 2007). On parle plutôt d'équipes et de leaders. Le milieu est organisé en toile d'araignée dans la mesure où les équipes font leur business de leur côté. Mais si l'une a besoin de quelque chose, elle va faire appel à l'autre, qui lui rendra une forme de service. »

À Marseille, la fin des gangs homogènes, élaborés selon des origines ethniques ou géographiques, semble actée depuis ce début de siècle. Les policiers parlent d'équipes à tiroirs. Comme dans un Meccano, les pièces s'assemblent différemment en fonction des occasions. En Italie, Camorra, 'Ndrangheta et Cosa Nostra peuvent s'associer. Les mafias italiennes vendent de l'interdit au plan international. Sur le Vieux-Port, toutes proportions gardées, les Corso-Marseillais ont mis au point des alliances avec le néobanditisme pour conserver un pied dans le trafic de stups. Si ce n'est la tête. « Tout en haut de la pyramide, pour gérer l'importation du cannabis et de la cocaïne. Laver et blanchir des dizaines de milliards d'euros. »

Dans les filets de la PJ, on a retrouvé ces dernières années des associations entre milieu tradi et néobandit, comme l'alliance entre deux quinquas Gérard Clar, ex-beau-frère d'Alexandre Chevrière, relais de la Brise de mer à Marseille, et Djamal Merabet, ex-beau-frère de Farid Berrahma, avec

13. « En gros, décrit Thierry Colombié, la mafia prête de l'argent à la place des banques, elle finance des entreprises, en prend le contrôle et impose sa loi, *via* la fraude et les contrefaçons dans tous les domaines possibles et imaginables. »

un représentant de la nouvelle génération, Samy Adrar, de la cité des Flamants. Même combinaison anciens-modernes dans un autre gros réseau (de cocaïne) démantelé autour de Sabri Chorfia, figure des quartiers nord début des années 2000, natif de la cité des Tilleuls, qui comptait dans son équipe Cyril Turc, les cousins Esposito (Jean-Louis et Alain) du Panier et les frères corses Sermonetti. Le clan de Chorfia, étoile montante du milieu marseillais, est tombé en 2013.

« Il ne faut pas l'oublier, mais les Barresi et Campanella, figures du milieu dit traditionnel, ont grandi dans les cités Nord de la Bricarde et de la Busserine, pour moi cette histoire de milieu coupé en deux, c'est pipeau, insiste Philippe Pujol. Déjà du temps de Zampa, du Belge et les autres, comme le Chinois, de Félix-Pyat, tous ces voyous étaient issus de quartiers pauvres et ouvriers de la ville, la Belle-de-Mai autour de la gare, le Panier, l'Estaque, au Nord. À l'époque, ils ne se mélangeaient pas, c'est vrai, pour des questions raciales, parce qu'ils étaient racistes, disons-le tout net. Ce n'est plus le cas, depuis que Farid Berrahma a été adoubé par Tony Cossu… »

Marseille et son éternelle dualité : le nord et le sud. Les cités délabrées et les villas luxueuses du bord de mer. Les pauvres et les riches. Une opposition de classes au sein de la cité. Un taux de pauvreté qui varie du simple au double. Deux sociétés. Deux villes opposées. Deux aspects distincts de la grande criminalité. Question de simplicité. D'un côté, les réglos encore et toujours entre narcotrafiquants dans les cités désœuvrées. De l'autre, le milieu dit traditionnel, qui a sifflé la fin des hostilités. « Cela fait longtemps que des truands importants n'ont pas vu arriver la moto, *è finita, basta cosi* », persifle Gaspard. Ce milieu s'est concentré sur des secteurs moins exposés sur le plan médiatique que le trafic de stups. Mais tout aussi lucratifs. Comme la cybernétique.

« Sans oublier tout ce qui relève de l'intelligence économique, note Thierry Colombié. Par exemple des contrats énormes signés par de grandes multinationales françaises pour reconstruire un pays en guerre, comme en Libye, ou dans des contrées exotiques peu regardantes sur les appels d'offres, et qui sont "garantis" par nos chers trafiquants corso-marseillais sur leur seule réputation : quand ces sociétés ont l'appui des très gros voyous marseillais, elles peuvent dormir sur les deux oreilles. Les contrats sont signés et seront, surtout, exécutés... »

Cinquante ans après la mort d'Antoine Guérini à Beaumont, les héritiers de la French Connection, avec leurs codes anciens, ont-ils gardé la main dans ce nouveau monde criminel marseillais, où tout tourne autour de la drogue ? Où les PME des quartiers, passés en mode Ubershit ou Allô weed avec les confinements de 2020 et 2021, réalisent un chiffre d'affaires de dizaines de milliers d'euros par jour ? Où des caïds de quartiers se lancent, eux aussi, dans l'immobilier et la rénovation urbaine pour blanchir l'argent du trafic de stups ? Cette opulence entraîne toujours, comme en début d'été 2021, jalousies et conflits de territoire entre *coschas* (familles) métissées des cités.

« On lit souvent que les Corso-Marseillais sont devenus des notables du crime et ont perdu du terrain sur le milieu au profit des chefs de clans issus des cités, explique ce spécialiste du milieu. Qu'ils les méprisent et ne les respectent pas. Ce n'est pas si simple. Aujourd'hui, le milieu local, même éclaté, est plus stable, les réseaux sont réorganisés, sur des microterritoires, il y a moins de règlements de compte qu'avant même s'il peut y avoir des pics au gré des sorties de prison et des guerres de territoire. La sécurité a gagné du terrain à Marseille, la délinquance quotidienne et les petites agressions sont en baisse. Après, “ceux qui ont un cerveau” ont investi dans l’immobilier, la restauration, les commerces de cash, la fraude à la TVA, les fonds publics… »

Plusieurs sources concordantes marseillaises l’affirment : « C’est devenu compliqué de fédérer aujourd’hui un véritable syndicat régional du crime pour mutualiser les profits et appliquer les logiques du capitalisme au crime organisé. »

Bombellus et Canari

Bernard Barresi, 59 ans, et Michel-Ange Campanella, 57 ans, sont, malgré leurs récents déboires, présentés comme les deux « parrains présumés » du mitan corso-marseillais de ces dix dernières années. Mais pas en mode gangster riche homme d’affaires à la Lucky Luciano, arborant costume sur mesure et se déplaçant en voiture avec chauffeur, si l’on en croit la gent féminine du journalisme d’investigation parisien : Bernard Barresi, « gagné par l’embonpoint, a des allures de gérant de supérette », selon Marie-Christine Tabet, envoyée spéciale du *JDD*, en mars 2014, à l’occasion du procès en appel à Nancy de l’attaque du fourgon blindé de 1990. Tandis que Michel Campanella, d’après Violette Lazard, dans *L’Obs* à l’été 2020[14] a « un physique de rugbyman qui s’est un peu laissé aller ».

14. Violette Lazard, « Banditisme : à la table du dernier parrain de Marseille », *L’Obs*, 10 décembre 2020.

Et pourtant. Ne pas se fier au mythe du fringant parrain italo-américain : ces deux personnages truculents, à la faconde marseillaise, n'ont certes pas la langue dans leur poche face aux flics et magistrats. Mais ils demeurent des figures influentes du banditisme méridional, depuis plus de vingt ans. Au moment de leur arrestation, ensemble, avec leurs familles au port de Golfe-Juan, un samedi soir de juin 2010, avant d'embarquer *a priori* gratos sur un yacht de 27 mètres appartenant à l'armateur Alexandre Rodriguez, Bernard Barresi, Michel et Gérald Campanella tiennent d'une main de fer la plupart des établissements de nuit marseillais, ainsi qu'un grand parc de machines à sous de la ville et des alentours. « C'est le gratin, dit un ancien flic dans *La Provence*. Dans le milieu, c'est vrai qu'il y a les faits et puis les choses que l'on prête à ceux qui en font partie. Les Campanella sont connus pour être les patrons de la nuit, mais aussi dans le milieu du jeu. »

Dix ans plus tard, les Campanella, qui ont eux aussi commencé leur carrière en braquant avant de se mettre aux travaux de terrassement et… d'assainissement dans les années 2000, ont pris encore plus de poids, au sens propre et figuré, malgré les affaires politico-financières (ils étaient au centre du système Guérini), la montée en puissance désordonnée des caïds des quartiers et « le bordel ambiant » dans Marseille. Où les alliances multiethniques sans éthiques « entre jeunes et vieux chibanes, Algériens, Marocains ou Italiens, Comoriens et Kosovars » ont fini par perdre plus d'un spécialiste.

Sauf, sans doute, les fins limiers de l'Évêché. Ces dernières années, les policiers sous la férule d'une nouvelle génération de juges de la Jirs ont réalisé des « coups parfaits » au sein des pointures du milieu marseillais : Gérald Campanella, dit Bombellus ou le Gros, a été arrêté le 4 novembre 2017 dans les Alpes-de-Haute-Provence après une longue (et coûteuse) cavale de quatre ans entrecoupée d'un séjour au… Gabon à Libreville chez des amis corses. « Les uns racontent que c'est en lisant *La Provence* que Gérald Campanella aurait pris la tangente (à l'automne 2013), un article dans lequel on écrivait que les experts avaient enfin isolé son ADN dans la cache d'armes de la Capelette. D'autres que ce sont quelques opportunes bien que troublantes relations dans la police qui lui auraient glissé de se mettre au vert », écrit, un brin sarcastique, Denis Trossero dans *La Provence*[15]. Le cadet des « Campa », 54 ans, a encaissé 10 ans ferme en 2016, peine réduite de moitié en octobre 2020[16]. Robert Acariès, 46 ans, autre figure du banditisme méridional, a lui aussi écopé de 10 ans de prison dans la même affaire du box.

L'arrestation du dernier parrain

Son frère Michel Campanella, dit Canari, a été arrêté par les policiers de la crim' et de la Brigade de recherches et d'intervention à Aubagne, dans l'une de ses entreprises, le

15. Denis Trossero, « L'insolente cavale de quatre ans de "Ceaucescu" *alias* Campanella », *La Provence*, 12 novembre 2017.

16. La cour d'appel d'Aix-en-Provence a réduit le 28 octobre 2020 de 10 à 5 ans la peine de prison de Campanella pour son implication dans un dépôt d'armes découvert par les enquêteurs en 2013. Il reste sous le coup d'une mise en examen pour assassinat en bande organisée, son empreinte génétique ayant été retrouvée sur le culot d'une balle à côté du cadavre d'un petit caïd de cité tué dans un règlement de comptes en 2016 près d'Aix-en-Provence.

24 juin 2020, avec sa femme, son fils (vite relâchés) et son premier cercle, « ses amis d'enfance avec lesquels il a fait les 400 coups », Patrick Le Maux, ancien gérant du *Bar de la Marine* sur le Vieux-Port, celui-là même de la fameuse partie de belote de *Marius* (1931) du Marseille populaire cher à Marcel Pagnol, et Jacques Buchignani, dit Bouli. Opération baptisée Fort-Boyard. Canari a été mis en examen et écroué pour participation à une association de malfaiteurs en vue de la préparation de crimes commis en bande organisée. Son avocat historique, Me Jean-Jacques Campana a déclaré que son client « conteste en bloc toutes les accusations portées contre lui » avant de préciser qu'ils allaient faire appel de sa mise en examen[17].

L'arrestation du « dernier parrain » de Marseille, au moment des résultats du deuxième tour des élections à Marseille, pas un hasard donc, a été très commentée dans la presse, « du jamais-vu depuis Zampa et le Belge », dit Doudou Le Roucaou, qui passe son temps à décortiquer les journaux entre deux tournées de pastaga : « Quand j'ai lu *Le Provençal* (en fait *La Provence*), *Paris-Match*, *Le Parisien*, *Le Nouvel Obs*, j'ai cru qu'ils avaient arrêté don Michel Campa (sourire). En réalité, *fatche de con*, ils ont arrêté le Blond, commercial réputé du quartier de la Valentine ! Michel, c'est un mec épais, très respecté, mais je trouve surprenant pour

17. Michel Campanella a passé plus de 10 ans en prison, dans les années 1990 (pour un braquage de banque) et dans la seconde moitié des années 2000 (pour escroquerie). La même juge, Marie Grandjouan, instruit ce dossier et celui d'extorsion ouvert en 2010 quand le trio a été arrêté à Golfe-Juan dans des yachts de luxe du groupe Rodriguez.

un prétendu parrain de parler haut et fort de ses affaires dans son resto sonorisé par les flics, non ? »

La *Villa Rocca*, le resto des Campa où on sert « les meilleures pizzas de la ville », selon des élus locaux, est en effet placé sur écoute et les policiers voient défiler du beau linge : des politiques, dont l'ancien maire, des joueurs de ballon, des tenanciers de boîtes et de bars, des voyous de la bande de la Capelette, et même un certain Michel Tomi, le roi des jeux corso-africain[18] ! « Quand j'ai décortiqué son "dossier", ses affaires légales, ses boîtes, un immeuble, ses restaurants, dont cette pizzeria acquise à petit prix (150 000 euros), dans un quartier huppé, près du stade Vélodrome, je me suis rendu compte que Campanella était hyperpuissant, je ne le pensais pas à ce point. C'est un vrai sujet ! » confie cette journaliste.

« Si on devait mesurer la puissance d'un truand à la grandeur de la terrasse de "son" restaurant (la *Villa Rocca*) sur le domaine public, alors Michel Campanella est très influent », admet sur le ton de la galéjade José d'Arrigo. *A contrario*, Thierry Colombié pense, lui, que « Campanella est un homme influent en ville mais le parrain, ce n'est pas lui. Ce pourrait être un de ses associés, dont je tairai le nom, et ce monsieur a une influence au niveau national et international », lance-t-il, mystérieux, au micro d'Europe 1…

Concernant le sport de racket, toujours très tendance à Marseille, le clan Campanella, considéré comme le n° 1

---

18. « Les Campanella sont craints, leur seul nom fait peur, assure une source policière. Dès qu'on travaille sur eux, on n'obtient aucun renseignement, personne ne veut parler », une enquête de Jean-Michel Decugis et Xavier Monnier, *Le Parisien*, 23 juillet 2020.

à l'ATP locale par les policiers, a été stoppé en pleine montée au filet. Un mois après Bernard Barresi, Michel Campanella, mis en examen pour « extorsion en bande organisée », a été remis en liberté par la cour d'appel d'Aix-en-Provence le 22 avril 2021. La figure du milieu marseillais a dû pour cela s'acquitter d'un cautionnement libératoire de 250 000 euros. En plus d'être soumis à un contrôle judiciaire impliquant notamment une obligation de pointage au commissariat.

Les policiers ont aussi arrêté le dur du clan, « le spécialiste de l'extorsion musclée, le très impulsif Kamel Tachouaft, surnommé Caramel on se demande pourquoi » (José d'Arrigo), et quatre autres membres de la bande. Le 13 janvier 2021, la 6e chambre du tribunal correctionnel de Marseille a condamné Tachouaft, présenté comme un proche des Campanella, à 5 ans ferme, une amende de 50 000 euros et 10 ans d'interdiction de gérer, indique *La Provence*. Il a été arrêté à la barre et conduit en détention. Même tarif pour deux de ses lieutenants présumés qui ont écopé de 4 ans ferme pour avoir racketté entre 2014 et 2018 plusieurs restaurants et brasseries de Marseille, Aubagne et Saint-Tropez. Le tribunal a aussi prononcé la confiscation des biens, véhicules et comptes bancaires initialement saisis. Une relaxe générale a été prononcée pour l'association de malfaiteurs.

« Le racket de commerçants, établissements de restauration et de loisirs, soit par "rachat forcé soit par le versement d'enveloppes", n'a jamais disparu à Marseille », et là aussi, « les milieux s'entrecroisent dorénavant », dit cette source judiciaire. Campanella est dehors, même s'il a dû en payer le prix, « trop cher », selon ses avocats Me Fabien Perez et Me Jean-Jacques Campana qui se félicitent toutefois de cette décision de remettre leur client loin de la case prison.

Les figures présumées du milieu marseillais, à l'aube de la soixantaine, auraient « de plus en plus de mal à supporter leur séjour en zonzon », selon ce journaliste[19].

Les Campanella, comme les Barresi, ont effectué de nombreux allers-retours en cellule ces dernières années. « Physiquement, c'est dur pour eux, ils ont "passé l'âge" de se retrouver claquemurés à la dure entre quatre murs, et surtout, ce n'est jamais bon d'être éloignés du terrain, même si en prison, leurs affaires continuent de tourner rond », dit encore ce même journaliste.

« D'où l'importance pour nous, insistait, déjà en 2013, l'ancien procureur de Marseille Jacques Dallest, de développer la saisie des avoirs criminels pour essayer de ponctionner le patrimoine de ces gens-là. Le plus long est d'identifier clairement leur patrimoine. Car il ne sert à rien de mettre un caïd sous les verrous trois ans s'il retrouve tout son butin à la sortie… »

La bande de la Capelette

Pour garder un œil sur le juteux marché de la drogue, les Campanella et leurs lieutenants du milieu traditionnel auraient, selon les enquêteurs, tissé des liens avec une bande de jeunes voyous fougueux, ambitieux, « sans doute trop »,

19. Michel Campanella, remis en liberté par la cour d'appel d'Aix, le 30 novembre 2020, en échange d'une caution de 50 000 euros, s'est vu également reprocher une participation à une association de malfaiteurs dont l'un des objectifs aurait été le meurtre du lieutenant d'un rival, figure montante du narcobanditisme à Marseille. Il conteste l'ensemble de ces accusations.

originaires de la Capelette. « Ce qui ne fut peut-être pas l'idée du siècle », selon Le Roucaou, car on a retrouvé des traces ADN de Gérald Campanella sur des armes dans un garage servant à stocker un véritable arsenal (avec kalachnikov et pistolets-mitrailleurs Uzi) dans ce quartier sans charme apparent du 10e arrondissement. Bombelus n'a jamais pu expliquer la présence de son ADN dans ce dépôt d'armes et a pris la poudre d'escampette jusqu'au pays de Bongo avant son arrestation en 2017 à Riez[20].

Les têtes de gondole de la bande de la Capelette, Jean-Louis Grimaudo, 30 ans, dit le Gros ou Couleur, père de trois enfants, au physique impressionnant, et son lieutenant Mahmoud « Diego » Abdelhamid, qui rackette à la Pointe rouge, ont été abattus sur leurs terres le 5 avril 2018. Couleur et Diego ont été achevés au niveau de la tête et du haut du corps, « on appelle ça faire un exemple » (Doudou). Reste à savoir par qui ? Ennemis, ils en avaient beaucoup, ou… (ex-) amis, hypothèse privilégiée par la maison poulaga ?

*

20. Condamné une première fois à dix ans de prison dans ce dossier du box de la Capelette en 2016, par le tribunal correctionnel de Marseille, alors qu'il était en cavale, Gérald Campanella avait vu cette peine confirmée par le même tribunal en avril 2018, puis par la cour d'appel d'Aix-en-Provence en juin 2019. Mais cet arrêt avait été cassé par la cour de cassation en mars, les magistrats estimant que la cour d'appel ne pouvait pas le condamner à la fois pour association de malfaiteurs et détention d'armes, ces qualifications recouvrant en réalité les mêmes faits. Gérald Campanella n'a jamais pu expliquer la présence de son ADN dans ce dépôt d'armes.

Couleur, décrit par la PJ comme « une figure montante de la voyoucratie », était supposé être le responsable du box. Ses « collègues » lui ont-ils reproché ce manque de justesse ? Ou bien paye-t-il « une guerre à l'emporte-pièce » déclenchée sur plusieurs fronts une demi-douzaine d'années plus tôt ? Grimaudo, gitan sédentarisé, bon petit joueur de foot, passé par le centre de formation de Cannes, ne cache pas ses amitiés avec des joueurs de l'OM[21], ni ses ambitions crapuleuses. Il est surtout très copain avec Adrien Anigo, fils de José Anigo, ex-directeur sportif et entraîneur de l'Olympique de Marseille, à l'entourage sulfureux[22].

5 septembre 2013 – Environs de la cité Frais-Vallon, Marseille 13e

Adrien Anigo, au volant d'une Twingo noire de location, a été tué le même jour que son ami Kevin El Malki, autre copain d'enfance du Gros, le 5 septembre 2013, avenue Jean-Paul-Sartre ! Adrien Anigo, gérant d'une brasserie, avait un casier judiciaire bien rempli. Il avait notamment été arrêté pour des braquages de bijouterie[23]. Les enquêteurs évoquent

21. « Les Nouveaux parrains de Marseille », p. 111 : « Tout juste rentré de Thaïlande, Grimaudo organise l'anniversaire de l'un de ses trois enfants le 23 février 2014. Les enquêteurs n'en manquent pas une miette, assistant au ballet des joueurs de l'OM, dont l'avant-centre André-Pierre Gignac, venant claquer la bise au malfaiteur. »

22. David Garcia, *Histoire secrète de l'OM*, Flammarion, 2013.

23. Le fils de José Anigo a été en prison en mars 2007 pour des braquages commis avec trois autres membres du gang des bijouteries (Olivier Garofalo, Antoine Rodriguez et Alexandre Distanti). Mathieu Grégoire, Brendan Kemmet, Stéphane Sellami, *Les Parrains du foot*, Robert Laffont, 2018.

une réplique, médiatique, après un anniversaire manqué, déjà, sur la personne de Grimaudo, lequel est parti se mettre au vert en Thaïlande, de septembre 2013 à février 2014 après la mort de Walter Eysseric, un proche des Campanella, tombé à la Valentine en juillet. Adrien Anigo, décrit comme « un jeune homme immature », par un expert psychiatrique, devait comparaître aux assises d'Aix-en-Provence pour sa participation présumée à ces braquages de bijouterie. A-t-on voulu le faire taire ?

Dans le livre *Les Parrains du foot*, sorti en septembre 2018, les auteurs écrivent que « la tête du tueur d'Anigo junior a été mise à prix ». Cette série de règlements de compte autour de la bande de la Capelette défraye la chronique marseillaise. Est-il vengé avec le double homicide, en décembre 2013, de deux voyous abattus dans le 13e ? Sébastien Abbas, dit Babas, dont le frère Djibril avait été tué en juin, « flingueur notoire de 31 ans », est supprimé, armé et cagoulé, aux côtés d'un ami, Franck Espiasse-Cabau, 22 ans, dit Kefran[24]. Rien n'est moins sûr. L'enquête est toujours en cours…

La vengeance de José Anigo ?

Sept ans après la mort brutale de son fils, José Anigo, 59 ans, parti faire son deuil loin des liaisons dangereuses avec le milieu du… ballon rond local, a effectué un retour

24. Kefran était le plus jeune des deux fils d'André Poincet, dit Dédé le Chinois, figure de la bande de Saint-Gabriel, mort de maladie le 15 septembre 2013. Au sein de cette bande, on retrouvait de beaux mecs dans les années 1980, Roland Talmon, Richard Deruda, Francis Esposito (qui sera abattu)…

fracassant dans l'actualité de sa ville natale en 2020. La PJ l'accuse d'avoir voulu venger Adrien, « aspiré par la rue », selon ses propres termes, en faisant appel à la bande de la Capelette nouvelle vague, axée autour d'un trio de jeunes cornaqués par le clan… Campanella, toujours selon l'Évêché : « Marseille c'est grand et petit à la fois en termes de voyoucratie, la Capelette a toujours eu des équipes solides », argumente ce chroniqueur judiciaire. « L'incroyable histoire de Jo, Campa' et les frérots de la Capelette » est racontée dans une double page d'enquête minutieuse par Romain Capdepon, parue le 1er novembre 2020 dans *La Provence*.

Le responsable du pôle faits divers du quotidien marseillais narre, dans le moindre détail, un dossier « digne d'un roman » à tiroirs qui illustre, à lui seul, la complexité du milieu marseillais actuel : on y croise José Anigo, dit Le Chauve, ami d'enfance de truands au nom ronflant, le clan Campanella, le trio de tête de la Capelette, emmené par Yohann A., fils d'un truand exécuté en mode barbecue en décembre 2000 à Saint-Cannat dans la guerre des bingos, le patron du *Mistral*, la boîte branchée d'Aix, Christian Bandikian, réputé proche d'un clan corse, sans oublier l'agent très spécial Jean-Luc Barresi, fiché au grand banditisme, et arrêté entre Marseille et Dubaï. Ce casting improbable, que ne renierait pas le réalisateur Olivier Marchal, se battait, entre autres, pour gagner quelques milliers d'euros autour du transfert d'une pépite de l'OM à Lille, Isaac Lihadji.

Les enquêteurs de la brigade de répression du banditisme de Marseille n'en ont pas manqué une miette sur écoutes et lors de filatures, puis ont coffré tout le monde avant que mort s'ensuive[25]. Le trio d'agités de la gâchette, sis à la Capelette, entendus aux côtés de Campanella et Le Maux à la *Villa Rocca*, dans le rôle de juges de paix, a été mis en détention provisoire. Ils ont fait valoir « leur droit au silence ». Sur les écoutes retranscrites dans le journal marseillais, les jeunes de la Capelette n'étaient pourtant pas discrets. « Ces mecs ont été élevés au grain du banditisme traditionnel. [...] Lui et ses copains sont camés à l'adrénaline (!), ils adorent ça », détaille un policier dans le papier. Le chef présumé de la bande, Yohann, avait prévenu son amie avant de s'adresser à José Anigo pour son « réglo » : « Ton fils, c'est un frérot ! On va te rendre service vraiment avec le cœur ! Y a que nous à Marseille, l'équipe est superentraînée, il reste que nous dehors. Mais on risque 30 ans de prison... »

25. À l'audience, devant la cour d'appel d'Aix-en-Provence, le 21 octobre 2020, José Anigo avait totalement nié cette idée de vouloir venger son fils. Au total, 17 personnes ont été mises en examen dans ce dossier, dont Michel Campanella et Jean-Luc Barresi, placés en détention provisoire. Hormis les soupçons entourant Anigo et le transfert de Lihadji, ces mises en examen visaient « des activités criminelles diversifiées » et notamment des faits de « blanchiment et extorsion de fonds au préjudice d'établissements de nuit ». L'OM a annoncé son intention de se constituer partie civile dans cette affaire, dont le club pourrait être victime.

Un été meurtrier à Marseille

Mercredi 30 juin 2021, 12h30, terrasse d'un bar du Vieux-Port. « Quelle chaleur, je vais *caner* (mourir) », plaisante à moitié mon voisin. La mauresque se boit toujours très fraîche, avec des glaçons, sous un ciel invariablement bleu. Dans l'actualité locale, rien de neuf sous le soleil après des élections régionales dignes d'une sitcom provençale, où le Marseillais Renaud Muselier (Les Républicains) a été réélu sur le fil président de PACA face à Thierry Mariani (Rassemblement national).

Dans *La Provence* et *Marsactu*, à l'instar du mistral, moins fort ce jour-là, on peut lire des sujets récurrents : il est question du mercato de l'OM, le Brésilien Gerson a signé, des déboires du professeur Didier Raoult, d'escroquerie et d'abus de confiance à Radio Gazelle, d'habitat indigne, du système de ramassage des ordures qui craque. *Le Monde*, lui, décrit la venue, dans cette ville rebelle et populaire, sombre et solaire, d'une « jeunesse créative et fauchée, attirée par le soleil, les loyers modérés et la liberté » : « Environ 10 000 jeunes hommes et femmes s'installent chaque année dans la cité phocéenne, principalement des diplômés venus de région parisienne. Le visage de la ville finira-t-il par en être modifié ? » s'interroge le quotidien national.

Le visage des cités déshéritées, lui, ne change pas. Les règlements de compte ont repris dans une atmosphère extrêmement pesante et tendue. En moins de deux semaines, cinq hommes et une jeune fille ont été tués par balles dans les quartiers nord de Marseille et sa périphérie, sur fond de trafic de stups. Six personnes ont été blessées. Le 25 juin 2021, cité La Martine, à l'issue de la H Cup, un tournoi de football interquartiers, un homme de 32 ans, joueur de l'équipe de la cité Malpassé, a été abattu de quatre balles en pleine tête alors qu'il venait de quitter le terrain avec un de ses coéquipiers, lui aussi pris pour cible et grièvement blessé. Les deux hommes sortaient de prison.

Un autre Marseillais, âgé de 20 ans, a été tué peu avant minuit, cité Bassens, trois jours plus tard. Un troisième, tué la même nuit, cité Frais-Vallon. Un quatrième, le 5 juillet, cité des Hirondelles. Et une autre victime, dans la nuit de mardi à mercredi 7 juillet, encore à Frais-Vallon. Abattu au volant de sa Renault Mégane grise d'une rafale de Kalachnikov. Une jeune fille de 17 ans a été tuée dans la nuit de jeudi à vendredi 9 juillet à Septèmes-les-Vallons, victime collatérale de tirs à l'arme longue exécutés par deux tireurs cagoulés qui visaient le passager avant, 21 ans. Le jeune homme devait récupérer une forte somme d'argent. La conductrice de la Fiat 500 a été retrouvée indemne, mais extrêmement choquée.

Toutes ces victimes d'homicides étaient, comme le veut l'expression, défavorablement connues des services de police dans le cadre de trafic de stupéfiants. Une nouvelle guerre de territoires entre clans marseillais, plus ou moins identifiés, que les autorités ont tenté de relativiser d'entrée. « Il y a des périodes de calme puis des flambées qui peuvent surprendre.

Le monde du banditisme n'est pas stagnant », a dit à l'AFP Éric Arella, directeur de la zone sud de la police judiciaire : « En tendance, on n'est pas sur une explosion », insiste même l'ancien grand flic de la PJ en Corse (2008-2012).

La fureur de mourir

« Un cauchemar sans fin » : le lundi 23 août 2021, sous le bandeau d'une du match de « La honte » entre l'OGC Nice et l'OM, *La Provence* ouvre sur cinq colonnes avec ce titre choc. Et cette accroche : « Deux hommes exécutés au pied de la cité La Marine bleue ; un autre jeté dans le coffre d'une voiture retrouvée incendiée peu après… à l'intérieur, son corps carbonisé. Depuis juillet, 13 personnes ont été tuées à Marseille sur fond de guerre de territoires entre narcotrafiquants. » Édito, « La fureur de mourir », page spéciale, avec des chiffres qui font tourner la tête (le trafic mensuel à Marseille est estimé à 15 millions d'euros, selon la PJ), le grand quotidien marseillais narre une nouvelle fois avec minutie ce « cycle infernal ». « Et rien ne semble indiquer [qu'il] touche à sa fin », termine le journaliste Laurent D'Ancona.

Début septembre 2021, trois hommes ont été tués par balle, dont un à la cité de la Renaude, connue pour son point de deal très dur, et un autre à la cité de la Bricarde (15e). Depuis janvier 2021, 16 personnes sont décédées dans des règlements de compte liés au trafic de stups, selon la police, dont 13 pour ce seul été meurtrier. Sans parler des blessés graves, par balle ou au couteau, une bonne soixantaine. Après une moyenne de deux règlements de comptes par mois entre 2010 et 2016, « nous sommes passés à une moyenne d'un par mois depuis 2017. La tendance est clairement baissière », fait remarquer, au début de cette flambée estivale historique, Éric Arella : il n'empêche, Marseille n'était plus très loin du pic de 2016 et ses 29 morts, le sommet depuis 30 ans.

La préfète de police des Bouches-du-Rhône, Frédérique Camilleri, évoque face à la presse « un phénomène de focalisation médiatique » et « une recomposition en cours » entre rivaux dans le trafic de drogue. Le patron de la PJ, lui, explique cette flambée de violence du début de l'été par « les récentes sorties de prison, mais surtout les soubresauts assez classiques du banditisme ». « Mais on ne reste pas les mains dans les poches », poursuit-il à l'AFP, en soulignant que ses services ont résolu six règlements de comptes cette année et en ont déjoué 26 depuis 2016. La préfète pointe aussi « la responsabilité des consommateurs (de drogue) qui alimentent ces trafics », et insiste sur le travail mené avec la procureure de Marseille sur la question des armes en circulation dans la zone.

« Marseille n'est pas Chicago, mais dans les semaines avant la vague meurtrière qui secoue actuellement la ville, les policiers ont appris que des fusils d'assaut dotés de chargeurs tambour ou "camembert" permettant de tirer 75 coups au lieu de 30 sur une Kalachnikov circulaient, a twitté le journaliste Brendan Kemmet. Le signe manifeste pour eux que des équipes de trafiquants voulaient en découdre ou défendre pied à pied leurs territoires. Particulièrement dans le 14e arrondissement de Marseille. »

Sur le terrain, « une redistribution des points de deal pourrait expliquer cette effroyable escalade de violences », écrit, début juillet, le site spécialisé en faits divers Actu17[1], qui a recueilli des témoignages d'enquêteurs de la brigade criminelle de la direction zonale de la police judiciaire de Marseille, lesquels s'attendaient à vivre un « été meurtrier ». « On avait déjà eu des prémices d'une reprise des hostilités en début d'année et là, ça se confirme clairement », souffle un policier au média bien informé. Un suspect sera vite interpellé, mis en examen et placé en détention provisoire pour le meurtre de la cité Bassens : Actu17, selon des sources policières, évoque un affrontement sanglant entre affiliés des Blacks (à l'instar des deux victimes de la H Cup) et des Gitans, dont la plupart des têtes de pont sont en prison [lire Les blacks contre les gitans], sans passer sous silence un autre conflit entre « anciens associés » dans les 13e, 14e et 15e arrondissements.

Les policiers, mis sous pression par l'éclairage médiatique de ces réglos, dont un adolescent de 14 ans tué par balles près d'un point de deal le 18 août 2021, et la visite en suivant de trois jours en ville du président de la République Emmanuel Macron[2], ont vite réagi pour tenter de mettre fin à ce double conflit entre Blacks, à peine sortis de prison, et trafiquants de la cité des Oliviers (13e) puis celui entre deux équipes de narcotrafiquants des cités du 14e (La Paternelle) et du 15e (Bassens), révélés par *La Provence*.

1. « Règlements de comptes et fusillades : une nouvelle guerre des territoires à Marseille », 7 juillet 2021, Actu17.fr.

2. Début septembre 2021, Emmanuel Macron a présenté un plan d'urgence de 1,5 milliard d'euros pour rénover logements, écoles et transports de la cité phocéenne.

Début septembre 2021, Kamel Meziani, 37 ans, figure du narcobanditisme marseillais et soupçonné d'être impliqué dans le règlement de comptes de la Marine bleue, fin août, a été mis en examen, notamment pour « assassinats en bande organisée » et écroué. Cinq autres personnes ont également été arrêtées et écrouées. Meziani, condamné à 14 ans pour trafic de stups en récidive, avait écopé en janvier 2021 de 30 ans de réclusion criminelle pour la mort de deux jeunes dans un règlement de compte datant de 2016. Le présumé patron du réseau de la cité des Oliviers[3], en cavale entre Algérie et région parisienne, où il a été arrêté, avait été condamné par contumace. Aux Oliviers, les forces de l'ordre estiment le profit des trafics de drogue à 80 000 euros par jour.

« Avant, analyse Rudy Manna, secrétaire départemental du syndicat Alliance, au *Figaro*, il y avait principalement des conflits entre deux quartiers. Maintenant, la guerre se joue entre huit à dix cités. Tout le monde est contre tout le monde [...]. Les mannes financières du trafic sont tellement énormes que les jeunes préfèrent une espérance de vie de 25 ans en gagnant énormément d'argent que vivre 75 ans en gagnant le Smic ». Les fameuses « étoiles filantes » décrites par Milou Diaz au début du livre...

3. « Aux Oliviers A, les habitants prisonniers d'un point de deal tout-puissant », reportage de Coralie Bonnefoy, *MarsActu*, le 25 février 2021.

Bibliographie du milieu

50 livres pour 50 ans de règlements de compte

BIOGRAPHIE

Jean-Claude Kella, *Au cœur de la French Connection*, La Manufacture de livres, poche, 2018.

Lucien Aimé-Blanc, *L'Indic et le commissaire*, Plon, 2006.

François Marcantoni, *Un homme d'honneur, de la Résistance au Milieu*, Balland, 2001.

Jean-Pierre Hernandez, *Quand j'étais gangster*, Flammarion, 2014.

Charles Pasqua, avec Jean-François Achilli, *Le Serment de Bastia (Mémoires)*, Fayard, 2016.

Pascal-Pierre Garbarini avec Élisabeth Fleury, *Ma robe pour armure*, Harper Collins, 2019.

CORSE

Alain Orsoni, Gabriel-Xavier Culioli, *Un destin corse, le maquis ardent*, Jean-Claude Gawsewitch, 2011.

Marie-Françoise Stefani, *Une famille dans la mafia*, Plon, 2020.

Jacques Follorou, *La Guerre des parrains corses*, Flammarion, 2013.

Jacques Follorou et Vincent Nouzille, *Les Parrains corses*, nouvelle édition augmentée, Fayard, 2009.

Jacques Follorou, *Parrains corses. La guerre continue*, Plon, 2019.

Hélène Constanty, *Razzia sur la Corse. Des plasticages à la folie spéculative*, Fayard, 2012.

Claude Chossat, *Repenti, un ancien de la Brise de mer raconte*, Fayard, 2017.

Hélène Constanty, *Corse, l'étreinte mafieuse. L'économie et la politique sous l'empire du crime organisé*, Fayard, 2017.

Violette Lazard et Marion Galland, *Vendetta. Les héritiers de la Brise de mer*, Plon, 2020.

Hélène Constanty et Benjamin Adès, *Une histoire du nationalisme corse*, La Revue Dessinée/Dargaud, avril 2021.

GRAND BANDITISME

Jérôme Pierrat, *Une histoire du Milieu. Grand banditisme et haute pègre en France de 1850 à nos jours*, Denoël, 2003.

Thierry Colombié, *Beaux voyous*, Fayard, 2007.

Thierry Colombié, *Les Héritiers du Milieu. Au cœur du grand banditisme, de la Corse à Paris*, La Martinière, 2013.

Frédéric Ploquin, *Parrains et caïds I. La France du grand banditisme dans l'œil de la PJ*, Fayard, 2005, 1re édition.

Frédéric Ploquin, *Parrains et caïds III. Le Sang des caïds. Les règlements de compte dans l'œil de la PJ*, Fayard, 2009.

Bruno Aubry, *Parrains du siècle, destins et déclins*, L'Express, 2011.

Frédéric Ploquin, *La Prison des caïds*, Plon, 2011.

Thierry Colombié, *Stars et truands*, Fayard, 2013.

Frédéric Ploquin, *Génération Kalachnikov. Les nouveaux gangsters*, Fayard, 2014.

Michel Ferrari, *J'ai réussi le casse du siècle. La vérité sur le hold-up de l'UBS*, L'Archipel, 2014.

Émile Diaz avec Thierry Colombié, *Truands. Mes 50 ans dans le milieu corso-marseillais*, Robert Laffont, 2015.

James Sarazin, *Dossier M… comme Milieu*, Alain Moreau, 1977.

Mathieu Grégoire, Brendan Kemmet, Stéphane Sellami, *Les Parrains du foot*, Robert Laffont, 2018.

MARSEILLE

Sébastien Bennardo avec Patricia Tourancheau, *Bac, racket, pots-de-vin, corruption…*, Flammarion, 2013.

Eugène Saccomano, *Bandits à Marseille*, Julliard, 1968.

Georges N'Guyen Van Loc, *Le Chinois. Un grand flic de Marseille raconte*, Presses de la cité, 1989.

Jacques Derogy et Jean-Marie Pontaut, *Enquête sur les mystères de Marseille*, Robert Laffont, 1984.

Philippe Pujol, *La Fabrique du monstre*, Les Arènes, 2016, 1re édition.

David Garcia, *Histoire secrète de l'OM*, Flammarion, 2013.

Hélène Regazzi et Céline Boizette, *Itinéraire d'une enfant du milieu*, Fleuve Noir, 2012.

Jean-Michel Verne, *Main basse sur Marseille et la Corse*, Nouveau monde, 2012.

François Missen, *Marseille connection*, L'Archipel, 2013.

Xavier Monnier, *Marseille, ma ville. Portrait non autorisé*, Les Arènes, 2013.

José d'Arrigo, *Marseille mafias. Ce que personne n'ose dire*, Le Toucan, 2013.

Thierry Colombié, *La Mort du juge Michel. Contre-enquête sur l'assassinat d'un incorruptible*, La Martinière, 2014.

Omar Charif, *Quai du Belge. Une biographie de Francis Vanverberghe dit le Belge*, L'Écailler du Sud, 2001.

Marie-Christine Guérini, *La Saga Guérini*, Flammarion, 2003.

Mathieu Zampa avec Daniel Groussard, *Tchao parrain*, Olivier Orban, 1986.

José d'Arrigo et Roger Grobert, *Zampa*, La Manufacture de livres, tirage n° 3, 2012.

NICE

Jacques Derogy et Jean-Marie Pontaut, *Enquête sur les ripoux de la Côte, de Marseille à Nice*, Fayard, 1991.

Roger-Louis Bianchini, *Mafia, argent et politique. Enquête sur des liaisons dangereuses dans le Midi*, Seuil, 1995.

Roger-Louis BIANCHINI, *13 mystères de la Côte*, Fayard, 2005.

Jean-Michel VERNE, *Riviera nostra, l'emprise des mafias italiennes sur la Côte d'Azur*, Nouveau monde, 2017.

Les 50 personnalités du *Who's who* corso-marseillais

Bernard BARRESI
dit Boule, Marseille

Les frères Barresi, Bernard, Jean-Luc, *alias* La Tombe, et Franck, fils de Roger, pied-noir d'origine sicilienne, forment un trio incontournable de la scène corso-marseillaise depuis de longues années…

Farid BERRAHMA (tué le 4 avril 2006)
dit l'Indien, Marseille

Le premier caïd maghrébin médiatisé des quartiers nord marseillais a été tué à 40 ans par des Corses au bar des Marronniers, avec deux de ses lieutenants, à l'issue d'une vie de violence et de méfaits.

Gérald et Michel CAMPANELLA
dits Bombellus et Canari, Marseille

Présentés comme des héritiers de la French Connection, les frères Campanella sont des poids lourds du grand banditisme corso-marseillais contemporain, spécialistes de la nuit et des marchés publics…

Richard CASANOVA (tué le 23 avril 2008)
dit le Menteur, Bastia

« Le » personnage central du banditisme corse et donc français de cette fin de siècle, l'objet de tous les fantasmes journalistiques ! Sa vie de voyou est un roman : tué par un rival de la Brise de mer.

Roland CASSONE
dit le Vieux, Marseille

D'origine sicilienne, cette figure historique du milieu corso-marseillais, fiché depuis 1974, est l'un des derniers survivants de la guerre de Cent Ans, dans laquelle son frère Serge a trouvé la mort.

Jean-Baptiste Jérôme COLONNA
(mort le 1er novembre 2006)
dit Jean-Jé, Propriano

Le *padre* de la Corse du Sud a trouvé la mort dans un banal accident de voiture ! Sa disparition brutale sur une route du golfe du Valinco a entraîné, malgré lui, une effroyable guerre de succession.

Jean-Claude COLONNA (tué le 16 juin 2008)
Propriétaire du Clos Colonna, Sartène

Viticulteur réputé de Tizzano et vice-président du Gazélec d'Ajaccio, le cousin de Jean-Jé, héritier proclamé des intérêts du clan Colonna, a été abattu à bord d'un 4x4 à Pietrosella. Sans sommation.

Antoine COSSU
dit Tony l'Anguille, Marseille

Tony l'Anguille, 81 ans, est une légende du braquage marseillais, natif de la Belle-de-Mai, beau-frère de Francis le Belge, spécialiste des évasions et des longs séjours en prison (plus de 30 ans).

Maurice COSTA (tué le 7 août 2012)
dit l'Homme de Corte, Moltifao

L'un des derniers piliers de la Brise de mer a été tué dans une boucherie à Ponte-Leccia en pleine vendetta. Son clan l'a vengé, cinq jours plus tard, en tuant trois jeunes hommes du camp d'en face.

Ange-Toussaint FEDERICI
dit ATF ou Santu, Venzolasca

ATF, chef du gang des Bergers-Braqueurs de Venzolasca, a mis fin avec ses *amicus* aux ambitions du Rôtisseur en 2006. Touché dans l'attaque, Santu a été arrêté et a pris 30 ans de prison en appel.

Jean-Louis FARGETTE (tué le 17 mars 1993)
dit le Grand ou Savonnette, Toulon

Exécuté en Italie, à Vintimille, par un tueur avec lequel il s'est battu puisque l'on retrouvera une mèche de cheveux blancs dans la main du parrain du Var trucidé de quatre balles de 357 Magnum.

Marcel FRANCISCI (tué le 15 janvier 1982)
dit l'Empereur des jeux, Corse de Paris

Propriétaire de nombreux cercles de jeux à Paris et à l'étranger, M. Heroin, parrain présumé de la French Connection, a résisté aux Guérini avant d'être tué par Edgar Zemour au pied de sa Jaguar.

Antoine GUERINI (tué le 23 juin 1967)
le parrain corse d'après-guerre, Marseille

Guérini est le nom qui chante le plus lorsque l'on évoque le milieu corso-marseillais : avec son frère Mémé, Antoine tenait la ville jusqu'à son exécution dans une station-service par deux tueurs à moto.

Jean-Luc GERMANI
beau-frère de Richard Casanova, Corse

Ce proche des Bergers-Braqueurs et ses amis auraient œuvré pour venger la mort de Richard le Menteur. Après une longue cavale, il a été arrêté à Paris La Défense en 2014. Libéré en juin 2021.

Francis GIRARD
dit le Blond, Marseille

Le Blond et le Brun, les commanditaires de l'assassinat du juge Pierre Michel, le 21 octobre 1981 : le premier replongera en prison à la suite des aveux du second, son ex-ami *alias* Scapula la Balance.

Jean-Louis GRIMAUDO (tué le 5 avril 2018)
dit le Gros, Marseille

Présentée comme le chef de la bande la Capelette, cette figure marseillaise du néobanditisme issue des cités et du... foot a été tué avec son lieutenant, dit Armando, devant son domicile. Mort à 30 ans.

François GUAZZELLI (tué le 16 novembre 2009)
dit Francis, Bastia

Frère d'Angelo et de Paul, Francis Guazzelli, figure et cofondateur de la Brise de mer, a été abattu à 59 ans dans le cadre de la guerre interne au sein du gang, qui a régné pendant 30 ans sur la Corse.

Gilbert HOAREAU (tué le 6 octobre 1983)
dit le Libanais ou Gib, Marseille

Le Libanais, prête-nom des boîtes de nuit marseillaises propriétés de Zampa, a été tué sur ordre de son boss, ce qui a indirectement conduit à la perte du clan tout entier ! Le mort de trop pour Tany.

Souhel HANNA-ELIAS (tué le 29 juillet 2011)
dit Joël Le Turc, Marseille/Paris

Cet ancien lieutenant du Belge a été abattu de trois balles de 11.43 dans un cybercafé de Marseille par deux hommes à moto. Le même sort que son ex-boss, que la rumeur l'accusait de l'avoir trahi...

Jacques IMBERT (mort le 11 novembre 2019)
dit Jacky le Mat (le Fou), Marseille

Son règlement de compte raté de Cassis est entré dans la légende : Jacky le Mat a su éviter les balles de Zampa et les coups tordus des flics. Mort à 90 ans à l'issue d'un parcours de voyou hors normes.

Joseph LOMINI (tué le 31 mars 1973)
dit le Toréador, Marseille

Jo Lomini, proche de Zampa, et tout jeune papa, a tué trois comparses du Belge, le 5 septembre 1972, pour une escroquerie à l'héroïne. Francis V. l'éliminera six mois plus tard au bar du *Tanagra* !

Roland LUPÉRINI (tué le 28 octobre 1978)
dit le Petit, Marseille

Tueur à gages et indic, le Petit serait l'un des auteurs de la tuerie du *Bar du Téléphone*. À cause d'une valise de faux billets. À visage découvert, il a buté tout le monde. Avant d'y passer au *Cove's Club*…

François Marie MARIANI (mort le 15 janvier 2009)
dit Francis, Bastia

Le Corse au sang chaud était l'un des boss de la Brise de mer, gang soudé jusqu'à ce qu'éclate une guerre de pouvoir avec le clan de Richard Casanova. Mort dans l'explosion d'un hangar. Accident ?

Jacques MARIANI
dit Jacquot, Bastia

Le fils de Francis Mariani, présenté comme l'héritier du clan qui a régné sur la Corse et une partie du milieu de la nuit du côté de Marseille et Aix-en-Provence, purge une très longue peine de prison.

Eugène MATRONE (mort le 18 février 2013)
dit Gégène le Manchot, Marseille

Membre de la bande des *Trois-Canards* à Paris, des Marseillais, pour la plupart originaires de Naples, Le Manchot a dirigé ce « cercle » de bandits influents depuis le bar *Le Skating* à Marseille…

Ange-Marie MICHELOSI (tué le 9 juillet 2008)
propriétaire du Petit Bar, *Ajaccio*

Membre d'une famille qui compte dans le sud de l'île, cet amateur de chevaux de course a été abattu dans sa voiture. Fidèle lieutenant de Jean-Jé, mentor du *Petit Bar* et frère de feu Marie-Jeanne Bozzi.

Jean-Claude MIGOZZI (tué le 31 octobre 1991)
dit Jeannot ou le Gros, Marseille/Nice

Jeannot, du clan Zampa, est le cerveau présumé du Gang des égoutiers qui a réalisé le casse du siècle à Nice. Il a été flingué chez lui dans sa villa du Var avec sa fille de trois ans sur les genoux !

Raymond MIHIERE
dit le Chinois, Marseille

Le Chinois a tenu le haut du pavé marseillais dans les années 1990. Grande gueule, surnommé le roi de la relaxe, il est l'une des dernières grandes figures encore en vie du milieu « tradi » marseillais…

Paul Damien MONDOLONI (tué le 29 juillet 1985)
dit Monsieur Paul, Marseille

Le Sartenais, figure de la French Connection, est flingué à Marseille avant de fêter ses 70 ans. Discret, austère, ce parrain à l'ancienne, proche de Cosa Nostra, était lié au clan corse des Francisci.

Marc MONGE (tué le 8 janvier 2000)
dit le Diable ou le Blond, Avignon

Le caïd du Vaucluse avait de hautes ambitions dans la région, à une époque où ça défouraillait sec ! C'est la guerre des bingos, et Le Diable est flingué à Saint-Ouen après une traîtrise, selon la police.

Guy ORSONI
fils d'Alain Orsoni, Ajaccio

Guy Orsoni junior, 37 ans, est en prison. Son équipe est soupçonnée par police et justice d'être entrée en guerre avec le *Petit Bar* pour le contrôle du trafic de stups et des machines à sous en Corse.

Sauveur PIRONTI (mort le 15 juillet 2014)
dit Loule, Marseille

Un grand nom dans le mitan marseillais, ex-*Trois-Canards*, mais qui s'est toujours tenu à l'écart de la lumière et a survécu à toutes les guerres. Accusé d'avoir tué JFK : gag! Loule est mort à 71 ans.

Gabriel REGAZZI (tué le 3 mars 1977)
dit Gaby, Marseille

Le beau voyou, fidèle lieutenant de Gaëtan Zampa, jusqu'à sa mort en 1977, abattu d'une rafale de pistolet-mitrailleur en sortant du cimetière Saint-Pierre où il s'était recueilli sur la tombe de son fils.

Jean-Pierre ROCHE (tué le 30 juillet 1977)
dit Bimbo, Marseille/Nice

Bimbo était l'œil de Zampa à Nissa, où il s'est installé en 1970. Contrôleur hôtelier du casino *Ruhl*, inauguré le 17 janvier 1975 en présence d'Alain Delon, dont le patron de *La Camargue* était proche.

Dominique RUTILY (tué le 29 mars 1996)
braqueur de la Brise de mer, Calvi

Proche de Richard Casanova, le président du club de foot de Calvi, 35 ans, a été abattu à bout portant à la sortie d'un match à Hyères, alors qu'il se trouvait avec Rolland Courbis, blessé au ventre.

Jacques SANTONI
dit Tahiti, Ajaccio
Personnage de l'ombre, ex-FLNC, Jacques Santoni, 43 ans, est présenté comme le « parrain » de la bande du *Petit Bar* d'Ajaccio. Il est tétraplégique depuis un accident de moto le soir de Noël 2003.

Pierre-Marie SANTUCCI (tué le 10 février 2009)
baron de la Brise de mer, Bastia
La fratrie Santucci était l'une des plus importantes de la Brise de mer, dont Francis est l'un des fondateurs. Son frère, très proche de Mariani, a été tué d'une balle sur un parking de Vescovato.

François SCAPULA
dit le Brun ou la Balance, Marseille
Scapula a balancé les noms des auteurs de l'assassinat du juge Michel, le magistrat tué en 1981 à Marseille. La Balance livre ensuite Francis le Belge au juge Michel Debacq. Pour sauver sa tête…

Georges SEATELLI (tué le 24 août 1998)
dit le Gris, Bastia
Fils de notaire, frère d'avocat, il est le premier ponte de la Brise de mer – l'un de ses membres fondateurs – tué, de 15 balles, à l'hôtel *Pineto* sis au sud de Bastia, à 48 ans. Éliminé par son clan ?

Robert SEFERIAN (tué le 5 septembre 1989)
dit l'Arménien, Manosque

L'Arménien, braqueur chevronné, fidèle de Zampa, dont il était le garde du corps, a été zigouillé chez lui à Manosque. Neuf balles de 11.43 tirées par trois tueurs, à *L'Oasis*, le bar préféré de Robert.

Roger SPANU (tué le 9 janvier 2000)
dit Roger Lunettes, Marseille

Lieutenant d'André « Gros Dédé » Cermolacce et relais de Marc Monge à Marseille, Spanu, 36 ans, pro des bingos, est tué en sortant de la pizz' de sa concubine, *La Dolce Vita*, par deux tueurs à moto.

Saïd TIR (tué le 27 avril 2011)
dit le Vieux, Marseille

Saïd Tir, 60 ans, « parrain » des quartiers nord, est abattu en 2011, alors qu'il devait être jugé pour sa participation à un trafic de drogue. Le début d'une longue vendetta avec le clan des Remadnia…

Jean TOCI (tué le 7 mai 1997)
dit Jeannot, Marseille

Le demi-frère de Tany Zampa, son fidèle bras droit, et son « successeur » après sa mort, jusqu'à ce qu'il se fasse méchamment charcler avec sa femme Berthe, sur un parking d'un hypermarché d'Istres.

Michel TOMI
dit L'Empereur de la Corse-Afrique

Le patriarche corse, 75 ans, atteint d'une sclérose en plaques, qui a fait fortune en Afrique, qualifié par la presse de parrain des parrains (à l'ancienne), a perdu nombre de proches de morts violentes.

Constantin TRAMINI (tué le 27 octobre 1972)
dit Tintin, Marseille

Tintin, né en 1916 à Bocognano (Corse), patron du SAC, avait pris la suite des Guérini avant d'être supprimé à Berre, chez lui, à la porte du Kentucky, un petit parc de loisirs aux allures de ranch.

Francis VANVERBERGHE (tué le 27 septembre 2000)
dit le Belge, Marseille

Le mythe du beau voyou natif de la Belle-de-Mai, ennemi intime de Gaëtan Zampa, a la dent dure vingt ans après sa mort dans un bar chic de Paris. Vingt ans, c'est aussi son temps passé en prison…

Dominique VENTURI (mort le 6 avril 2008)
dit Nique, Marseille

Né dans le quartier du Panier, Nique servira Gaston Defferre, maire de Marseille, tout au long de sa longue carrière. Le dernier parrain corse d'après-guerre est mort à son domicile des suites d'un AVC.

Gérard VIGIER (tué le 16 février 1987)
dit le Grand, Marseille/Paris

Le fils spirituel de Tany Zampa était le prototype du beau mec à la peau dure : incarcéré pour sa présumée participation au casse du siècle à Nice en 1976, il se coud les lèvres à la prison de Fresnes.

Daniel VITTINI (tué le 4 juillet 2008)
« patron » de la région de Corte

Ce membre du quatrième cercle de la Brise de mer, spécialisé dans les bingos et les boissons, a été tué de quatre balles à Poggio-de-Venaco, dont deux dans le dos, dans la vendetta interne au gang.

Gaétan ZAMPA (mort le 16 août 1984)
dit Tany, Marseille

Gaï a régné en patron sur la Canebière durant vingt ans. Le Grand a survécu à toutes les guerres avant de tomber pour fraudes fiscales et de se suicider aux Baumettes. Son mythe est intact en ville.

Table

Dépôt légal : février 2022

Achevé d'imprimer en France en avril 2022
par Dupliprint à Domont (95)
N° d'impression : 2022040417 - N° d'édition : 1935733